Karl Heinz Troxler

Das Shakespearesche Marketing

Karl Heinz Troxler

Das Shakespearesche Marketing

Inszeniere deine Kompetenz

verlag
moderne industrie

Die Deutsche Bibliothek – CIP-Einheitsaufnahme

Troxler, Karl Heinz:
Das Shakespearesche Marketing : Inszeniere deine Kompetenz /
Karl Heinz Troxler. – Zürich : Verl. Moderne Industrie, 1995
ISBN 3-478-23780-7

Umschlaggestaltung: Schwingenschlögel, 86152 Augsburg
Satz: abc Fotosatz GmbH, 86807 Buchloe
Druck: Himmer, 86167 Augsburg
Bindearbeiten: Thomas, 86165 Augsburg
Printed in Germany 230 780/09953
ISBN 3-478-23780-7

Dieses Buch ist meinen Freunden und Kunden gewidmet – denen ich mich zu großem Dank verpflichtet fühle – für ihre Erfahrungen, die in anschaulichen Beispielen Niederschlag gefunden haben, und für die Bestätigung, daß Marketing, will es den Menschen dienen, der Leidenschaft bedarf.

Besonderer Dank gebührt meinem Bruder, Dr. Werner Troxler, sowie Dr. Rolf Homann und Helmut J. Höfler, die das Manuskript mit vielen wertvollen Anregungen bereichert haben. Zu danken ist auch Irma Hurni und Vreni Morley, denen es gelungen ist, aus vielfältigen Notizen und Diktaten ein präsentables Buchmanuskript herzustellen. Die etwas ungewöhnliche Grafik entstand nach Vorschlägen von Albi Ernst.

Inhalt

Anstelle eines Vorworts

„Der Strom der unendlichen Geschäfte wechselt. Nimmt man die Flut wahr, wird sie zum Glück, versäumt man sie, so muß die ganze Reise des Lebens sich durch Not und Klippen winden. Wir sind nun flott auf solcher hoher See und müssen, wenn der Strom uns hebt, ihn nutzen, wo nicht, verlieren wir des Schicksals Gunst."

Brutus zu Cassius
Aus Julius Caesar, 3. Szene, 3. Aufzug

Warum gerade Shakespeare?

Der Buchtitel ist sicher ungewöhnlich und verdient darum eine einführende Erklärung. In Gesprächen mit meinen Kunden kreisen wir immer wieder die Frage ein, ob das, was wir für die Kommunikation tun, auch wirklich die Köpfe der Menschen erreicht und dann auch ihre Herzen. Diese Frage kann nicht oft genug gestellt werden. Allein schon die Tatsache, daß der Mensch – wie uns die Hirnforschung zeigt – normalerweise nur zwei bis drei Zeichen in der Sekunde verarbeiten kann, stellt so manches, was wir in der Kommunikation tun, in Frage. Unser Verarbeitungsvermögen ist noch miserabler: Psychologen haben festgestellt, daß wir eine Information etwa fünf bis sieben Sekunden gegenwärtig halten können. In dieser Zeit können wir uns mit neuen Eindrücken und Gedanken bewußt geistig auseinandersetzen, vorwärts, rückwärts und seitwärts Überlegungen anstellen, vielleicht sogar Entscheidungen treffen (Hirt Institut, 1994). Nach dieser Zeitspanne verschwinden die geistigen Gebilde wieder aus unserem Gedächtnis, wenn wir sie nicht festhalten. Der Mensch ist also ein langsamer und flüchtiger Informationsverarbeiter. Wie kommt es dann, werden Sie mit Recht fragen, daß wir eine Zeitung, ein Buch, aber auch eine Bildabfolge im Fernsehen relativ rasch durchlesen bzw. verstehen können? Es kommt daher, daß wir im Laufe unseres Lebens Wörter, ganze Satzfolgen, aber auch Bilderfolgen als ganzes Gebilde gespeichert haben und diese daher nicht mehr „entschlüsselt“ werden müssen (Vester, 1992). Bei Dingen, die wir intensiv erlebt haben, genügt oft schon eine einmalige Aufnahme zur permanenten Speicherung, d.h., wir können uns ein Leben lang daran erinnern.

Wie aber, wenn es gelänge, in das Meer der Bilder und Vorstellungen einzutauchen, Ansprechendes an die Oberfläche zu bringen, statt es zu erschlagen? Mehr noch, wenn es dabei gelänge, die Bilder herauszuholen, *denen unsere Zuhörer problemlos zustimmen können und die sie spontan zum Reagieren und zum Handeln veranlassen, da sie darin ihre Ideen, Vorstellungen und Gefühle wiedererkennen?* Den Druck, der dadurch entsteht, übt der Zuhörer auf sich selbst aus. Es ist ein Druck von innen.

In dieser Situation habe ich mich auf die Suche nach einem Modell gemacht, das mir bei der täglichen Arbeit in der Begleitung meiner Kunden behilflich sein könnte. Es sollte meine Kunden rasch und einsehbar an die wesentlichen Fragen heranführen und dabei nützliche Assoziationen und Antworten auslösen auf dem steinigen Weg zur erfolgreichen Marketingkommunikation.

Beim Durchstöbern unserer „abendländischen Kulturkiste“ und bei der Durchsicht von historischen Portraits, Themen aus Theater und Literatur und anknüpfend an meine Jugenderinnerungen, als ich Vater ins Schauspielhaus begleiten durfte, bin ich – zwangsläufig und zufällig – auf Shakespeare und seine Werke gestoßen. Interessiert hat mich dabei nicht nur Shakespeare als Dichter und Verfasser zahlreicher Werke, sondern vielmehr Shakespeare als Kommunikator, Theatermann und „Manager" – ein Phänomen! Also jemand, der auf schier unerklärliche Weise über sein Milieu und seine Gegebenheiten hinauswächst zu etwas Autonomem, Überdimensionalem – quasi Göttlichem. So ist denn das Grabmal in Stratford-upon-Avon Ziel von Pilgerfahrten, die Jahr für Jahr eine Million Menschen antreten. Aber nicht genug. Insgesamt 4479 Briefe sind allein im Jahre 1994 im italienischen Verona eingegangen, die an die imaginäre Julia aus Shakespeares „Romeo und Julia" gerichtet waren. Dies gab die Stadtverwaltung bekannt, die sich nach eigenen Angaben zumindest bemüht, auf die Briefe zu antworten (Neue Zürcher Zeitung). Werbewirksam ist auch Shakespeares Portrait. Sein Emblem findet sich volksnah auf Telefon- und Kreditkarten – wahrlich kein schlechter Leistungsausweis.

Die ganze Welt ist eine Bühne, auf der die Menschen nichts als Spieler sind (Bally mit Shakespeare-Zitat für Sommerkollektion 95)

Wer ist dieser Erfolgsmensch Shakespeare? Warum ist Shakespeare mit seinen Botschaften einprägsamer und erfolgreicher, und was hat er besser gemacht als seine Konkurrenten, und dies über den Tag hinaus? Was ist es, das uns in seinen Botschaften anspricht und bewegt?

Darauf hat Walter Klier trotz kritischer Einstellung zur klassischen Shakespeare-Forschung eine erste überzeugende Antwort. „Ob und in welchem Maße Shakespeare mit anderen Autoren zusammengearbeitet hat, kann bis zu einer endgültigen Klärung der biographischen Frage aber dahingestellt bleiben. Denn andererseits wird kaum jemand bestreiten, daß der Kern des Shakespeareschen Oeuvres – Stücke wie Hamlet, King Lear, Othello, Richard III, Henry V, Romeo und Julia, Macbeth – einem Geist entsprungen ist, der poetischen und theatralischen Duktus hat, Zeugnis einer individuellen Leidenschaft ist und einen identifizierbaren und unverwechselbaren ästhetischen Zugriff auf die Welt hat..." (Klier 1994). Als Kommunikationsfachleute geben wir uns mit dieser Antwort noch nicht zufrieden. Im Gegenteil – sie stachelt unsere Neugierde an. Uns interessiert dabei die Frage, wie es Shakespeare gelungen ist, eben diesen „Geist" schon zu Lebzeiten – und mit Erfolg – zu einem marktfähigen Produkt zu machen.

Ein Zeitgenosse, Robert Green, namhafter Verfasser von Dramen, Gedichten und Streitschriften, in Armut und Elend gestorben, kommentierte die Arbeit des jungen Shakespeare, der mit 28 Jahren nach London gekommen war und sich schon nach wenigen Jahren zum führenden Kopf des besten

Londoner Ensembles emporgearbeitet hatte, mit folgenden Worten: „Ja, traut ihnen, den Theaterleuten und Schauspielern, nicht, denn da ist so ein Emporkömmling, eine Krähe, die sich mit unseren Federn schmückt, ein Mensch, der mit seinem Tigerherzen in ein Schauspielerhaupt gehüllt glaubt, einen Blankvers so gut wie die besten unter euch ausbombasten zu können, und sich als ein absoluter Hansdampf für den einzigen Bühnenerschütterer im Lande hält..." (Klier 1994).

Wenn solche Bemerkungen auch Neid verraten, so sind sie doch ein interessanter Hinweis dafür, daß Shakespeare sich schon frühzeitig nicht mehr damit begnügte, Stücke zu inszenieren, sondern sie auch marktgerecht zu transportieren; *dabei sind die Zuschauer nicht nur Publikum, sondern auch Betroffene.* Folgerichtig auch die Entwicklung seiner Karriere: 1608 ist er – so wird überliefert – Direktor der zwei führenden Theater von London, dem Globe (ohne Dach, Sommerbetrieb) und den Black Friars (mit Dach, Winterbetrieb).

Dabei ist zu berücksichtigen, daß Shakespeare sein Theater ohne jede finanzielle Unterstützung schon zu seiner Zeit zu einem erfolgreichen Unternehmen gemacht hat, obwohl auch damals die Konkurrenz groß und das Publikum launisch war.

Es macht in diesem Zusammenhang wenig Sinn, sich im Rahmen eines Marketingbuches in den schwelenden Streit einzumischen, ob Shakespeare wirklich Shakespeare war und welche Werke seine Originalunterschrift tragen und welche nicht. Wir halten uns an ein paar Fakten. Vor nicht allzu langer Zeit ist unter dem Titel „Shakespeare in the Stratford Records" eine Sammlung erschienen, die sämtliche in Stratford-upon-Avon aufbewahrten Dokumente, die Shakespeare erwähnen und aus seiner Zeit stammen, analysiert. Es sind insgesamt 31. Dies ist keine beeindruckend große Zahl. Ein wichtiger Hinweis stammt von Francis Meres, einer damals bekannten Persönlichkeit der Theaterszene. Er bestätigt im Jahr 1598 Shakespeares Professionalität und Autorenschaft an elf Stücken. Wichtig ist auch, zu wissen, daß in jener Zeit ein umfangreiches theaterfähiges Material in Schulen und Klöstern archiviert war, das – weil zum Teil in lateinischer Sprache geschrieben – dem breiten Publikum nicht zugänglich war. Es bedurfte eines Theatermenschen, dieses Material aus den Kisten herauszuholen, zu entstauben und ins Englische zu übertragen. *Es tut einem Genie keinen Abbruch, Geniales zu entdecken, um es für die „Unterhaltungsindustrie" von London aufzuarbeiten.*

Das Buch ist ein ungewöhnlicher und gewagter Versuch, das Shakespearesche „Erfolgsgeheimnis" zu lüften. Es zeigt an einfachen Gesetzmäßigkeiten auf, was ca. 400 Jahre später als Dialogmarketing und Kundenorientierung neu entdeckt wird. Mit Bezug auf Beispiele aus der Praxis wird ein Bogen gespannt in unsere Zeit, die in vielen Bereichen gar nicht so anders ist als die Elisabethanische.

Das Buch geht zurück zu den Wurzeln und regt dazu an, die Arbeit im Umfeld Marketing an den Wurzeln zu packen.

Alter Wein in neuen Schläuchen?
In der Zusammenstellung des Anwendbaren liegt das Neue.

Der Moment ist günstig: Wenn wir den amerikanischen Trend-Aposteln Naisbitt und Toffler Glauben schenken, so steuern wir auf das Jahr 2000 zu wie auf einen starken Magneten (Rust 1995). Die da herrschenden Anziehungskräfte bestimmen uns und unsere Kunden. Sie wirken ein auf unsere Gefühlswelt und intensivieren unser Erleben; sie machen uns offen für den sich aufdrängenden Wandel der Werte und Institutionen und zwingen uns, unsere „Auftritte“ zu überdenken.

Das ist eine schwierige Arbeit, an der wir, liebe Leser, trotz allem etwas Spaß haben möchten. Wir stellen Ihnen darum in der Folge zehn Fragen, die Ihnen den Einstieg in die Materie erleichtern.

Zehn Fragen an unsere Leser

1. Haben Sie, lieber Leser, sich schon einmal gefragt, warum gängige Begriffsdefinitionen von „Marketing" so umständlich und verwirrend sind und wie sich das ganze „wissenschaftlich" fundierte Kauderwelsch vereinfachen ließe?

Schon zu Zeiten meiner Großmutter (sie handelte mit Frischgemüse und Spezereien) galt die simple Lebensweisheit: Es ist besser, einen Markt zu haben als eine ganze Fabrik. Die Schlußfolgerung daraus: Gehen wir also auf den Markt. Was machen wir da? Wir inszenieren und verkaufen uns und unsere Produkte. Marketing ist demnach: sich in Szene setzen, inszenieren des Verbrauchernutzens, Marktinszenierung.

Die Menschen sind der Markt. Markt ist Inszenierung. Folgerichtig bezeichnen wir Marketing als Marktinszenierung.

Das ist nicht nur ein einfacher, einleuchtender Begriff (wenn er auch von klassischen Definitionen abweicht), sondern er hat Biß und setzt Impulse. Er wird überdies auf Ihre Einstellung, auf Ihr Denken und Handeln bestimmenden Einfluß haben. Marktinszenierung beinhaltet auch das gängige Wort „Szenarien", ein Begriff, der in der Planung für die Darstellung verschiedenster denkbarer (und undenkbarer) Realitäten gebräuchlich ist.

2. Haben Sie gewußt, daß William Shakespeare (1564 – 1616), weltbekannter Dramatiker und Autor namhafter Werke, auch ein erfolgreicher Theaterdirektor und Regisseur war – mit verblüffendem Gespür für wirksamen Marktauftritt?

Für Universitätsprofessoren, Theaterkritiker und Deutschlehrer ist Shakespeare der Mann der großen Gedanken. Interpretationen über seine Figuren, ihre Liebschaften und Leiden füllen ganze Bibliotheken.

Shakespeare als Mann des Marktes, der nach Uhr und Bedürfnis arbeiten mußte, wird einfach totgeschwiegen. Wer weiß beispielsweise schon, daß er und seine Leute in den Pausen Bier und Brezel verkauften, um die Fixkosten zu senken und die Bühne finanziell über Wasser zu halten? Diese Seite Shakespeares hat unser Interesse geweckt. Sie finden sein Marketingkonzept in 3 + 1 Gesetzen zusammengefaßt. Diese scheinen auf den ersten Blick banal und selbstverständlich. Als Regelkreis dargestellt, vermitteln sie Marketingverantwortlichen, Managern, aber auch Menschen, die von Marketing wenig wissen, Einblick in Zusammenhänge, wie man sie in dieser Form bislang nicht gekannt hat.

Wenn wir uns mit diesem Regelkreis näher auseinandersetzen und dies kompromißlos tun, dann stellen wir zudem fest: Das Einfache ist das Schwierige.

3. **Ist Ihnen der Ausruf „So ein Theater!" geläufig? Und befällt Sie – angesichts gewisser betrieblicher Zustände – der Zweifel, ob Führung und Organisation den Ansprüchen des Marktes überhaupt noch gerecht werden?**
In einem Unternehmen, das etwas auf sich hält, ist das ganze Denken und Handeln auf den Kunden ausgerichtet. Wenigstens ist dies die offizielle Maxime. Kundenorientierung heißt das zur Zeit meistgehandelte Schlagwort. Man kann das Wort griffiger machen und es durch den Begriff Publikum ersetzen, den gespannten Erwartungen vor und während der Aufführung gleichsetzen. Damit wird auf einfache Art erklärt, warum die Tätigkeit einer Firma – von der Produktentwicklung bis zum Kundendienst – keine reine Managementaufgabe ist, sondern alle Mitarbeiter, also das ganze Ensemble, umfaßt. Der Vergleich zum Theater ist also einleuchtend und statthaft. Vergleichbar ist auch hier wie dort der bekannte Konflikt zwischen (betrieblicher) Organisation und (publikumsorientiertem) Prozeß. Bekannt in diesem Zusammenhang ist auch die Neigung vieler Manager zur Selbstdarstellung, verbunden mit der Sucht, den Applaus für sich statt für das Ensemble zu buchen.

4. **Haben Sie sich auch schon gefragt, was sogenannte erfolgreiche Unternehmen äußerlich gemeinsam haben?**
Sie haben ausnahmslos eine „gute", d.h. spannende und glaubhafte, Geschichte und verstehen sie packend zu erzählen. Sie haben die Zeichen der Zeit erkannt, wonach nur ankommt, was in eine Geschichte verpackt ist. Die Fachwelt spricht von den narrativen Formen der Postmoderne. Diese Kunst des Erzählens ist aber bei weitem nicht so verbreitet, wie man gerne annimmt. Im Gegenteil. Es fehlt, wo man hinschaut, an „guten", einprägsamen Geschichten, die wirksam, also spannend und glaubhaft „erzählt" werden. Der Erfolg im Marketing ist nämlich in den wenigsten Fällen Produkt von Intelligenz, speziellen Kenntnissen und großen finanziellen Mitteln, sondern Resultat einer überzeugenden Inszenierung. Dahinter steht der Wille, Kräfte und Mittel auf eine wirkungsvoll in Szene gesetzte Botschaft zu konzentrieren – als Antwort auf einen aktuellen Bedarf im Markt.

5. **Träumen Sie davon, einen gutbesuchten Markt und dort einen umsatzstarken (Markt-)Platz zu finden?**
Dann haben Sie gut geträumt, denn es wird immer schwieriger, die richtige Person am richtigen Ort mit dem richtigen Angebot anzusprechen. Es gibt auch Leute, die träumen von kaufkräftigen Zielgruppen, die sie selektieren und differenzieren können bis zur kleinsten faßbaren Einheit, die sich schließlich bequem in die Tasche stecken läßt.

Die Adressen unserer Kunden sind eben nicht mehr vertikal (Alter, Einkommen, Beruf und Hobbys) auszumachen, sondern diffus horizontal, auch heterogen, wie eben auf dem Markt. Kunden orientieren sich, vergleichbar den „Indianern“, an entsprechenden Signalen und „Rauchzeichen“ und konzentrieren sich auf alles, was von symbolträchtiger Anziehungskraft ist. Genauer betrachtet handelt es sich vorwiegend um „Stadtindianer“, die entsprechend „urbanisiert“ sind, und ihre Rituale und Mythen.
Wie, so fragen Marketingleiter, können wir da noch einen seriösen Marketingplan erstellen? Wir können nicht! Wenigstens keinen, der sich auf klassische Marktforschung, Zielgruppen und auf die Beschreibung der Konkurrenz stützt.

6. **Haben Sie auch schon überlegt, warum der Künstler in der Regel für die Zugabe den größten Applaus erhält?**
Für das ordentliche Programm haben Sie bezahlt. Kritisch prüfen Sie Leistung (Eintrittspreis) und Gegenleistung (Darbietung). Gehen wir davon aus, das Programm (Angebot) ist gut angekommen. Der Applaus ist heftig und herzlich. Es wird dem Theaterdirektor und seiner Crew wohl nicht einfallen, mit ein paar flotten Sprüchen das Publikum abzuspeisen, sie einzuladen, wiederzukommen, es auch ihren Freunden und Bekannten weiterzusagen... und dann abzuhauen. Sie werden auch das Publikum kaum – selbst bei Kenntnis der einschlägigen Managementliteratur – in gute Kunden, loyale Kunden und Fans unterteilen. Es wird Sie auch nicht interessieren, ob auch Wackelkunden im Publikum sitzen. Es liegt auf der Hand, daß sich das Ensemble spontan mit einer additiven Leistung, nämlich mit einer Zugabe, für die Sympathie beim Publikum bedankt. Durch additive Leistungen schafft man additive Werte – Publikumsbindung, um nicht zu sagen Kundenbindung. Die Amerikaner haben dafür ein treffendes Wort: „Great Companies don't create customers. They create fans.“

7. **Was halten Sie von einer Trapeznummer, bei der alle Artisten kräftig schwingen, aber keiner den Mut hat loszulassen?**
Marketing als Marktinszenierung legt ein heikles Thema auf den Tisch: den Umgang mit der Angst im Unternehmen. Das Buch wäre seinem Titel nicht gerecht, wenn es sich nicht auch mit diesem Thema auseinandersetzen würde. Wir nennen dieses Phänomen – in Anspielung auf die Shakespeareschen Gesetze – die Angst vor dem Marktauftritt. In der Marketingliteratur wird dieses Thema durchwegs organisatorisch angegangen – mit vielen Varianten an Führungsmodellen und Organigrammen. Viele Rezepte sind populäre Wiederholungen bekannter Postulate, hochschul-

mäßig abgehandelt, ohne auf die Kernfrage einzugehen, warum die Versagensängste und der weitverbreitete Mangel an Bereitschaft, mit diesen kreativ umzugehen, unter dem Teppich bleiben. Das Thema wird verdrängt; man verschiebt es auf die Managerebene, wo nachweisbar auch die Angst umgeht. Auch Bücher wie „Nieten in Nadelstreifen" (Ogger 1992) setzen am falschen Ende an – nämlich bei den unfähigen Managern. Diesen Vorwürfen wird zur Zeit wenig widersprochen, denn sie bestätigen das allseits favorisierte Bild des „machenden" Managers (und nicht etwa des „denkenden"). Manager sind auch Menschen und haben neben Versagensängsten auch Schuldgefühle, für das Unternehmen und seine Mitarbeiter nicht das Beste herausgeholt zu haben.
Anders das Theater. Es versteht „Lampenfieber", Versagensängste zu kultivieren. Sie sind geradezu Motor für Dynamik und Dramatik.

8. Denken Sie in Kategorien wie „Wir sind groß und stark", „Schneller und besser" oder „Klein, aber fein", und tun Sie alles Menschenmögliche, daß dies so bleibt?

Dann sind Ihnen all die nützlichen Rezepte, wie „Lean Production", „Total Quality Management", „Just-in-time" und der neueste Trend „Reengineering" bekannt. Letzterer ist besonders aktuell. Auch als „Business-Reengineering" bekannt, will man durch grundlegende Neugestaltung von Geschäftsprozessen markante Verbesserungen der unternehmerischen Leistung erzielen. Was Unternehmen bisher gemacht haben, soll nicht einfach besser, schneller (und natürlich noch billiger) gemacht werden, sondern das Unternehmen sollte sich – in Shakespearescher Diktion – fragen: „Why do we do what we do at all?" Denken wir diese Frage zu Ende, dann gibt es genaugenommen nur noch zwei Kategorien von Unternehmen: lernfähige und nichtlernfähige.
Diese Unterscheidung ist mittlerweile nicht einmal mehr originell, seit William H. Davidow das virtuelle Unternehmen (Davidow 1993) und Peter M. Senge die lernende Organisation (Senge 1990) ausgerufen haben. Mittlerweile hat auch die Europäische Union die lernende Organisation zum europäischen Thema gemacht (Stahl et al.).
Der Unterschied zwischen lernfähigen und nichtlernfähigen Unternehmen ist erkennbar: Das eine spielt eine Komödie, das andere eine Tragödie.

9. Könnten Sie sich vorstellen, daß Verkaufsleiter Müller glücklich ist, wenn seine Stelle abgeschafft wird?

Das ist schwer vorzustellen, denn mit der Streichung dieser Stelle schaffen wir im Organigramm ein Kästchen ab. Verkaufsleiter Müller hat jetzt keinen klar definierten Rahmen mehr, und das macht (Existenz-)Angst.

Bis dahin war alles so schön nach Funktionen organisiert. Die Arbeit ging von Schreibtisch zu Schreibtisch. Jetzt wird Verkauf plötzlich über alle Funktionsgrenzen hinweg als Prozeß organisiert, und für diesen Prozeß wird Verkaufsleiter Müller „verantwortlich". Je nach Kundentypus wird ein spezifisches „Fließband" eingerichtet – von der Erstellung bis zur Auslieferung. Auch da geht Arbeit weiterhin von Hand zu Hand, aber durch wesentlich weniger Hände, und die Hände wissen, an welchem Prozeß sie arbeiten. Die Organisationsstruktur wird um 90 Grad gekippt, Prozeßorientierung impliziert horizontale Schau der Dinge: flache Hierarchien, Rollenverständnis statt Funktionen, Ensembles statt Abteilungen, Regisseure statt Manager. Dies ist nicht ohne Auswirkung auf die Marketingkommunikation.

10. Warum, glauben Sie, genügt es nicht, Geschäftsprozesse neu zu gestalten? Warum sind sie auch immer wieder neu zu erfinden?

Verspüren Sie manchmal den „geheimen" Wunsch, andere Wege zu gehen, dabei rasch und unüblich zu handeln? Warum wir wohin gehen, ist nämlich eine entscheidende, wenn nicht eine existenzielle Frage. Ihr Wunsch ist so gesehen ganz normal. Allerdings ist solches Begehren in der Regel gewagt. Es hat Shakespearesche Dimension. Im Klartext heißt das: die eingefahrenen Denkgewohnheiten und Prozesse kreativ (und provokativ) in Frage zu stellen. Das ist nicht ganz ungefährlich und zudem anstrengend; denn die Anpassung des Bestehenden an neue Verhältnisse genügt allein nicht. Geschäftsprozesse sind nicht nur neu zu gestalten; sie sind im Regelkreis der fortwirkenden Kräfte auch immer wieder neu zu erfinden.

Das vorliegende Buch bietet einen methodisch brauchbaren Ansatz, sich der Frage nach dem Warum und dem Wohin anzunähern – mittels inszeniertem Denken und inszeniertem Handeln.

TEIL I
VOM INSZENIERTEN DENKEN

1.
Zurück zu den Wurzeln

1.1 Von Shakespeare lernen

Um Shakespeare und seine Erfolgsgeschichte (das Shakespearesche Marketing) zu verstehen, ist es notwendig, etwas über die Shakespearesche Zeit zu erfahren und sich dabei einige höchst interessante Gegebenheiten vor Augen zu führen. Die Renaissance hat eine weit größere Bedeutung, als ihr die Historiker zugestehen wollen. Sie hat, was uns besonders interessiert, recht frappierende Parallelen mit der heutigen Wirtschaftswelt: neben Zeichen des Verfalls das Verlangen nach neuem Beginn, nach Verwandlung der Gesellschaftsordnung. Deutlich wurde dies in England zur Shakespeareschen Zeit. Die Politik diente dem Ziel, dem Handel ausreichende Märkte zu sichern und dadurch eine „Rezession" zu vermeiden. Da Heinrich VIII. seine Waren an den Mann bringen wollte, schloß er zahlreiche Handelsabkommen. Bezeichnend für die Zeit waren die rasante Förderung des Schiffsbaus und der Ausbau der Transportwege.

Frappierende Parallelen zur heutigen Wirtschaftswelt

Es ist das Markenzeichen des Kapitalismus, daß er seit seinen Anfängen nach immer größerer Expansion strebt (Jean Paris, 1958). Je mehr der Reichtum zunimmt, um so stärker wird dieser Drang. Es werden Grenzen gesprengt. Ein Wind der Veränderung und der Ruhelosigkeit bläst, von dem Shakespeare spricht: „Der Wind, der durch die Welt die Jugend treibt, sich Glück woanders als daheim zu suchen."

Theater als Unternehmen

Viele Historiker nehmen an, daß Theater und Organisation unter Elisabeth I. und Jakob I. in traditionellen Strukturen eingebettet gewesen seien. Sie machen es sich zu leicht. Ähnlich der wirtschaftlichen Entwicklung war auch das „Theater als Unterhaltungsindustrie" in rascher Entwicklung begriffen. Es gab viele innovative Leute, die experimentierten, Marktnähe suchten und sich nicht den Traditionen verpflichteten. Zudem spielten sie überall, nicht nur auf der Bühne, selbst auf offener Straße und in Häusern auf Einladung.

Allerdings schien es den umherziehenden Schauspielern mehr und mehr notwendig, ein Haus zu haben, das ausschließlich für das Aufführen von dramatischer Unterhaltung gebaut würde, um so dauernd Gewinn zu bringen. Ein halbes Jahrhundert später schrieb Cuthbert Burbage über seinen Vater, den ersten Theaterarchitekten: „Unser Vater war der erste Theaterarchitekt und von Beruf Tischler und ein eigensinniger Kerl. Er war der erste, der ein Theater baute, und war selbst in seinen jungen Jahren ein Schauspieler. Für den Bau des Theaters nahm er einige hundert Pfund Kredit auf. *Die Schauspieler erhielten in jenen Tagen nur den Gewinn von dem, was sie an den Türen einnahmen,* heute erhalten die Schauspieler das ganze Eintrittsgeld sowie vom Hausmeister die Hälfte der Einnahmen von den Galerien etc.“ (Schönbaum 1957).

Aus der Feder seines Zeitgenossen Thomas Blatter, Bishopsgate 1599, ist uns überliefert:

„Ein andermal, ebenfalls nach dem Abendessen, sah ich ein Schauspiel nicht weit von unserem Gasthaus entfernt in einem Vorort, in Bishopsgate, wenn ich mich recht erinnere. Zum Schluß tanzten sie äußerst graziös englische

Das Swan-Theater, wo Shakespeare mit seiner Truppe 1596 bis 1597 spielte

und irische Tänze. Jeden Tag ungefähr um zwei Uhr nachmittags werden in London zwei oder manchmal sogar drei Theaterstücke an verschiedenen Orten aufgeführt, um die Leute glücklich zu machen (wörtlich: ‚einer den anderen glücklich macht'). Diejenigen, die es am besten machen, haben am meisten Zuschauer. Die Spielorte sind so gebaut, daß auf einer Art erhöhtem Schafott gespielt wird, und jedermann sieht so alles. Es gibt jedoch spezielle Galerien und Plätze, wo man angenehmer und besser sitzt und deshalb auch mehr bezahlt. So zahlt man für die Stehplätze unten nur einen englischen Penny, wer sich setzen will, geht durch eine nächste Türe, wo er einen weiteren Penny bezahlt; will man aber auf Kissen auf den besten Plätzen sitzen, also dort, wo man nicht nur alles gut sieht, sondern auch gesehen wird, bezahlt man an einer weiteren Türe nochmals einen Penny. Und während der Aufführung werden Eßwaren und Getränke verkauft, so daß man sich auch für sein Geld erfrischen kann."

Diesem Bild treu ist heute noch der englische Regisseur Michael Bogdanov in Ladywood, einer städtischen Siedlung für die Arbeiterklasse von Birmingham, wo er mit Romeo und Julia und Macbeth im Dunst von Bier und Rauch jungen Arbeitslosen und deren werktätigen Müttern Shakespeare und seine Botschaft nahebringt.

Vom Publikum und seinen Erwartungen

Das damalige Publikum, die Gäste und ihre Erwartungen lagen nicht weit weg von den Theatergästen und Erwartungen von heute. Würden wir eine moderne Marktuntersuchung anstellen, dann kämen wir auf folgende sieben Charaktermerkmale, die allesamt auch auf das Londoner Publikum zutreffen:

1. Sie suchten nach starken sinnlichen Reizen.
2. Sie hatten das Bedürfnis, an etwas Greifbarem teilzunehmen.
3. Sie suchten Identität in einer aufbrechenden Welt.
4. Sie waren auf sinnlich-geistige Themen ansprechbar.
5. Sie wollten sich unterhalten und verwöhnen lassen.
6. Sie wählten bedenkenlos, was Spaß und Vergnügen bereitete.
7. Sie waren trend- und prestigesüchtig.

Anstelle eines Kommentars seien aus dem Bericht einer Beratungsfirma folgende Stichworte zum Thema „ideale" Konsumenten zitiert: „Er/Sie ist 30- bis 40jährig, Bruttoeinkommen von über 4000 DM, hat positive Grundeinstellung, optimistische Einschätzung der Zukunft, wenig Interesse an politischen Aspekten, etwas emotionsarm, ichbezogen und materialistisch; Orientierung an äußerlichen Attributen, voller Selbstvertrauen, ausgeprägtes Streben nach Erfolg, Demonstration des erzielten Erfolges und Status etc.“

In einem Punkt ist das Leben des Gegenwartsmenschen schwieriger geworden als das seiner Vorfahren: Was macht man den ganzen Tag in Anbetracht eines Überangebots an Möglichkeiten? Das Leben ist leichter geworden, und deshalb ist es schwerer, ein sinnvolles Leben zu führen.

Unverständnis und Launenhaftigkeit bescherten auch Shakespeare die Enttäuschung des Unternehmers. Verschiedene Stücke fanden nicht den geringsten Anklang und mußten wieder abgesetzt werden. Für ihn und seine Truppe galten die gleichen Gesetze, wie sie eben einer kapitalorientierten, sprich konsumorientierten, Gesellschaft eigen sind. Sie hatten auf eigenen Beinen zu stehen und konnten jederzeit fallen, und damit stand und fiel auch das Ensemble. Ausnahme von der Regel: Jakob I. entschädigte das Ensemble in den von der Pest heimgesuchten Jahren 1608 bis 1609, weil es „verhindert“ war, in dieser Zeit öffentlich aufzutreten. Im übrigen aber waren die Mitinhaber des Hauses sowie die am Gewinn beteiligten Schauspieler auf sich selbst angewiesen und mußten von ihren Einnahmen leben.

Marktbedingungen und Marktgesetze

Die Bedingungen, unter denen Shakespeare und seine Leute um ihre Existenz kämpfen mußten, sind in vereinfachter Form mit den Marktbedingungen eines mittelständischen Unternehmens heutzutage vergleichbar. Das Shakespearesche Schicksal ist demnach das Schicksal von Hunderttausenden von Unternehmern der 90er Jahre, die zusammen den Großteil des Bruttosozialproduktes erwirtschaften. Man kann sich nur wundern, wie wenig wir aus den historischen Parallelen und vergleichbaren Vorgängen lernen wollen, selbst wenn sie Erfolg versprechen. So gesehen ist das Shakespearesche Konzept von größtem Interesse. Es besteht nämlich aus drei im Marketing anerkannten Grundsätzen, die auf der folgenden Abbildung dargestellt sind.

Dieser Ansatz erscheint manchem Marketingprofi gar zu einfach, ja eine Zumutung, sich darüber im Detail aufzuhalten. Man sollte aber nicht übersehen, daß es sich hier um einen kybernetischen Regelkreis handelt. Im weiteren Sinn bezeichnet man als kybernetisches System solche Systeme, die als Modelle für die in den verschiedenen Bereichen der Wirklichkeit

William Shakespeare (1564-1616) hatte sich schon zu Königin Elisabeths Zeiten mit seiner Schauspieltruppe glänzend über Wasser gehalten, indem er drei im Marketing anerkannte Grundsätze professionell umsetzte:

- Er hatte eine zündende Idee und machte daraus eine einprägsame Geschichte, mit der sich sein Ensemble identifizieren konnte.
- Er trug die Geschichte an den Markt und inszenierte sie dort publikumswirksam und auf konkurrenzlose Art und Weise.
- Er schickte seine Schauspielkollegen unmittelbar nach der Aufführung mit dem Hut unter das Publikum, um festzustellen, wie gut sein Stück angekommen war.

Die Erfolgskontrolle, ausgezählt in Münzen, war wiederum von direktem Einfluß auf Geschichte und Inzenierung.

Grundsätze des Shakespeareschen Marketing

auftretenden dynamischen Abläufe dienen. Wesentliche Eigenschaften dieser Systeme sind: Regelung und Steuerung, Informationsverarbeitung und Speicherung, Selbstorganisation und Selbstproduktion. Auch wer sich für Physik nicht besonders interessiert, kann aus der Definition herauslesen, daß der dargestellte Ablauf die Fähigkeit besitzt, sich nicht nur laufend zu produzieren, sondern sich auch selbstregulierend zu organisieren und zu optimieren.

Wir werden in den folgenden Kapiteln darlegen, daß in der Kommunikation angesehene Unternehmen gegen die Gesetzmäßigkeiten des Regelkreises verstoßen – mit schwerwiegenden Folgen.

Fazit

Es gibt kein Unternehmen, dem Glück und auch Unglück erspart bliebe. Was das Leiden im Einzelschicksal des Menschen ist, ist das Wechselbad des Erfolgs im Unternehmen. Es gehört zum Bild des Regelkreises und ist hinzunehmen, nicht weil es gerecht ist, sondern weil es den Erfahrungen des Lebens entspricht.

Diejenigen Unternehmen, die sich weigern, dieses dynamische System, dieses permanente Ringen am Abgrund zu akzeptieren, entgehen darum nicht dem Fall, im Gegenteil, sie fallen noch tiefer. So liegt der Unterschied zwischen einer Shakespeareschen Tragödie und einer Komödie darin, daß die in der Komödie gemachten Fehler zur Selbsterkenntnis und so zu Lernprozessen führen, derweil die Tragödie in die entgegengesetzte Richtung geht: hin zur Selbstverblendung, Selbstüberschätzung mit allen Konsequenzen! Ein Vorgang, den wir in der aktuellen Geschichte in bühnenreifer Form immer wieder mitverfolgen können.

1.2 Von der Notwendigkeit, Marketing als Philosophie zu verstehen

Wer etwas auf sich hält, gibt vor – und dies nicht selten in Unkenntnis der historischen Fakten – etwas Neues entdeckt zu haben. Wer das glaubt, nennt sein Marketing folgerichtig New Marketing. Die Amerikaner nannten es in den 80er Jahren Post-Marketing und signalisierten den Anspruch, den Rest der Welt hinter sich gelassen zu haben. In Deutschland sprach man von Fusionsmarketing. Angesichts der chaotischen, instabilen Märkte operieren Marketingberater mit neuen Heilslehren: Prozeß- und Relationship-Marketing, „One-to-one“-Marketing und vieles mehr. Dies, weil die eigentlichen Produkte zunehmend kopier- und austauschbar sind, nicht aber die damit verbundene Kommunikation zu wankelmütigen Kunden. Alles ist auf den Kunden fixiert. Warum kaufen Streetballer Adidas- und keine Puma-Turnschuhe? Bestimmte Marken erfahren plötzlich – und oft ohne Zutun von Marketingspezialisten – fast religiöse Zuneigung und entwickeln polarisierende Sprengkraft. Kein Wunder, daß sich das klassische Marketing und das viel besprochene Marketing-Mix weitgehend selbst abgeschafft haben. Die Zukunft gehört ultimativ (Originalton von Trendpapst Gert Gerken) dem Chaos-Marketing. Demnach steuert man nicht mehr das Verhalten, sondern das, was das Verhalten steuert! Das klingt reichlich kompliziert und für den Alltagsgebrauch schwer verdaulich. Es gibt auch Kritiker, die behaupten, das Marketing laufe sich in der Aufgeblasenheit seiner Theorien tot. Wer die Literatur durchgeht, Wälzer durchstöbert (in denen vorgegeben wird, wie komplex die Materie sich darstellt), ist versucht, den Kritikern recht zu geben.

Eine große Verwirrung schlägt sich in den Begriffen spiegelbildlich nieder.

Aller wissenschaftlichen Akribie zum Trotz verlangt die Praxis nach einfacher Fragestellung, klarem, gesundem Menschenverstand und nach der Fähigkeit, ein Marketingproblem in einem einfachen Satz zusammenzufassen.

Anita Roddick, eine der erfolgreichsten Geschäftsfrauen unserer Zeit und darum nicht zu Unrecht Unternehmerin des Jahres 1989 in Großbritannien (und mit verschiedenen Ehrendoktorwürden ausgezeichnet), geht in diesem Punkt ganz kräftig zur Sache: „Marketing ist nichts weiter als simpler Handel – Kaufen und Verkaufen.“ In Ihrem Buch „Body and Soul“ (Roddick 1991) erklärt sie recht anschaulich, was sie meint: „Statt dessen fördert die Businesswelt nach Kräften die Vorstellung, das Geschäftsleben hätte etwas Mystisches, Geheimnisvolles an sich, und bedient sich eines abgehobenen Fachidiotenjargons, um zu verhindern, daß gewöhnliche Sterbliche begreifen, wie es in Wirklichkeit zugeht. Es ist zu einer Wissenschaft gemacht worden, die es in Wahrheit nicht ist."

Meistens haben erfolgreiche Frauen recht, auch wenn sie etwas über das Ziel hinausschießen. Dies bestätigte Harold Geneen, Präsident und Vorstandsvorsitzender von ITT, einer der erfolgreichsten Manager der Nachkriegszeit. Für ihn war Marketing wie Kochen auf einem Holzkohlenherd. Und wie kocht man auf so einem primitiven Ding? Seine Antwort: „Nun, da man nicht alle Elemente, wie Feuer, Holz, Kamin, Zug etc., beherrschen kann, bleibt einem nichts anderes übrig, als ständig alles im Auge zu behalten. Bei einer Zubereitung des Gerichtes hält man sich bis zu einem gewissen Grad an ein Rezept, aber man fügt da und dort noch etwas hinzu. Man wiegt nicht jede Zutat ab, und man mißt nicht jede Prise Gewürz. Man streut nach eigenem Ermessen hier etwas darüber und fügt dort noch etwas hinzu. Und dann läßt man es brodeln. Aber den Topf verliert man nicht aus den Augen. Man beobachtet ihn ständig, riecht daran, steckt den Finger hinein, um zu kosten, und vielleicht würzt man noch ein bißchen nach. Dann läßt man ihn wieder eine Weile brodeln und kostet nochmals und nochmals und nochmals. Wenn einem etwas nicht schmeckt, ändert man etwas. Was immer man tut, das Wichtigste ist, den Topf nicht aus den Augen zu lassen."

Harald Geneen hatte eine Philosophie, wenn auch eine einfache, und machte damit rund um die Welt über 20 Milliarden Dollar Umsatz im Jahr. Das Beispiel zeigt: *Marketing ist keine Wissenschaft, Marketing ist eine Denkhaltung.* In diese Richtung gehen auch die aktuellen neueren Begriffsdefinitionen, wie sie in Marketinghandbüchern nachzulesen sind (sofern man sich die Zeit nimmt, sie nachzulesen): Marketing ist der Inbegriff marktorientierten Denkens und Handelns, wonach die gesamte Unternehmenspolitik (also nicht der Absatz, sondern alle unternehmerischen Teilbereiche wie Produktion, Materialbeschaffung, Finanzierung, Kommunikation etc.) am Markt orientiert ist.

So wird denn unter Spar- und Sachzwang Marketing als Philosophie wiederentdeckt, was eigentlich selbstverständlich ist. Mit Recht kann man sich fragen: Wozu noch teure Abteilungen, umfangreiche Marketingkonzepte, wenn alle Führungskräfte die Philosophie im Kopf haben? Man kann auch der Meinung sein, das Befinden über die Unternehmensphilosophie sei nicht das Privileg einer Abteilung.

Marketing wird – wenn es erfolgreich sein will – eine brisante, politische Sache. Brisant, weil es „Chefsache" ist – mit allen Konsequenzen. Politisch,

> „Das Management und die Mitarbeiter werden wie kaum in der Vergangenheit mit derart vielen neuen Begriffen, Konzepten und Ansätzen bombardiert. So ist die deutsche Wirtschaft derzeit flächendeckend dabei, in flachen Pyramiden Layer shedding mit Simultaneous engineering auf dem Wege zu einer Prozeßketten-Optimierung mittels Outsourcing just in time zu betreiben, um sich zu reengineeren, damit über ein Total quality management der Customer focus wiederhergestellt werden kann. Als Ziel gilt sodann, den Shareholder value zu maximieren, damit man in die Wirtschaftsgeschichte als ‚lean, mean (!) and hungry company' im Vergleich zu anderen less excellent companies eingehen kann.
>
> Damit die Mitarbeiter im laufenden und sich offensichtlich beschleunigenden Tempowechsel mithalten können, wird schließlich darauf verwiesen, daß über ein permanentes Krisenmanagement ein Organizational learning zu gestalten sei, das im Organizational memory die vielfältigen Erfahrungen speichert, um auch einem künftigen Change-Management gewachsen zu sein."

Knut Bleicher, Wirtschaftswoche 36/1994

weil neben dem Unternehmen nicht nur Absatzvermittler (Vertreter, Händler), sondern auch Aktionäre und die Öffentlichkeit nebst politischen Gremien zufriedengestellt werden müssen.

Doch ganz ohne Organisation geht es auch nicht. Zweckgerichtetes Handeln verlangt nach erkennbaren, faßbaren Strukturen. Einen praktischen Vorschlag dazu machte unlängst CC-Bank-Vorstand Gerlach: „Wir haben vier Abteilungen, die ‚Geschäftsförderung' heißen. Die kümmern sich um die Produktgestaltung, die Konditionengestaltung und die Vertriebssteuerung, so daß wesentliche Bereiche des Marketing abgedeckt sind. Marketing hat also einen anderen Namen erhalten." In der gleichen Richtung denkt auch

Dr. Werner Ludwig, geschäftsführender Gesellschafter der Wilo GmbH, Dortmund, ein Unternehmen, das auf Pumpen zur Wasserförderung in Gebäuden spezialisiert ist. Auch dieses Unternehmen definiert Marketing in einem doppelten Sinn: als Philosophie (Denkansatz) und als operative Funktion (innovatives Handeln). Für das letzte sorgt die KIM-Organisation. Die drei Buchstaben stehen für „Kunde im Mittelpunkt“.

Fazit

Die Beispiele zeigen, wo es anzusetzen gilt. Gefragt sind einfache Modelle, in denen Marketing als Denken und Handeln von der Geschäftsleitung über die Führungskräfte bis zu den Mitarbeitern gut aufgehoben ist und begriffen wird.

Vorausgesetzt wird dabei, daß man ein Marketingproblem von einem Werbeproblem zu unterscheiden weiß.

1.3 Zurück zur Revolution

Verschiedene namhafte amerikanische Autoren haben in den 90er Jahren eine Marketingrevolution prophezeit, die die Geschäftswelt überrollen wird. Die Topmanager werden dabei die entscheidende Bedeutung des Marketing für die Zukunft ihres Unternehmens (wohl oder übel) begreifen lernen (Clancy et al. 1991). So die Voraussage. Und da in einer Revolution bekanntlich alles auf dem Kopf steht, braucht es dazu auch entsprechende Überlebenstechniken. Und schon sind auch diese erfunden. Beispielsweise mit dem Guerilla-Marketing, das J. Conrad Levinson in seinem Handbuch gebrauchsfertig anbietet (Levinson 1994).

Es gibt weit mehr Literatur darüber. Alle Autoren kommen zu einer Schlußfolgerung: Der momentane Zustand des Marketings ist verheerend. Die Frage bleibt offen, ob dies bereits die Folge der Revolution ist oder deren Anfang. Dabei wird neues Denken gefordert, ohne genau zu sagen, was man darunter versteht.

Die Insidertips, Verkaufskniffe und andere praktische Dinge verraten in der Regel nicht die dazugehörende philosophische Qualität. Auch die Revolution kommt in den Voraussagen und Rezepten recht harmlos daher. Sie gipfelt in den Feststellungen:

- daß das Marketing aus dem Dornröschenschlaf geweckt werden sollte;
- daß die meisten Marketingexperten einschließlich ihrer Chefs keine Ahnung von der Komplexität ihres Faches haben;
- daß sich viele Unternehmen mit „Selbstmord-Marketing" beschäftigen – der saloppe Begriff dafür heißt „Harakiri-Marketing" und erklärt verschiedenartigste Anstrengungen, ein Unternehmen zu Grunde zu richten;
- daß Datenberge an brauchbarer Information wohl vorhanden sind, sofern man sie zu gebrauchen wisse, etc.

Diese Feststellungen haben in der amerikanischen Literatur breiten Raum. Wir kommentieren sie nicht. Auch die daraus resultierenden Legionen von goldenen Regeln, Kniffen und Tips stellen wir nicht in Frage. Revolutionär ist das Analysierte und Angebotene aber kaum. Neues Denken und Handeln ist kaum auszumachen. Aber vielleicht steht die Revolution ja noch vor der Tür, und wir tun gut daran, uns darauf vorzubereiten. Eine geeignete Quelle sind unseres Erachtens Persönlichkeiten, die nachvollziehbare Beispiele geliefert haben.

In der Einleitung haben wir bereits begründet, warum unsere Bezugsperson William Shakespeare heißt, eine Persönlichkeit, der es gelungen ist, nicht nur Kunden (Zuhörer) in großer Zahl zu finden, sondern sie auch über den Tod hinaus zu halten.

Im folgenden Kapitel erklären wir, warum wir – mit Blick auf William Shakespeare – von inszeniertem Denken und Handeln sprechen. Wer Marketing als Marktinszenierung begreift, hat einfache Begriffe und einfache Bilder zur Hand, die selbsterklärend und leicht anwendbar sind – auf allen Ebenen und Bühnen. Die Begriffe beinhalten auch die „Revolution", die in der Literatur bereits herbeigeredet worden ist.

Fazit

Die Revolution beginnt im Kopf; sie läßt sich auf das Postulat reduzieren, wonach unser Marketing besser (marktgerechter) und effizienter (kostengünstiger) wird, wenn sich die inneren und äußeren Schranken abschaffen lassen, wenn die Bühne gleichsam frei ist für jeden, der eine gute Rolle spielen kann und will. Damit fallen die Domänen der Experten und der Mächtigen. Jeder darf den anderen in Frage stellen, sofern dies notwendig aus der Verantwortung für das Ganze bzw. für die Markt-Inszenierung ist. So werden Fehler zu Chancen. Status und Titel haben nur noch Bedeutung im Kontext zum Stück und seinem Ensemble.

So bringt jeder – auf natürliche Weise – seine Resourcen ein. Produzenten und Konsumenten sitzen am gleichen Tisch. Jede Erfahrung ist wertvoll, denn Einbezug ist das oberste Prinzip. Darin besteht die Revolution – nicht mehr und nicht weniger.

1.4 Marketing als Marktinszenierung

Integriertes und vernetztes Marketing sind mittlerweile auch schon Abgrenzungsbegriffe (in Kästchen) geworden, die dringend dynamisiert werden sollten.

Als Autor habe ich in vielen Gesprächen und Diskussionen immer wieder nach einem Bild (Begriff) gesucht, das Marketing als Philosophie, aber auch als operationale Aufgabe im Unternehmen auf einen Punkt bringt. Dabei sind treffende Begriffsbestimmungen eine Frage der Zweckmäßigkeit und der inneren Logik. Die Suche hat sich als schwierig erwiesen, weil ich wie viele Sachverständige betriebsblind war und das Naheliegende übersehen habe.

Der Inszenierungsansatz bringt nicht nur eine Vereinfachung in den Begriffen, sondern auch Bewegung.

Schon zu Großmutters Zeiten (sie führte einen Quartierladen mit Frischgemüse) galt der Satz: Es ist besser, einen Markt zu haben als eine Fabrik. Die Schlußfolgerung daraus: Also gehen wir auf den Markt. Und was machen wir da? Wir inszenieren unser Produkt. Wie das zu geschehen hat, davon konnte schon zu meiner Studienzeit unser Schuhmacher ein Lied singen. Die Feststellung ist wörtlich zu nehmen. Er war der einzige mir bekannte Schuhmacher, der seine Dienstleistung inszenierte. Während seiner Arbeit ließ er – über vier Lautsprecher – sämtliche italienischen Opern einspielen, die er auf seine Art gesanglich begleitete. Ich erinnere mich, daß wir zu Hause die Schuhe oft besonders sorgfältig prüften, ob nicht bald wieder eine Reparatur fällig sei. Unser Schuhmacher hat, wohl unbewußt, mehr vom Geheimnis lebendigen Marketings verstanden als unser Ökonomieprofessor. Zu erwähnen ist, daß schon damals mit der aufkommenden Automatisierung das Überleben für einen Schuhmacher alles andere als leicht gewesen ist.

Einsehbar ist in diesem Zusammenhang, warum sich der Begriff Inszenierung vom Begriff Werbung und Promotion unterscheidet. Inszenierung ist mehr als nur markenpflegende, den Nutzen dramatisierende, mit emotionalen Schlagworten und Bildern gespickte Botschaft. Inszenierung ist auch mehr als ein Bündel unklassischer Maßnahmen wie Events, Direktmarketing, Sponsoring und inszenierte Public Relations. Inszenierung steht für eine Denkweise, die das ganze Unternehmen erfaßt.

Inszenierung steht demnach für Marktauftritt auf einem Marktplatz. Inszenierung steht für Bühne, auf der das Unternehmen agiert, und für ein Publikum (Kunden), das günstig oder vernichtend urteilen kann. Inszenierung schließt Corporate Identity und Unternehmerportraits ein, verlangt klar definierte

Rollen und perfekte Organisation. Es versteht sich von selbst, daß Inszenierung nach einer Inszenierungsidee verlangt, einer guten Metapher, die entsprechend verblüffend dramatisiert und inszeniert wird.

Marktinszenierung heißt demnach auch Innovation, Neugestaltung von Angebot, Beziehungen und Umfeld. Inszenieren und Innovieren sind wie eineiige Zwillinge.

Wer durch den Markt geht, stellt dagegen bald fest: An innovativen Ideen und guten Metaphern fehlt es allenthalben. Die Angebote gleichen sich, Phantasielosigkeit macht sich breit, und der Marktbesucher ist dankbar, wenn er sich vor einem Stand aufhalten kann, der ihm mehr bietet als ein Warenangebot.

So wird denn auch der Begriff Marktinszenierung dem wichtigsten Leitsatz der Marktpsychologie gerecht: *„Nicht die objektive Beschaffenheit einer Ware ist Realität in der Marktpsychologie, sondern einzig die Verbrauchervorstellung und das Verbrauchererlebnis, d.h. das anschaulich Angetroffene.*

Inszenierung beinhaltet aber auch Ängste (Angst vor dem Marktauftritt). Sie fordert Mut zum Risiko, zur Veränderung und fordert von Führung wie Mitarbeitern Anpassungs- und Kritikfähigkeit; denn der Applaus ist nicht garantiert. Dazu ein Wort eines englischen Erfolgsautoren: „Das Publikum, das ich im Kopf habe, sind Leute, die jeden Moment drauf und dran sind, das Theater zu verlassen – Menschen, denen wir nicht das Geringste schulden. Ich bin nicht da, um den Leuten zu sagen: Ihr habt so oder soviel bezahlt, jetzt habt ihr die verdammte Pflicht, dazusitzen und zuzuhören! Was mich betrifft, gehen sie weg, sobald sie sich langweilen."

Aus dem eben Beschriebenen lassen sich einige stichhaltige Gründe ableiten, die dazu geführt haben, diesem Buch den ungewöhnlichen Titel „Das Shakespearesche Marketing" zu geben.

Zum ersten ist es die verblüffende „Entdeckung", die uns Shakespeare in einer neuen Rolle zeigt: nicht nur als Dichter, sondern auch als Mann des Marktes, der Marketing konsequent zu inszenieren weiß, und dies zu einer Zeit, die in ihrer Aufbruchstimmung und ihrer Dekadenz an unsere Gegenwart erinnert. Marketing als Marktinszenierung erhält so ein *einprägsames Etikett.*

Es ist zudem nicht nur reizvoll, sondern auch effektvoll, *Marketing auf der Bühne anzusiedeln.* Dies verschafft – abgesehen vom kulturellen Reiz – dem

Thema Dramatik. Die damit verbundene Verfremdung zwischen Idee und Realität nimmt den gemachten Aussagen den professoralen Ernst; ernstgenommen wollen sie trotzdem sein.

Mit der Verknüpfung von Shakespeare und Marketing inszenieren wir auch Unternehmenskultur.

Den meisten Unternehmen ist die Kultur (nennen wir sie Dienstleistungskultur) so quasi auf leisen Sohlen nachgefolgt, vielfach unbemerkt und damit unprofiliert. Jedes Unternehmen, ob ein kleines oder großes, hat Unternehmensgeschichte mit einem Namen, der etwas bedeutet, und einer Identität, die nicht leichtfertig verleugnet werden kann. Somit hat jedes Unternehmen fast definitionsgemäß Kultur. Kultur kristallisiert sich bekanntlich in der Art und Weise, wie Menschen im Unternehmen kommunizieren. Dialogfähigkeit ist Kultur! Sie sollte sich nach außen widerspiegeln – echt und ungekünstelt. Mit diesem modern verstandenen Begriff von Unternehmenskultur tun sich viele Firmen schwer. Dementsprechend fehlt es nicht an inszeniertem Unfug. Unterschiedlich ist demnach die Art und Weise, wie man auf „der Bühne" auftritt und die Absicht kundtut (oder eben nicht kundtut), den Dienst am Kunden mit neuen Inhalten zu füllen oder sich zu Grabe tragen zu lassen.

Es gehört zum ABC jeder Unternehmensphilosophie, daß letztlich nur Erfolg haben kann, wer die ihm zugedachte und von ihm erwartete Rolle überzeugend und einprägsam spielt.

Marktinszenierung verträgt sich auch mit der Grundidee des Business-Reengineering, die darin besteht „Unternehmen nicht mehr vertikal nach Funktionen, sondern horizontal nach Prozessen zu gliedern" (Osterloh 1994). Ziel ist, zwischen Beschaffungs- und Absatzmarkt durchgängige Prozesse ohne Schnittstellen vom Lieferanten bis zum Kunden zu gestalten, um eine kundenorientierte Umbearbeitung zu erreichen. Statt „Process follows Structure" heißt es nun „Structure follows Process". Diese Prozeßorientierung impliziert einen horizontalen Prozeß der Geschäftstätigkeit, durchbohrt die Organisation im Querschnitt und zeigt sie als Prozeßsystem. Um im Bild zu bleiben: Bühne und Publikum bestimmen die Struktur, und nicht die Struktur bestimmt Bühne und Publikum, eine Binsenwahrheit, mit der Unternehmen und ihre Organisationsberater sich schwer tun.

Eine besondere Stärke dieser Metapher: Marketing als Marktinszenierung ist nicht nur in der Lage, auf Marktveränderungen rasch und treffend zu reagieren (der darin enthaltene Begriff „ in Szenen zu denken" ist ja schon weit verbreitet), sondern schließt auch die Wertvorstellungen der Mitarbeiter mit ein, was der Mitarbeitermotivation äußerst förderlich ist. Arbeit in einer gut inszenierten Firma macht schlicht und einfach mehr Spaß!

Last, but not least, ist der Begriff Marktinszenierung auch Synonym für ein Marketing der gutbesuchten Kundenveranstaltungen, lustvollen Beziehungen zwischen Bühne und Publikum, also für vielfältigen und phantasievollen Kommunikationsstil mit hohem Unterhaltungswert, mit Ueberraschungen, Witz und einer Dosis Provokation, aber auch für ein Marketing als Tragödie, für scharfe Konkurrenzsituation, leere Stuhlreihen, existentielle Bedrohung, Uneinsichtigkeit und ihre schwerwiegenden Folgen.

Fazit

Marketing als Marktinszenierung deckt sich mit den Begriffsinhalten der Dramatisierung, wonach die Marketingkommunikation (der epische Stoff) auf wenige Hauptmomente und eine begrenzte Zahl von handelnden Personen (Rollen) reduziert wird, und zwar in einer spannenden und erregenden Art und Weise.

Marktinszenierung als Begriff ist zweckmäßig, ersetzt fehlende leichtverständliche Gesamtmodelle und ist so gesehen ein hilfreiches Denkraster. Wer in Szenen denkt, kann mit dem Unvorhergesehenen, Überraschenden leichter leben, macht das Unerwartete sogar zum Teil des Auftritts, rechnet aber auch gleichzeitig mit dem Mißerfolg. Wenn man das Handelsblatt „New Product News“ hier zitieren darf, dann beläuft sich die Mißerfolgsquote neuer Produkte auf 80%, in den goldenen 60er Jahren waren es auch schon 70%. Der Begriff hat demnach auch eine innere Logik, denn Marketing als Marktinszenierung ist ja nicht nur lustvolles Verkaufen, sondern auch tragisches Versagen.

Der Bezug zu Shakespeare gibt dem Begriff zudem eine historisch kulturelle Tiefe, ohne die auch unser gegenwärtiges Wirtschaften – allen Lehrbüchern zum Trotz – letztlich sinnlos und unverständlich ist.

1.5 Vom Marktplatz und seinen Besuchern

Die Standardfrage in jedem Marketingkonzept gilt der Zielgruppe; dies ist verständlich, denn wer den richtigen Adressaten hat, glaubt schon den halben Kauf getätigt zu haben. Wenn ein Unternehmen beispielsweise Rasenmäher verkauft, will es seinen Katalog auf dem Nachttisch eines Haus- und Gartenbesitzers plazieren; auf einem Nachttisch im zweiten oder sogar im siebten Stock eines Wohnblocks macht er weniger Sinn. Prospekte und Kataloge für exklusive Damenunterwäsche haben in einem Single-Haushalt von Männern hohen Beachtenswert, ob sie da auch zu verkaufen sind, ist mehr als fraglich. Es wird mit vernünftigem administrativen Aufwand – bei der Fluktuation der Bevölkerung – immer schwieriger, die richtigen Leute am richtigen Ort anzuschreiben; die Kontaktkosten steigen exponentiell mit den Versandkosten. Dazu kommt, was wir schon eingangs festgestellt haben: Da weniger in Produktkategorien, sondern mehr in Erlebniskategorien konsumiert wird, erübrigt sich die Bearbeitung des Marktes nach klassischen Zielgruppen zunehmend. Ein Beispiel dafür ist die moderne Gastronomie, die dieses heterogene Konsumentenbild locker angeht mit dem Slogan „We take care of nice people“. So sind denn „In-Lokale“ in der Regel durchmischt, weil eben „nice people“ nicht auf eine enggefaßte Zielgruppe zu beschränken sind. Daß es da auch in Sachen Ernährung, Geborgenheit und Erlebnis stimmen muß, setzen wir bereits als bekannt voraus.

> **Was wir brauchen, sind Orte, wo wir unsere Kunden erwarten und treffen können, um unsere Ware loszuwerden.**

Diese Beobachtungen sind nicht weiter verwunderlich (obwohl man sich über gewisse seltsame Erscheinungsformen nur wundern kann). Aber der Trend geht nun mal in Richtung Erlebnisorientierung als unmittelbarste Form der Suche nach Glück. Da sich Erlebnis nicht durch Gegenstände ersetzen oder an Dienstleistungsunternehmen einfach delegieren läßt, ist der Anbieter gezwungen, eine Situation herzustellen, die ein Erlebnis verspricht. Was Unternehmen dabei gerne übersehen: *Jede Erlebniserwartung von seiten der Kunden beinhaltet schon ein Enttäuschungsrisiko (Schulze 1992).* Unternehmer fragen sich daher: Welche Erlebniserwartungen haben unsere Kunden? Was gefällt ihnen wirklich? Wollen sie das, was sie vorgeben zu wollen, auch wirklich?

Diese Fragen lassen sich am besten auf Marktplätzen und Messen beantworten. Hier steht man den Kundenerwartungen hautnah gegenüber. Befriedigung und Enttäuschung sind für Anbieter und Nachfrager unmittelbar greifbar und erlebbar. Dies ist eine Erklärung dafür, warum Messen und

Bitte senden Sie diese Antwortkarte per Post oder Fax (Fax 0 71 21 / 1 71 24) an uns zurück oder rufen Sie uns an (☎ 0 71 21 / 49 00 76).

Ja, ich/wir möchte(n) nach Shakespeareschem Erfolgsrezept handeln – in zeitgemäßer Art!

☐ Die Einführungsseminare in das **Shakespearesche Marketing** interessieren mich/uns. Bitte schicken Sie mir/uns ein Programm mit Anmeldeformular.

Bevorzugte Städte (Zutreffendes bitte ankreuzen):

☐ Zürich ☐ Frankfurt ☐ München ☐ Düsseldorf

☐ Wien ☐ Berlin ☐ Hamburg

☐ Wir sind an den Einführungsseminaren nicht interessiert, möchten aber das Shakespearesche Marketing in unserer Firma, Institution zum Thema machen. Bitte rufen Sie uns an.

Absender

Firma

Name/Vorname

Branche Funktion

Telefon Telefax

Straße/Postfach

PLZ/Ort

Datum Unterschrift

☐ Privatadresse ☐ Firmenadresse

Bitte frankieren, falls Marke zur Hand

Antwortkarte

Seminarorganisation
Connection GmbH
Hegwiesenstraße 10

D-72764 Reutlingen

Verkaufsveranstaltungen aller Art einen Aufschwung erleben und warum Spielstätten, (beispielsweise der neueröffnete Tenniskomplex „Australian open"), mehr einem elisabethanischen Theater als einem Stadion gleichen – mit fürstlichen Logen, Meeting-Hallen, Restaurants, Marktplätzen sowie Einrichtungen für die Informations- und Unterhaltungsindustrie.

Es kann nicht jeder seinen Marktplatz gleich zu einem Theater ausbauen; doch man kann eine Form suchen, durch die das Interesse (auch an einem unattraktiven Thema) geweckt wird. Da ist mir unlängst ein Prospekt ins Haus geflattert mit einer Einladung zu einer zweitägigen Präsentation und Fachmesse für modernes Postmanagement. Renommierte Firmen (die Post war auch dabei) inszenierten zusammen ein „Special Interest Market" und machten so ein Thema, das bis dato kaum ein Thema war, zum Thema. So weiß ich denn heute, was man unter Postverarbeitung zu verstehen hat, nämlich EDV-Output, Adressieren, Falten, Kuvertieren, Wägen, Frankieren, Verteilen, Transportieren u.a.m.

Wer also an Marktplätze denkt, denkt automatisch an interessierte Marktbesucher (nicht an Zielgruppen) mit bestimmten Berufserfahrungen und Lebensstilen, die es überzeugend anzusprechen gilt. Und wie wirkt man da überzeugend? Wohl eher mit einem überzeugenden Marktauftritt. Der UMP (Unique Marketing Proposition) ist also gefragt wie noch nie.

Ein „Unique Marketing Proposition" ist gemäß den gängigen Definitionen eine einzigartige Marketinglösung oder eine unverwechselbare Marketingrealisation. Die Betonung liegt auf dem M. (Der Buchstabe steht auch für Menschen und Markt.) Charakteristische Merkmale von UMPs sind Einzigartigkeit, Unverwechselbarkeit, Unvergleichbarkeit, kurzum Anziehung verbunden mit Überlegenheit. UMP ist klar abzugrenzen vom USP, der über Jahrzehnte die Werbewelt und ihre Kommunikationstheorien beherrscht hat. Der USP – die Betonung liegt auf dem S (Selling) – ist das Credo der Kommunikatoren, die vordergründig und mit ungewöhnlichen Bildern, Headlines und kreativen Verpackungen alles unternehmen, konkurrierende Werbung aus dem Wettbewerb zu drängen. *Der USP fängt in der Regel bei der Kommunikation an, der UMP bei der Positionierung.* Da liegt auch der Hund begraben, denn es genügt nicht, einen guten UMP zu schaffen, ohne auch den Marktplatz und dazugehörende Inszenierung dafür zu definieren. Der UMP setzt also neue Maßstäbe in Sachen Ort, Zeit und Anziehung; er verlangt mehr Phantasie in der Erschließung neuer Plätze, wo Anziehung in ungewöhnlichem Rahmen stattfinden kann.

Dem UMP einen einzigartigen und unverwechselbaren Hut aufsetzen.

Ein origineller Ansatz, wie man einen Marktplatz auswählt und sich dort inszeniert bzw. inszenieren läßt, sind die Chorwettbewerbe des Bierproduzenten Holsten. 1981/82 wurden sie zum ersten Mal durchgeführt. 1985/86 zum zweiten Mal für die Holsten-Tochter Feldschlößchen in Südost-Niedersachsen. Als gutes Beispiel für Kommunikation im regionalbezogenen Markt übertrug man die Idee 1987/88 erstmals auf ein ganzes Bundesland. Der Wettbewerb an sich sollte über seine selbstgestellten Anlässe für Präsenz in den Medien vor Ort sorgen, also Nennung der Holsten-Brauerei in lokalen Tageszeitungen und Anzeigenblättern, im Regionalrundfunk und Regionalfernsehen.

Ganz bewußt wandte man sich den Laienchören als einer von vielen bis jetzt für unattraktiv gehaltenen Zielgruppe zu, getreu dem Prinzip, sich einen Personenkreis zu suchen, den andere (noch) nicht im Visier haben. In Schleswig-Holstein gibt es rund 550 organisierte und verbandsunabhängige Männer-, gemischte und Frauenchöre, darüber hinaus etwa 50 Jugend- und Kinderchöre, die allerdings von der Teilnahme ausgeschlossen waren. Also knapp 25000 Sänger und ein Mehrfaches an Kontaktpersonen im ländlichen und städtischen Bereich, die alle der Tradition der Volks- und konzertanten Chormusik verbunden waren oder verbunden sind und so der Brauerei und ihrem brauereitypischen Image von Heimatverbundenheit emotionell nahestehen. So hat sich denn die Frage, was der Männergesangverein Schleswig und der Frauenchor Harmonie 1875 mit einem Getränkekonzern gemeinsam haben, von selbst beantwortet: Sie haben einen gemeinsamen Auftritt in einem gemeinsamen Markt.

Das macht auch Sinn: Solche Ereignisse erfreuen sich guter Presse; die Beteiligung von 4100 aktiven Sängerinnen und Sängern aus 101 Laienchören zeigt einmal mehr, daß Kultur und Freizeit sehr gut zusammengehen und die anfallenden Promotionkosten auch noch zahlbar sind. Das Budget von 125000 DM war übrigens recht bescheiden und unter Berücksichtigung der vielen Kontaktkosten äußerst erfolgreich.

Man kann sich am Schluß fragen, warum diese Geschichte von der Holsten Brauerei AG nicht weitergeschrieben wurde. Es gibt dafür eine banale und eine weniger banale Erklärung. Die banale zuerst. Das für die Aktion zuständige geschäftsleitende Mitglied bei der Brauerei hat das Unternehmen nach der dritten (erfolgreichen) Durchführung verlassen. Der Nachfolger hat andere Prioritäten gesetzt und ist zudem auch weniger sangesfreudig!

Ein anderer, eventuell plausiblerer Grund ist in der Verbindung der Traditionsmarke „Holsten Edel“ mit dem Gesangswettbewerb zu suchen. Vielleicht wollte sich die Brauerei nicht mehr so ausschließlich (und erfolgreich) mit den Sängern und Sängerinnen identifizieren, wollte nicht zum Bier für sangesfreudige Kehlen werden. Das ist vielleicht die Crux, wenn man sich einen speziellen Marktplatz aussucht und sich da inszeniert. Man wird die Bilder, die man schafft, schwerlich wieder los.

Frage: Was sucht ein Emmentaler Biskuitfabrikant an der Metropolitan? Antwort: Kunden

Bei den erdrückenden Werbekosten wird man mehr und mehr nach Marktplätzen und speziellen Gruppen Ausschau halten, die man mit vertretbarem Aufwand erreichen und ansprechen kann. Eine originelle Idee, wie man sich Kunden sucht, hatte Kambly, der renommierteste Biskuitfabrikant der Schweiz. Diesen Traditionsbetrieb packte der Ehrgeiz, seine Spezialitäten auch in die große Welt und damit über den Atlantik hinauszutragen. Die Frage lautete: Wie bringt man „Feuille d'Or" (hauchdünn und knusprig) und „Choconux" (Haselnußfeingebäck) oder „Chocamour" (eine süße Liebeserklärung) oder „Butterfly" (das hauchdünnste Feingebäck der Welt) in eben diese Welt, in unserem Falle in die USA? Der USP, wie die Produktpalette zeigt, ist vorhanden und in einschlägiger Werbung dokumentiert. Der Transport dieser Botschaft in den Markt ist aber unbezahlbar – ganz abgesehen davon, daß eine solche Spezialität auch ein Kulturtransfer ist. Das sind langwierige Prozesse, die sich auch erst langfristig in einer Nachfragesteigerung auszahlen. Der Denkansatz ist auch hier der UMP. Die Frage heißt: Wo ist man anders und besser als die andern und auf welchem Marktplatz? Die Antwort lautete: Beim Publikum in der Metropolitan Opera New York ist Kambly Stargast. Die dort gewonnenen Beziehungen werden dem Produkt die Türen öffnen zu Haushaltungen, wo „Noblesse", ein luftiges Eiweiß-Feingebäck, mehr ist als nur eine Pralinéfüllung.

Mit den Beispielen von Holsten und Kambly entsteht der Eindruck, es gelte, Marktplätze zu finden, wo Chöre jubilieren und Theatervorhänge auf- und niedergehen. Dies ist nicht beabsichtigt. Nüchtern betrachtet kommt es darauf an, dahin zu gehen, wo wir als Anbieter im Markt erwartet werden: *nämlich in den Medien und auf den Messen.* Für Medien steht der Begriff Fachpresse, Special-Interest-Titel, Lieferantenverzeichnisse. Für Messen steht der Begriff Fach- und Publikumsmessen sowie Veranstaltungen schlechthin, auf denen für unsere Kunden etwas inszeniert und zelebriert wird.

Der Einwand, der Rhythmus von Produktentwicklung und ihr Bedürfnis nach Darstellung habe jenen der Messe überholt, ist nicht relevant. Wohl wird in wirtschaftlich härteren Zeiten auch am Messebudget in den Firmen herumlaboriert, und große Messegesellschaften tun alles, durch leistungsfähigere Infrastrukturen und attraktive Zusatzangebote anderen Messebetreibern Veranstaltungen abzuwerben. Dies sind aber Begleiterscheinungen, denen keine besondere Bedeutung zukommt. Man kann es drehen und wenden wie man will: Kein Unternehmen kommt an der gezielten Marktbearbeitung vorbei; sie gewinnt sogar noch an Bedeutung. Erkennen läßt sich dies auch an den neuen Formen der Kleinmessen, den sogenannten Hausmessen. Einzelne oder Gruppen von Betrieben, oft sogar in Zusammenarbeit mit ihren Zulieferfirmen, stellen ihre Produkte einer ausgewählten Kundschaft vor: im eigenen Firmengebäude, an einem verkehrsgünstigen Knoten, in Kongreßhotels und auf ausstellungsfähigem Gelände aller Art. Der Entwicklungsprozeß ruft geradezu nach neuen Themen. Folgerichtig der Trend zum Fachmarkt, zur Fachmesse. Somit werden neue Messen entstehen; Freizeit und Freizeitindustrie werden diese Entwicklung anheizen, und auch hier laufen die Dinge wieder zurück zu den Grundbedürfnissen. Schon im Mittelalter bildeten die kirchlichen Festtage willkommenene Anlässe zum Handeln mit landwirtschaftlichen Erzeugnissen und Gebrauchsgütern. An die heilige Messe schloß sich die „Missa profana“ an. Die zunehmende Zersplitterung im Messewesen entspricht in diesem historischen Kontext gesehen einem Grundbedürfnis unserer Kunden, an den Feier- bzw. freien Tagen „in die Messe“ oder auf den Fachmarkt zu gehen.

Wer für seine Kunden keine Messe hat, sucht nach anderen Mitteln. Direkt auf den Kunden zuzugehen, ihn auf ungewöhnliche Art und Weise anzusprechen, das ist der Trend. Wir sprechen heute auch von aggressiverem Marketing. Die entsprechenden Budgets werden in den Firmen aufgestockt, im Durchschnitt gegen 10% des Umsatzes. Gemäß Schätzungen der Schweizerischen Kreditanstalt soll dieser Ausgabeposten in Zukunft sogar noch zunehmen, also stärker als der Umsatz erhöht werden – als direkte Folge eines unerbittlichen Verdrängungswettkampfes. Ausdruck für diesen Trend sind ungewöhnliche Aktionen, zum Beispiel die Jubiläumsaktion von Lindt & Sprüngli zu ihrem 150jährigen Bestehen. Da haben sich die Marketingverantwortlichen nicht „lumpen“ lassen. Jeder schweizerische Haushalt (und die Betonung liegt auf jeder) hat ein Geburtstagspäckchen erhalten mit Pralinen, Schokoladentäfelchen und viel Verpackungsmaterial. Die ganze Aktion, ausgestreut über ein Land in der Größenordnung von Baden-Württemberg hat das Sprüngli-Unternehmen einen Betrag zwischen zehn und 15 Millionen Franken gekostet. Ein stolzer Betrag für ein mittelgroßes Unternehmen.

Die Aktion hatte übrigens noch einen ungewollten Nebeneffekt. Ganze Schulklassen räumten die schokoladenbestückten Briefkästen systematisch aus. Ein ungewöhnliches Dialogmarketing.

Noch nie wurde soviel Geld in Direktmarketing, Verkaufsförderung und Customer-Service investiert wie gerade 1994. Wer kann es sich aber leisten (angesprochen sind vorab mittelständische Unternehmen), einen ganzen Markt zu beschenken? Wer dialogorientiertes Marketing betreiben will, braucht Daten von potentiellen Kunden und kommt daher um den Aufbau einer sogenannten Marketing-Database (mit Adreßprofil-, Aktions- und Reaktionsdaten seiner Kunden) nicht herum. Wer seine Daten auf klassische Art und Weise erhebt, wird erschrecken, denn Zeit, Geld, Nerven und Bewirtschaftung sind aufwendig.

Schon bei der Frage, hinter welcher Adresse sich heute ein potentieller oder ein aktiver Kunde verbirgt, streiken diese Dateien. Und nahezu unmöglich erscheint es den meisten Datenbanken, für ganz bestimmte Angebote den wahrscheinlichen Bedarfszeitpunkt auszurechnen. Wie, so stellt sich die Frage, erreicht man das Individuum in der Masse?

Unsere Kunden leisten sich nämlich schamlos den Luxus, Arbeitsplatz, Wohnort und Konsumgewohnheiten sporadisch und konsequent zu wechseln. Da hilft, ein Tip sei erlaubt, nur noch gut geschultes Front-Personal, die Mittels Laptop und PC jeden Kundenkontakt nach bestimmten Vorgaben dokumentieren. So entsteht innerhalb kürzester Zeit eine auswertbare „Frontberichterstattung". Eine kleine Modeboutique hat diese Art des Vorgehens gar auf die Spitze getrieben. Sie schickte ihre Leute auf die Straße und in die Schulhäuser, Kinos etc. Angesprochen wurden alle Personen, die Jeanshosen und Hemden mit bestimmten Markenschildern trugen. „Wir haben's einfach", jubilierte der Geschäftsführer. „Unsere Kunden sind nämlich angeschrieben!" So hatte dieser Mann in kurzer Zeit eine Database für sein neu eröffnetes Haus beschafft.

Den Markt einkreisen, nicht erobern

Die meisten Marketingpläne lassen keine Zweifel offen, daß sie dazu da sind, Marktplätze und Marktanteile zu erobern, und entsprechend martialisch tönen die da verwendeten Begriffe und Redewendungen. Wir Männer verstehen in der Regel unter Marktdurchdringung mittels einer unverwechselbaren Marketingrealisation eine Leistungsshow, mit der man andere Männer zu beeindrucken hat. Dieses Denken hat seine Wurzeln in den 60er Jahren, eine Zeit, in der erfolgreiche Automobilverkäufer auch als erfolgreiche Verteidigungsminister galten – mit quantifizierbaren Vorstellungen von Märkten und Kriegsschauplätzen und unter Vernachlässigung der Shakespeareschen Botschaft, wonach die Leidenschaft der Bürger die Motoren jeder Eroberung (sprich Marktdurchdringung) sind und nicht Regierungen oder Manager, nicht Militär oder marktbeherrschende Mittel, nicht Rüstung noch Wirtschaftspotential. Die Anspielung auf die Memoiren des ehemaligen amerikanischen Verteidigungsministers McNamara und seine selbstkritischen Betrachtungen, den Krieg in Vietnam in quantifizierbaren Kategorien geplant zu haben, sind gewollt. Reumütig stellt er fest, daß ein Krieg nicht zu gewinnen ist, der gegen die alte Weisheit verstößt, wonach die Motivation der Menschen der Motor ist – und nicht Regierungen, politische Programme, Rüstung und Wirtschaft. Solche Bekenntnisse kommen etwas spät, jedoch sie kommen. Dabei ist zu berücksichtigen, daß es längst eine stille Mehrheit gibt, die weder militärisch erobert, noch dem inszenierten Leistungsgehabe applaudieren will (McNamara 1995).

Der Ton macht die Musik

Mit der „stillen" Mehrheit meinen wir Frauen – das unterschätzte Potential. Die Zahlen dazu sind selbsterklärend: Die Frauen machen beispielsweise in Deutschland rund 52% der Wohnbevölkerung aus. Ab 50 Jahren haben sie gar ein deutliches Übergewicht, das mit den Jahren zunimmt. Frauen sind längst keine Manövriermasse mehr, das zeigt auch der Generationensprung einer Ausbildung: Die 25- bis 44jährigen beispielsweise sind auf allen Stufen besser gebildet und ausgebildet als ihre Müttergeneration. Insgesamt ist das Leben als Frau heute vielfältiger als jenes der Mütter und Großmütter. Wohl üben Frauen noch vorwiegend Frauenberufe aus, und zwischen Männer- und Frauenlöhnen besteht noch eine Differenz. Diese wird, statistisch errrechnet, auf 23% beziffert, Statistiken sind aber mit Vorsicht zu genießen.

Trotz des wirtschaftlichen Gefälles ist die weibliche Marktmacht (Kaufkraft) deutlich im Steigen. Was die Marketingstrategen aber unterschätzen, ist die Rolle der Frau als Mitentscheiderin in der Familie und am Arbeitsplatz. Dies betrifft nicht nur die Güter des täglichen Bedarfs und das Marktsegment Freizeit, sondern auch wesentliche Investitionen im Bereich Finanzen, Reisen, Kauf von Autos, Wohnungen und Häusern.

Eben diese Frauen pflegen heutzutage einen anderen Kommunikationsstil als die Männer. *Sie wollen zuerst die Beziehungsebene klären und dann die Sache.* Zum Thema „Female Customer Relation" sei an dieser Stelle Frau Dr. Doris M. Reffert-Schönemann, Investor's Dialogue GmbH, zitiert. „In der Anfangsphase eines Gesprächs verhalten sich Frauen fast ‚japanisch'. Sie wollen sich ein Bild über die Art der Beziehungsebene machen. Dies geschieht meist mit belanglos scheinendem Small talk. Daraus auf Inkompetenz zu schließen ist verkehrt. Ebenso, wenn der Verkäufer/Berater meint, er könne auf diesem Niveau verharren. Frauen möchten in ihrer Vielfältigkeit wahrgenommen werden. Sie sind – besonders anfänglich – von ihrem Erscheinungsbild her schwieriger einzuschätzen. Sie möchten noch weniger als Männer in Marktsegmentierungsschachteln verpackt werden. Dies fordert zu einem ‚weiblichen' Kommunikationsstil auf, aber nicht zu Eintöpfen."

Diese Analyse ist äußerst ernst zu nehmen, insbesondere da Frauen zugestanden wird, daß sie besser als Männer auf andere Menschen eingehen; ihre „weibliche Intuition" erlaubt ihnen, anderer Leute Bedürfnisse und Motivation zu erfühlen, und sie können soziale Beziehungen aufrechterhalten, indem sie es verstehen, zwischenmenschliche Beziehungen zu managen (Ferguson 1985). Je selbstbewußter Frauen werden – und damit werden sie auch mehr Marktmacht einbringen –, um so mehr möchten sie auf ihre Art angesprochen werden, und sie haben ein Recht darauf. „How to convince a predominantly male management to target woman customers?" Diese Frage hat – schon vor Jahren – Frau Kate Bedmansky gestellt, Leiterin der erfolgreichen Nike-Frauenkampagne. Sie ist bis heute noch nicht befriedigend beantwortet worden.

Fazit

USP ist die Schlagsahne der Kommunikationswirtschaft, UMP der Kuchen dazu, der vielerorts aber erst gebacken werden muß; denn Profil, Anziehungskraft und Dialogfähigkeit sind Qualitäten, die nicht herbeigeredet werden können. Sie laufen nach einem Prozeß, wie in den nachfolgenden Shakespeareschen Gesetzen beschrieben. Von besonderer Bedeutung ist dabei die Einsicht, daß man sich schrittweise entfernt von heterogenen Märkten, die man zu beherrschen hofft, und sich hinwendet zu konkreten, überschaubaren Marktplätzen, auf denen man sich Alleinstellung sichert. Diese These gewinnt an Gewicht, wenn man berücksichtigt, daß beispielsweise in der Schweiz von 300000 Unternehmen 281957 Klein- und Mittelbetriebe sind. Die Verhältniszahlen in Deutschland und Österreich werden nicht wesentlich anders sein.

Dem UMP einen Hut aufsetzen heißt demnach die Inszenierungsqualität einer unverwechselbaren Marketingrealisation zu steigern und dabei unsere Kunden, vorab die Frauen, nicht lauter, sondern differenzierter anzusprechen.

1.6 Fokussiere Angebot, Markt und Mittel

Wie im vorangegangenen Kapitel festgestellt, läuft der Trend zum Fachmarkt, zum „special interest". Man kann auch sagen, der Trend läuft zum Sichtkontakt. Hier lassen sich Synergien und Lernprozesse besser nutzen. Alles wird einfacher in der Handhabung. Auch für Kundenbindung und Werbung finden wir originellere und kostengünstigere Ausdrucksformen, vorausgesetzt, man konzentriert seine Kräfte nicht auf Marktbeherrschung, sondern auf Anderssein. Das Denken in überschaubaren Marktplätzen und fokussierten Angeboten schließt die Durchdringung eines größeren Gesamtmarktes ja nicht aus.

Es gibt in diesem Zusammenhang eine irrige Meinung, wonach letztlich alles über den Preis läuft, und in Anspielung auf den sportlichen Wettkampf, derjenige als Sieger hervorgeht, dem es gelingt, die Konkurrenten aus der Bahn zu schlagen. Schon der zweite im Rennen ist, selbst als Silbermedaillenträger, bereits der Verlierer. Dieses Beispiel mag für den Massensport stimmen und mit Vorbehalt auch Zustände schildern, wie sie bei Anbietern von Massenartikeln anzutreffen sind.

Ein Opfer dieser Denkkategorie wurde das bekannte und beliebte Sportschuh-Unternehmen Raichle. In bühnenreifen Auftritten kämpfte (im Frühjahr 1995) die Besitzerin Beatrice Wehrhahn gegen Absatzflaute, Überangebot und Banken, die ihr angeblich abrupt und ohne Vorwarnung den Kredithahn zugedreht hatten. Wer aber etwas hinter den „Vorhang" schauen konnte, war nicht überrascht, daß dieses schweizerische Vorzeigeunternehmen in Schwierigkeiten geraten konnte. Wer sich auf die Ansicht versteift, „wonach in unserer Zeit nur noch große und starke Konzerne Überlebenschancen hätten" (aus einem Interview), hat wahrlich als mittelständisches Unternehmen keine Überlebenschance. Ein solches Marktbild orientiert sich tatsächlich am Sport; eben diese Betrachtungsweise, konsequent ins Marketing übersetzt, ist – wie der Fall Raichle zeigt – verhängnisvoll. Es genügt eben nicht, den besten Skischuh zu fabrizieren; es genügt auch nicht, damit die besten Skifahrer die Piste hinunterrasen zu lassen. Das Rennen hat sich längst verlagert, Produkte und Freizeitgewohnheiten altern immer schneller. Der Name Raichle war wohl unangefochten attraktiv, aber die Produkte längst austauschbar. An diesem Punkt scheiterte Raichle und nicht an den geldgierigen Banken, die das renommierte Unternehmen angeblich in die Nachlaßstundung trieben. Absatzschwund und Strukturwandel in der Branche besorgten den Rest.

Anders sein oder nicht sein – das ist die Frage

In diesem Zusammenhang ist aber auch selbstkritisch die Frage zu prüfen, wie und warum es denn soweit kommen konnte, daß das Produkt sein Anderssein aufgegeben hat und somit austauschbar, preisabhängig geworden ist? Es gibt nämlich auch Massenartikel, die es geschafft haben, den Kopf immer wieder erfolgreich aus der Preisschlinge herauszuhalten. Zugegeben, mit einem Standard-Kugelschreiber, Standard-Kopiergerät, Standard-Photoapparat und Standard-Küchengerät ist heute schwer Geld zu verdienen.

Anschauungsunterricht gibt uns die sogenannte „weiße Ware". Mit der „weißen Ware", wie Haushaltgeräte im Fachjargon heißen, hat die Branche bekanntlich schwierige Zeiten hinter sich und wahrscheinlich noch schwierigere vor sich. Wenn man den Marktberichten glauben darf, dann ist die Nachfrage nach Kühl- und Kochgeräten stagnierend. Bei den Kleingeräten gibt es unter großem Konkurrenzdruck sogar Rückgänge. Ähnlich wie bei der „braunen Ware" (der Unterhaltungselektronik) findet ein teilweise mörderischer Preiskampf statt, der der guten Stimmung im Handel nicht gerade förderlich ist und auf den Umsatz entsprechende Auswirkungen hat. Wer eben über den Preis verkauft oder verkaufen muß, hat, wenn ihm nichts besseres einfällt, ein hartes Los zu tragen. Für viele Branchenführer heißt dies nicht nur Preiskrieg, sondern gar Weltkrieg: An die Stelle aufgeteilter Märkte – die frühere Trennung hieß Amerika, Europa und Asien – tritt jetzt die Globalisierung. So hat sich nach einschlägigen Wirtschaftsnachrichten der amerikanische Whirlpool-Konzern in Europa etabliert und Steigbügelhalter Marke Bauknecht; der Marktriese Electrolux baut im Gegenzug seine Präsenz in den USA aus (Frigidaire), hat aber auch in Europa das Portefeuille durch die Übernahme der AEG-Haushaltsgeräte AG von Daimler Benz verstärkt. Mit einem Fuß steht er auch schon in Asien. Aber auch General Electric will aus dem USA-Markt ausbrechen und durch Niederlassungen in Europa aktiv werden. In diesem Rennen der Dinosaurier um Weideplätze will auch die Bosch-Siemens Haushaltsgeräte GmbH nicht hinten bleiben. Sie hat in Deutschland Gagenau sowie in Brasilien Continental 2001 übernommen und will demnächst in China zusammen mit Little Svan Waschmaschinen für die Chinesen bauen.

Die Tendenz ist eindeutig: Wer über den Preis verkauft, muß rationalisieren und expandieren, und das ist eben nur möglich, wenn man die getätigten Investitionen und den damit verbundenen Preisdruck auf den Produkten in einem möglichst großen Markt und in guter strategischer Position absetzen kann. Das gleiche Problem haben auch die Großen im Mediamarkt. Sie stehen unter dem gleichen Sachzwang und sind darum nicht zu beneiden. Auch sie haben die Frage noch nicht beantwortet, ob bei Durchsicht der Bilanzen und angedrohten Pleiten in diesen Märkten überhaupt und auf lange Zeit noch Geld zu verdienen ist. Es sei denn, es gelänge, aus dem Diktat der uniformen Geräte zu uniformen Tiefstpreisen auszubrechen. Befragt man Experten, so erhält man die Antwort, daß die Globalisierung nicht automatisch zu Einheitsprodukten, die weltweit gleich aussehen, führen müsse. Da sind regionale Kundenwünsche und Gepflogenheiten denn doch zu unterschiedlich. Zudem bieten Kundenservice und Preisgestaltung, wie die Erfahrungen amerikanischer Medienmärkte zeigen, neuen Spielraum. So wird beispielsweise heute das gleiche Gerät in unterschiedlichen Preiskategorien angeboten, beispielsweise als Gerät zum Mitnahmepreis, als Gerät inklusive Beratung und zu einem Preis plus Installation. Auch in bezug auf Service und Serviceverträge bietet sich eine breite Palette von Dienstleistungen an, die vorort gefragt sind und die Kundenbeziehung aufwerten.

Die Skepsis gegenüber den Entwicklungen auf den sogenannten großen Märkten soll nun nicht zur Schlußfolgerung führen, dort sei gerade für mittelständische Unternehmen kein Geld mehr zu verdienen.

Das Gegenteil ist der Fall. Gerade dort ist etwas los, und entsprechend groß ist die Nachfrage nach immer neuen und additiven Leistungen. Sie entwickeln sich gerade in qualitativer Hinsicht besonders schnell weiter. Hier reißen die Erdbeben der Veränderungen immer neue Nischen (Marktlücken) auf, durch die ein Unternehmer, der seinen Namen verdient, auf neue Marktplätze mit sich wandelnden Bedürfnissen stoßen kann. Hier hat ein Unternehmen (ob groß oder klein) zahlreiche Chancen (Informationsdienst der FAZ 1993). Wir erläutern dies an drei Arten von Märkten:

1. **Produktmarkt**
   Man nennt ihn auch „Billigmarkt“ oder Massenmarkt. Hier läuft alles über den Preis. Kunden wollen ihren Bedarf decken durch ein klar definiertes Produkt, das einfach und günstig zu erwerben ist. Mittel dazu ist industrielle Massenware. Ausnahme von der Regel ist das Unikat, das qualitativ so beschaffen ist, daß man dafür einen adäquaten Preis erlösen kann. Swatch ist dafür ein Beispiel. Der Erfolg hatte weniger mit dem Preis als mit der Markterschließung zu tun. Swatch ist ein Verpackungsphänomen. Stirbt das Phänomen, so stirbt auch Swatch im Produktmarkt.

2. **Problemlösungsmarkt**
   Hier suchen Endbenutzer eine wirtschaftliche Lösung für aktuelle Probleme. Die Sättigung des Grundbedarfes löst automatisch immer neue, speziellere Wünsche aus. Diese bezeichnet man, sofern sie nicht gesättigt bzw. erwartungsgemäß befriedigt sind, als Marktlücken, Marktnischen. (Dazu erste Falle: Sich auf Nischen setzen, statt auf den Markt vorzu-

stoßen). Gerade große Unternehmen tun sich schwer mit der Politik der Spezialisierung, da sie fürchten, so die Massenmärkte zu verlieren; denn das Prinzip der Marktbeherrschung ist auf Verdrängung und Preiskampf ausgerichtet; Spezialisierung ist demgegenüber qualitätsbestimmt.

3. **Partner im Partnermarkt**
   Es handelt sich um Dienstleistungen, die auf Vertrauensbasis und im Paket abgewickelt werden. Außerdem wird Hilfestellung bei Bewirtschaftung, Lagerhaltung, Logistik bis hin zur ausgelagerten Informatikdienstleistung nachgefragt. Das zunehmend populäre Produkt heißt „Outsourcing“, ein Kind unserer Zeit, weil eben jeder nur noch das tut, was er wirklich am besten kann, ansonsten läßt er es von dem tun, der es besser kann. Partnerschaft heißt aber auch Abhängigkeit, und man tut gut daran, Partnerschaften auf Zeit zu begründen.

Die Unterteilung in drei Märkte ist für das Verständnis, was auf den Märkten passiert, äußerst nützlich. Der Produktmarkt ist in vielen Fällen zum härtesten und nicht selten auch zu einem wenig hoffnungsvollen Markt geworden. Der einzige Ausweg aus der Krise ist der Problemlösungsmarkt, und auch da wird es vielerorts schon wieder eng. Manch einer träumt, seine Kernkompetenz schließlich in einer guten (und wirtschaftlich abgesicherten) Partnerschaft einbringen zu können.

Die Vorgänge lassen sich eindrücklich am Beispiel des Marktsegmentes Verkehrsschilder illustrieren. Inbegriff eines genormten, standardisierten Produktes ist die Verbots- oder Hinweistafel; sie ist weit entfernt von einem Unikat. Das Geschäft lebt (beziehungsweise lebte) von der Liebe der Behörden zum Signal. Deutsche und österreichische Touristen haben denn auch in der ordnungsliebenden Schweiz einen äußerst gepflegten Schilderwald ausgemacht, der der einschlägigen Branche jahrelang steigende Umsätze bescherte. Bei einer der marktführenden Firmen, der Signal AG beispielsweise, kletterte der Umsatz von rund 13 Millionen vor zehn Jahren auf den Höchststand von 22 Millionen Franken im Jahr 1992. Zu beschildern war ein Marktraum von der Größe des Bundeslandes Baden-Württemberg. Seither geht das Geschäft zurück, ja stagniert. Die Erträge schrumpfen, denn die Sättigung des Marktes hat zu einem eigentlichen Verdrängungskampf zwischen den Schilderherstellern geführt. René Reist von der Signal AG hält dazu fest: „Der Preiskampf wird bis aufs Blut geführt.“ Das ist auch logisch, denn der Produktmarkt „Signalisation“ ist industrielle Massenware und damit letztlich Billigmarkt. Das weiß auch die öffentliche Hand als Kundschaft. Es ist auch nicht anzunehmen, daß sich in der Normierung des Signalisationswesens irgend etwas ändern würde in Sachen

Größe und Gestaltung, so daß Hoffnung aufkommen könnte, mit neuen Schildern und neuem Design doch noch ein Geschäft zu machen. In den letzten Jahren wurde beispielsweise die Hotelsignalisation vereinheitlicht, was ein Zusatzgeschäft brachte; aber andere Vereinheitlichungen (die Rückseite aller Signale muß übrigens in einem einheitlichen Grau sein) sind nicht in Sicht. Was also tun?

Da sich die Signale nicht mehr vermehren lassen und ein Großteil der Straßen gebaut und beschildert ist, sucht man nun nach neuen Möglichkeiten, Bestehendes nicht nur zu erhalten, sondern umzugestalten. Die Schilderhersteller bieten sich als Problemlöser an. So entdeckten sie, nachdem man jahrzehntelang sämtliche Kreuzungen in der Schweiz eindrücklich als Kreuzungen signalisiert hatte, den Verkehrskreisel. Hier handelt es sich um eine verkehrstechnische Maßnahme, die beispielsweise in England seit einem halben Jahrhundert mit Erfolg praktiziert, aber von den Schweizern in ihrem Selbstverständnis für das Kreuz einfach ignoriert wurde. So wird denn im nachhinein der Kreisel mit dem erforderlichen Zubehör an Schildern, Abschrankungen und Markierungen wieder zu einem großen Renner. Weitere zu weckende Bedürfnisse werden im Gebiet der Verkehrsberuhigung und sicheren Verkehrsführung ausgemacht. Die Problemlöser schlagen sogar einen kreativen Purzelbaum (was für diese Branche einer besonderen Erwähnung bedarf), indem sie die immer unübersichtlichere Massierung von Schildern ersetzen möchten durch eine einfachere, überschaubare Zonensignalisation – wofür es wiederum neue Schilder braucht. Das wichtigste Geschäft im Problemlösungsmarkt ist der Signalunterhalt. Schilder müssen gereinigt, bei Beschädigungen ersetzt und der Reflexionswert regelmäßig überprüft werden. Da die Schilder nun stehen, müssen sie auch betreut werden. Dafür können sie bei den Schweizer Behörden auch mit Verständnis rechnen.

Natürlich halten die Firmen auch die Nase im Wind. Die Politiker sind offen für Vorschläge betreffend Lean Management im Straßenunterhalt. Die aufgeblasenen Unterhaltsplätze bieten sich als Outsourcing geradezu an, denn die Signalisationsunternehmen wären ohne weiteres in der Lage, einen Großteil der Aufgaben, wie sie heute die Werkhöfe sicherstellen, zu übernehmen, und dies – privatwirtschaftlich organisiert – wahrscheinlich mit erheblichen Einsparungen für die öffentliche Hand. Das ist natürlich ein heißer Punkt. Wie kann man einem Auftraggeber diplomatisch beibringen, daß man seine Werkhöfe privatwirschaftlich übernehmen möchte – als Partner? Ein Auftrag, der der Branche neben den bereits aufgezeigten Möglichkeiten das Überleben auf absehbare Zeit sichern könnte (Quelle Signal AG, Wallisellen, Schweiz sowie Neue Züricher Zeitung NR 88, 1995).

Die brachliegenden Chancen auf den bewährten Märkten mußte auch IBM erst wieder entdecken lernen. Noch bis 1990 konnte sich der marktbeherrschende Dinosaurier der Informatikbranche an einer stark überdurchschnittlichen Rendite erfreuen, um dann, bedrängt von Nischenanbietern und Überkapazitäten, genauso tief zu fallen. Die Folgen sind Zeitungslesern und Aktionären bekannt: Sie sind etwa vergleichbar mit einem mittleren Kometeneinschlag, so H.U. Märki, IBM Schweiz, denn während der Umsatz weltweit stagnierte und sich das Geschäft von der einst dominierenden Hardware in die Bereiche Software und Dienstleistungen verlagerte, beliefen sich die Restrukturierungskosten in wenigen Jahren auf mehr als 24 Milliarden Dollar. Auch hier gilt die Binsenweisheit: kleine Kinder, kleine Sorgen – große Kinder, große Sorgen. Der Satz gilt auch für die Folgekosten. So kam es, wie es kommen mußte. 1993 wies IBM einen der größten Verluste aus, den je ein Unternehmen verzeichnet hat: 8 Milliarden Dollar. Die Bruttogewinnmarge ging buchstäblich in den freien Fall über: Innerhalb von nur 30 Monaten, also zwischen 1991 und 1993, sank die Marge um 17%. Über IBM wurden übrigens in letzter Zeit verschiedene Bücher geschrieben. Wir wollen mit dieser Geschichte die Literatur nicht bereichern. Die Fakten dienen uns lediglich als Anschauungsunterricht, was von Marktbeherrschung und den damit verbundenen Risiken zu halten ist.

Wer dagegen anders sein will als die anderen, will erst einmal anziehend wirken. Und da er sein Angebot attraktiv präsentiert, wird er nicht selten überrascht, was ihm da alles entgegenkommt; z. B. auch Kunden, die seiner Zielgruppendefinition nicht vollumfänglich entsprechen, sich aber durch die Alleinstellung angesprochen fühlen.

Wer also anders sein will und Alleinstellung anstrebt, macht auf seine individuelle Art „Benchmarking". *Er wird den Vergleich mit den Besten suchen, aber nicht, um systematisch zu lernen, worin man sie imitieren, sondern womit man sich von ihnen abgrenzen kann.* Das provoziert die Frage, ob das, was man tut, wirklich einen eigenen, unnachahmlichen Wert hat (Watson 1993).

Fazit

Einer der zentralen Gründe für Mißverständnisse, was Marketing ist und zu leisten vermag, hat seine Quelle in der mangelnden Auseinandersetzung mit der Identität, das heißt mit „der Rolle", die das Unternehmen und seine Mitarbeiter auf dem Markt und vor dem da anzutreffenden Publikum zu spielen hat. Das „Anderssein" (wichtigster Bestandteil einer Inszenierung) gibt das Selbstbewußtsein und den Charakter eines Unternehmens wieder. Im klassischen Marketing standen dabei überwiegend Überlegungen in

Richtung Unternehmenszweck und Haltung gegenüber den wichtigsten Zielgruppen (Kunden, Lieferanten, Mitarbeiter, Mediatoren, Öffentlichkeit) im Vordergrund. Die Unternehmensidentität wurde „inside-outside" formuliert, logischerweise wurden die Beziehungen der Außenwelt von innen heraus definiert. Interaktionen wurden so weitgehend vernachlässigt oder als Verkaufsförderung/Event in ein „Kästchen" verpackt bzw. als Aufgabe einer Abteilung im Organigramm eingebaut (Bruhn 1995). Anderssein ist dem gegenüber eine „Outside-inside"-Angelegenheit, d.h. Konzentration der Kräfte und Spezialisierung auf das, womit das Unternehmen seinen Kunden den größten Nutzen bieten kann.

Marktbeherrschung ist dabei kein Ziel, sondern, sofern es die Konkurrenz zuläßt, eine Folge. Dabei geht es längst nicht mehr darum, der Erste unter Gleichen auf gleicher Strecke zu sein, sondern unverwechselbar anders und auf einer eigenen Zielgeraden.

Die hierbei geltenden Gesetze werden als Shakespearesche Gesetze in den folgenden Kapiteln beschrieben.

2.
Das Shakespearesche Marketing und seine 3 + 1 Gesetze

2.1 Das erste Shakespearesche Gesetz: Erzähle eine einzigartige Geschichte!

Suche nach einer zündenden Idee und mache sie zu einer „guten Geschichte“, mit der sich deine Mitarbeiter identifizieren können. Das schafft Alleinstellung.

Das bin „ich“

Wirklich erfolgreich kann auf Dauer nur ein Unternehmen sein, das eine „gute Geschichte“ hat und sie auch packend zu erzählen weiß. Eine „gute Geschichte“ ist eine äußerst anspruchsvolle Sache, und entsprechend schwierig ist eine geeignete Definition. Ein Zitat von Natalia Ginzburg kann da behilflich sein: „Heute ist es schwierig, die Wirklichkeit zu erzählen, weil sie nebelhaft, wirr, chaotisch, unentzifferbar geworden ist. Darum glaube ich, daß man heute nur noch erzählen kann, wenn man ‚ich‘ sagt“.

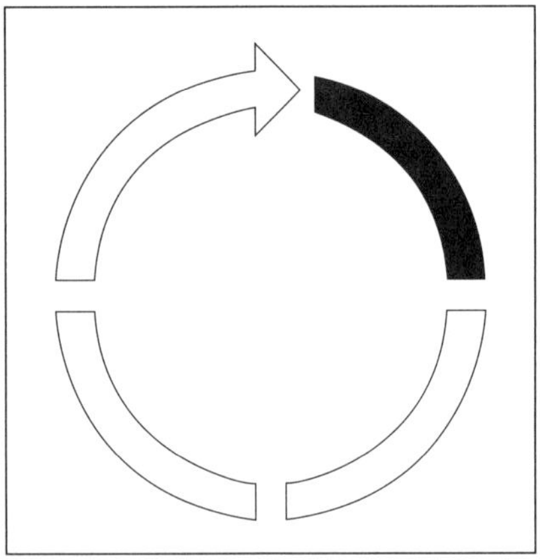

Frei in die Marketingsprache übersetzt heißt das: *Eine „gute Geschichte“ ist die verblüffende Dramatisierung einer Botschaft mit dem Inhalt („das bin ich“) und der Aufforderung („bitte kaufe mich“).*

„Ich“ sagen heißt, stolz auf seine Stärken zu sein und diesen Stolz mit einer überzeugenden Leistung zu verbinden. Wer aber permanent mit einem Auge auf die Konkurrenz schielt, verliert den Stolz. Unklar ist dabei, trotz betriebsinterner Stärkeprofile, was man wirklich ist, wie einen andere sehen und wie man sein möchte. Man steckt in bekannten Sachzwängen, verstrickt in bestehenden Erwartungen und Forderungen von Kunden und Mitarbeitern, neutralisiert durch Verträge, gesetzliche Vorschriften und laufende finanzielle Verpflichtungen. Dabei ist es der Imperativ einer guten Geschichte, sich so zu zeigen, wie man ist, und sich nicht so zu geben, wie man es mit Blick auf Verwaltungsräte, Aktionärsversammlungen und Öffentlichkeit für vorteilhaft hält.

Wohl hat sich seit Shakespeares Zeiten das Umfeld für „gute Geschichten“ verändert. Damals standen die einzelnen Theatertruppen in hartem Wettstreit miteinander. Man mußte sich etwas einfallen lassen, um die Gunst des

Publikums zu gewinnen, und zögerte nicht, auf derbe Art und Weise die Konkurrenz auszustechen. Zu diesem Zweck würzte jede Truppe Ankündigungen und Vorstellungen mit Scherzworten, die an die Adresse der konkurrierenden Ensembles gerichtet waren. Demgegenüber ist heute Marktauftritt und Marktdurchdringung ein weit komplexeres Problem, ganz abgesehen davon, daß die Zahl der Konkurrenten unübersehbar und unberechenbar ist, unerschöpflich auch die Flut von Worten und Bildern, denen sich ein Bewohner von „Global Village" schwerlich entziehen kann.

All dies ist erschlagend und droht nach Ryszard Kapuscinski, einem polnischen Schriftsteller, „mit einer der schrecklichsten Krankheiten, die Gehirn und Geist des Menschen befallen können: mit der Krankheit der Gleichgültigkeit. Es gibt zuviel von allem! Zu viele Informationen, zuviel Horror, zuviel Blut, das über den Fernsehschirm rinnt. Die Sonntagsausgaben der Zeitungen sind zu dick, zu viele illustrierte Magazine, zu viele Bücher, die wir ohnehin nicht mehr lesen können, und dazu diese Unmenge von Meinungen und Fakten, die wir bei Konferenzen, Begegnungen und privaten Parties aufschnappen etc."

Als Kommunikationsfachleute müssen wir Kapuscinski ernst nehmen: Die erwähnte Gleichgültigkeit ist oft nichts anderes als ein unbewußter Selbstschutz der Konsumenten. Wie wollen sie unsere gutgemeinten, ernsthaften Produktstories aufnehmen, wenn nicht einmal die schlimmsten Nachrichten, die bedrohlichsten Worte imstande sind, sie aufzurütteln? Es macht keinen Sinn, sich diesen Realitäten zu entziehen! Der Zugang zu den Menschen ist ja nicht verbaut, er ist blockiert.

Wie durchbricht man diese Blockade? Auf einen einfachen Nenner gebracht: durch „Ich-Stärke" und die damit verbundene Fähigkeit, *Neugierde zu wecken* (indem man das, was man zu sagen hat, in spannende Informationen, aufregende Fragen verpackt) und *Neugierde zu befriedigen* (indem man Antworten gibt, mit denen sich der Betroffene angesprochen fühlt, weil er sich wiedererkennt).

Wo es dagegen an Neugierde, Faszination, Erwartungen fehlt, wird keine Aufnahmebereitschaft für die Botschaft geweckt. Im Gegenteil. Wenn der Mensch sich nicht angesprochen fühlt, fühlt er sich frustriert. Wo es zudem an Glaubwürdigkeit fehlt, fehlt es an Vertrauen und Vertrautem. Das Interesse erlahmt rasch (Vester 1993).

Aber schau her Junge. Nun sperr die Augen auf, du kommst, wo's zum Tode geht, und ich, wo Neues geboren wird. (Shakespeare, Wintermärchen).

„Gute Geschichten" mit einem starken „Ich" haben demnach einen Zweck: Mittels Neugierde und Glaubwürdigkeit durchbrechen sie Blockaden und lösen so – und das ist entscheidend – Lust aus, noch mehr über die Geschichte zu erfahren. Lust verstärkt die Merkfähigkeit im Kopf und löst überdies Sympathie und gute Gefühle aus. Und gute Gefühle schaffen, Horrorszenarien zum Trotz, gute, erinnerungsstarke Gedanken.

„Gute Geschichten" mit einem starken „Ich" sprengen Grenzen, stehen jenseits von Gut und Böse. Dazu ein Beispiel aus dem New York der 80er Jahre. Die „gute" Geschichte handelt von John Gotti, seines Zeichens Mafiaboß und auf dem Höhepunkt seiner Macht. Er hatte die gewichtige Gambino-Familie fest im Griff, bei den anderen Familien genoß er Respekt, und in der Öffentlichkeit galt er als „interessante" Figur. So gemäß einem Spiegel-Report. Die Presse hatte darum längst den Versuch aufgegeben, die Gangstereskapaden zu erforschen. Sie war an der „guten" Geschichte interessiert mit Gotti als Mensch, Liebhaber, Familienvater, Zuhälter, Mäzen und Freund der Armen. So eine Geschichte ist natürlich eine Goldader. Ein echter, lebendiger Don, der mindestens so aufregend war wie jeder Pate aus einem Kriminalroman. Was machte es schon aus, daß Gotti wegen Mordes und Drogenhandels angeklagt worden war? Er war aus allen Verfahren als freier Mann hervorgegangen. Nicht genug: Er schaffte es gar, auf der Titelseite des Time Magazine zu erscheinen, gemalt von Andy Warhol. So wandelte sich in den Augen des Publikums der kleine Ganove zur Respektsperson auf der Frontseite; der Berüchtigte wurde zum Berühmten. Wenn Gotti und sein Troß, so stand es geschrieben, bei Régine's erschienen, mußten seine Leibwächter die Autogrammjäger in Schach halten. Gotti genoß es, im Rampenlicht zu stehen nach der Maxime: Das bin ich – bitte kauft mich! Man sagt ihm nach, daß er sein Image so sorgfältig wie ein Politiker polierte, und, es klingt schon fast wie im Märchen, auch in finanzieller Hinsicht wurde das Leben für ihn immer angenehmer. Und wenn ihn nicht der FBI hereingelegt hätte, so lebte er heute noch …

Sein Auftritt war glaubwürdig, wenn nicht in allen Teilen vertrauenswürdig. Aber auf die Glaubwürdigkeit kommt es an!

„Gute Geschichten" existierten schon seit Menschengedenken und brachten nicht selten großen Nutzen. Wir denken dabei z.B. an die ehrwürdige katholische Kirche und ihren Reichtum an „guten Geschichten" über Dialoge zwischen Himmel und Erde, aber auch über Menschen, die das Glück hatten, eben an diesen Dialogen teilzunehmen. Solche Geschehnisse und die damit verbundenen Geschichten brachten in der Regel dem Auserwählten und der Kirche Berühmtheit und wirtschaftlichen Erfolg.

Der Grundsatz, „Gute Geschichten schaffen gute Gedanken“, gilt natürlich nicht allein für gesellschaftsfähige Mafiabosse, wundersame kirchliche Erscheinungen, sondern auch für Unternehmen und ihre Produkte.

Es ist beispielsweise der Pharmaindustrie längst bekannt, daß es nicht mehr genügt, wirksame Medikamente mit möglichst wenig Nebenwirkungen auf den Markt zu bringen und sich dann in diesem möglichen Erfolg zu sonnen. Ärzte, Apotheken und Kliniken interessieren sich nicht mehr nur für das, was die Industrie als Resultat ihrer Bemühungen anzubieten hat, sondern auch für die Hintergründe, den Weg, den Aufwand und die Konsequenzen des Resultates. So auch Walter Gehrig in seinem Buch „Pharma-Marketing“ (Gehring 1992). Nicht nur die Ärzte, also die direkt Angesprochenen, sondern auch die indirekt Betroffenen sind Marktpartner. Sie alle wollen informiert sein über Sinn und Unsinn, über Aufwand und Ertrag, aber auch über Menschen, wie sie denken, wie sie planen, wie sie sich sorgen. Das klassische Marketing-Mix hat da ausgedient. *Die Dinge müssen zusammenwachsen zu einer geballten „Ich“-Botschaft. Nur so verschafft man sich im Markt Sympathie und, was oft vergessen wird, auch den nötigen Respekt.*

Werbeagenturen und Kommunikationsberater bemühen sich redlich, „gute“ Geschichten zu erfinden, um damit bei den Kunden gute Gedanken auszulösen. Sie operieren dabei mit dem beliebten USP, dem Unique Selling Proposition. Dem Mangel an Profil zum Trotz gelingt es Spitzenagenturen, originelle verbale und visuelle Metaphern zu setzen, die nicht selten weniger bei den Kunden, aber um so mehr in der Branche von sich reden machen.

Aber handelt es sich da wirklich um „gute“ Geschichten? Um Geschichten also, die zu einem UMP, einem Unique Marketing Proposition, gehören?

Bei genauem Hinschauen – man kann das Experiment auch bei der Lektüre einer Tageszeitung beim Morgenkaffee machen – fällt sofort auf: Es fehlt allenthalben an „guten“, d.h. spannend und glaubhaft dargestellten, merkfähigen Geschichten. Auch bei den professionellen Kommunikatoren kommen da zunehmend Zweifel auf. Selbstkritisch sagt der bekannte Basler Werber Robert Stalder: „Es ist stumpfsinnig, mit einer nackten Frau einen Pirelli-Reifen verkaufen zu wollen. Ebenso blöd wäre es, mit Autopneus für einen Büstenhalter zu werben. Auffallen um jeden Preis darf niemals das Hauptziel sein, denn der Schuß kann sehr schnell hinten hinausgehen. Jedes Mittel, das Aufmerksamkeit erregen soll, das mit dem Produkt nichts zu tun hat, wirkt über kurz oder lang kontraproduktiv.“

Es wäre unfair, die Agenturen zu Buhmännern der Ideenlosigkeit zu machen. Sie sind in der Regel die Opfer. Im nachstehenden Beispiel trifft es das Management eines Großkonzerns. So kann die Identitätskrise der Volkswagen AG an der Zahl der Signalhörner anschaulich abgelesen werden. Dazu Originalton von VW-Chef Ferdinand Piëch aus der Hauptversammlung in Hamburg Anfang Juni 1994: Volkswagen will die Teilevielfalt im Konzern verringern. Es wird für den ganzen Konzern nur noch ein einfaches Horn und eine Doppelfanfare geben. Bisher seien 46 verschiedene Signalhörner eingebaut worden. Manche Typen hätten zur Abwehr seiner Reformpläne erklärt, an den Hupen könne man die Autos erkennen(!). Ein bestechender USP!

„Gute Geschichten" lassen sich nicht herbeizaubern oder herbeireden. Wenn Firmen ihr Geld nicht verdienen wollen, also sich nicht vorbehaltlos in den Dienst am Kunden stellen, werden sie Mühe haben, kundennahe Geschichten zu erfinden. In der ständigen Tuchfühlung mit dem Kunden entstehen eben die wichtigsten Anregungen für neue Ideen; hier sprudeln die Quellen, aus denen „gute Geschichten" geschrieben werden. Wer daran zweifelt, riskiert, als Leiche von der Bühne getragen und, statt beweint, vom Publikum sogar ausgepfiffen zu werden. Firmen mögen Arbeitsplätze schaffen, sie mögen Steuern zahlen und Geld für wohltätige Zwecke spenden, sie mögen eine ganze Palette von nützlichen Waren und Dienstleistungen werbewirksam anbieten. Aber wenn dies alles nur Nebenprodukt ist, wenn das Hauptprodukt „kalte Kasse" ist, dann ist das langfristige Überleben nicht gesichert. *Die jüngste Wirtschaftsgeschichte lehrt uns: Es gibt keine Wirtschaftsmacht, kein Monopol, keine raffinierten Allianzen, die sich an der guten Geschichte und der Akzeptanz beim Publikum vorbeimogeln können.* Das haben Automobilkonzerne, Computergiganten, aber auch extraschlaue Händlerorganisationen und Erbengemeinschaften, nicht zuletzt auch ganze Staatengebilde inklusive Sozialismus hautnah erfahren müssen – in der ganzen Shakespeareschen Dramatik.

Was haben Sie über Preise, Produkteinnovationen und Problemlösungen zu erzählen?

Ein guter „Aufhänger" für Geschichten sind die Produkte selbst. Jedes Unternehmen wird zunächst nach Einzigartigkeit und Unverwechselbarkeit seiner Produkte trachten und versuchen, daraus Neues und Besonderes zu entwickeln. Um solches zu tun, braucht man kein Gigant zu sein, jedes kleine Unternehmen hat an seinem Marktplatz Möglichkeiten, sofern Marketinggeist und etwas Glück vorhanden sind.

Es mag überraschen, aber „gute Geschichten" werden im „daily business" geschrieben. Es müssen ja nicht immer große „Stories" sein. Es geht da um Angebot und Leistung und wie man sie im Unternehmen besser machen könnte. Solche Ansätze für Verbesserungsmöglichkeiten gibt es in großer Zahl. In jedem steckt irgendein Funke. Für eine „gute Geschichte" oder deren Fortschreibung lassen Sie sich, lieber Leser, nicht durch die Tatsache demotivieren, daß es – auch im Blick auf Ihre Konkurrenz – verdammt wenig gute Geschichten gibt. Um so mehr sollten Sie eine produzieren. Im nachfolgenden Beispiel erteilen uns Walliser Bauern eine Lektion. Sie zeigen uns, wie man aus einer einfachen Idee eine zündende macht und daraus wiederum eine gute Geschichte.

Bitte kaufe mich!

Man stelle sich vor: Ein Walliser Ort mit einem unbedeutenden Namen auf 1200 Meter Höhe über Naters im sogenannten Oberwallis. Ein erschlossenes Dorf mit Kirche, Post und Betonparkplätzen. Ohne Anspruch auf besondere Erwähnung, keine speziellen touristischen Reize, die nach speziellen Investitionen verlangen, wenn man vom Reiz der gottgegebenen Landschaft einmal absieht.

Mund hat aber in einer Sache weit über die Grenze hinaus Alleinstellung: in der Anpflanzung eines Zwiebelgewächses, genannt Safran. Die Pflanze wächst acht bis 20 Zentimeter hoch und entfaltet sechs rosaviolette Blütenblätter. Drei rote Fäden darin, die Narben, sind der eigentliche Safran. Das Interesse an der lila Pflanze ist groß, die Ernte ein Schauspiel. Sie erfolgt dort unter den Augen von Wanderern, Videofilmern und anderer „Wallfahrern". Trotz des hohen Preises (1 Gramm, das aus etwa 120 Blüten gewonnen wird, kostet 10 Franken bzw. 12 DM) könne man die Nachfrage nicht decken, sagt der Initiant der Mundner Safranbewegung, Pfarrer Erwin Jossen. Buchhalterisch und volkswirtschaftlich betrachtet ist der in Mund produzierte Safran unbedeutend. Er beträgt ca. drei Kilogramm pro Jahr und deckt somit kaum den lokalen Bedarf, denn es liegt auf der Hand, daß die gefragten Risottomenüs in den Restaurants des Ortes natürlich mit einheimischem Safran gewürzt werden müssen.

Woher kommt also das große Interesse am Safran? Der Name Safran verkörpert nicht nur eine Gewürzpflanze. Darin enthalten sind Bilder von orientalischem Reichtum, Wünsche und Phantasien. Phantastisch ist die Farbe, phantastisch der kulturgeschichtliche Hintergrund und die damit assoziierten Bilder von orientalischen Basaren, Wüstenkarawanen, gastronomischer Exklusivität. Das gilt besonders für den Mundner Safran. Er ist nämlich auf dem ordentlichen Markt gar nicht erhältlich, somit reserviert für Auserwählte, also Freunde von Mund, Dauerkunden etc.

Die zehn Kriterien, die eine Geschichte zu einer „guten Geschichte" machen:

1. Sie verfügt über einen Funken, der zündet. Das Mittel dazu ist verbale und/oder visuelle Bildsprache, die Assoziationen auslöst, denen man sich nicht einfach entziehen kann.
2. Sie hat einen sozialen Bezug (in unserem Fall zum Dorf und der Bevölkerung).
3. Sie wird durch wirtschaftliche Interessen potenziert (in unserem Falle durch Gastronomie, Tourismus, Handel).
4. Sie hat einen einmaligen Inhalt, der in dieser Form noch nicht bekannt war.
5. Sie läßt eine außergewöhnliche Inszenierung zu, die konkurrenzlos und durch die Konkurrenz nicht reproduzierbar ist.
6. Sie ist leicht verständlich und so auch mediengerecht und ausbaubar.
7. Sie löst beim Kunden Interaktionen und Dialoge aus.
8. Sie ist erlebbar, hautnah und intensiv.
9. Sie läßt sich in Lebensstil und Weltanschauung integrieren, befriedigt so Selbstwertstreben und Sehnsucht nach Identifikation.
10. Sie ist zeitlos; hat den Keim zum Mythos, der Unternehmen und Produkt überleben wird.

Zehn Kriterien einer „guten Geschichte"

Aus der „guten Geschichte“ entwickelt sich Marketingkommunikation vom Besten. Rund um den Safran wird ein zeremonielles Aufheben gemacht. So haben sich die Mundner Safranproduzenten zu einer Zunft zusammengeschlossen, vergleichbar einem renommierten Musikcorps oder Theaterverein. Um die Alleinstellung auch im Ortsnamen zu verstärken, wird auf verschiedenen Unterlagen bereits die Bezeichnung „Safrandorf Mund“ aufgeführt. Die Geschichte läßt sich – in Anspielung auf das nächste Kapitel – auch problemlos inszenieren. Es ist zu erwarten, daß das Zunftkomitee bald die volle Angleichung des Mundner Safranpreises an den offiziellen Goldpreis ausrufen wird, denn der süße Duft des Safrans hat eine Art Goldrausch ausgelöst. Entsprechende Medienresonanz ist diesem Ort sicher. Die einschlägigen Blätter werden sich für die Fortsetzung der Geschichte interessieren. Das Thema hat Shakespearesche Qualität.

Das Beispiel Mund läßt Schlußfolgerungen zu, die treffender nicht sein könnten: Auch in den Walliser Bergen, auf 1200 Meter Höhe, gibt es nur einen König, das ist der Kunde. Er kommt nach Mund, weil es ihm Spaß macht, wenn dort etwas ist oder angeboten wird, wonach seine Sinne stehen, wohin es ihn drängt. Dort genießt er nicht nur die hohen Berge, er nimmt sich auch die große Freiheit, im Verdrängungsmarkt Tourismus seinem Bauch zu folgen. Der touristische Anbieter hingegen lebt in einer wahrhaft steinigen Welt. Er sucht vergeblich nach freien Marktnischen. Die besten Plätze sind belegt. Trotzdem muß er mit seinen Mitteln und Möglichkeiten überleben. Wo man hinschaut: Marktanteile schrumpfen oder verlagern sich, Kundentreue schwindet, und Sympathien sind mit der Wetterlage zu vergleichen, äußerst wechselhaft. Gefragt ist, was neugierig macht. Das Wort hat einen doppelten Sinn. Wer eben diesen doppelten Sinn ausdeuten, kommunikativ umsetzen kann, hat den Sinn „Shakespeareschen Denkens“ erfaßt und das Geheimnis der Erfolgsgeschichte Mund gelüftet.

So betrachtet ist die „gute Geschichte“ auch Markenzeichen der sogenannten Postmoderne, die alles in Geschichten verpackt.

Warum ein CI-Programm noch keine „gute Geschichte“ ist

Es stellt sich nun die Frage, inwieweit Corporate Identity und Geschichte zusammengehen?

Mit dem Begriff Corporate Identity reden wir über ein Unternehmen und seine Beziehungen. Im Mittelpunkt steht die Frage: Wer ist das Unternehmen, was will es, wie ist sein Ansehen in der Öffentlichkeit, am Markt, bei Mitarbeitern, Lieferanten und Kunden? (Ollins 1990). Die Antworten darauf findet man in der Regel in Hochglanzbroschüren, etwas steril, aber eindrucksvoll dokumentiert und unanfechtbar. Corporate Identity ist demnach auch Haltung, Selbstverständnis, dessen Wurzeln tief in die Gründungszeit zurückgehen. Eben in diesen Wurzeln ist der Saft, aus denen die Geschichten neu geschrieben werden können. „Gute Geschichten" machen Corporate Identity faßbar, verständlich und sympathisch.

Corporate Identity ist nicht zu verwechseln mit Corporate Design, zu Deutsch Erscheinungsbild. Dabei ist das CD nur ein Vehikel, um den Identitätsprozeß in Gang zu setzen.

Wir zitieren dazu Jörg Zintzmeyer, Inhaber einer der führenden europäischen Design-Agenturen: „Im Zentrum eines CI-Programms stehen Werte, die ein Unternehmen symbolisiert. Auf diesem Fundament gilt es bei der Kundschaft wie auch bei den eigenen Mitarbeitern ein möglichst authentisches Identifikationspotential aufzubauen. Durch ein so geschaffenes hohes Maß an Glaubwürdigkeit kann ein Unternehmen in der Öffentlichkeit die gewünschte Akzeptanz und Sympathie gewinnen."

Dabei wirkt ein erfolgreiches CI-Programm immer auch nach innen. Die Einführung neuer Farben, Symbole oder Verhaltensweisen löst, sofern alles gut geht, auch unter den Mitarbeitern einen identitätsbildenden Prozeß aus, der im Idealfall sogar in ein Wir-Gefühl mündet.

Corporate Identity ist demnach Ausdruck unternehmerischer Visionen. Die populäre Ausdrucksweise dafür ist Leitbild. Immer wenn in einem Unternehmen die Leitenden leiden, ist die Erlösung vom Leiden ein neues Leitbild. Somit entstehen Leitbilder aus der inneren Unrast leitender Mitarbeiter. Rolf Homann: „Es besteht eine gewisse Vermutung, daß sich die Firmen die Leitbilder gegenseitig abschreiben, denn viele Formulierungen, gespickt mit Fremdwörtern, wie Corporate Culture, Corporate-,ich weiß nicht was', gleichen einander. Alle sind sie Bilder aus den Chefetagen und ihnen nahestehenden Agenturen. Alle sind zum Nachbeten geeignet. Dies kann in Einzelfällen gut gehen, vielfach funktioniert es aber nicht. Musterbeispiel ist die Firma Ascom. Nach dem Zusammenschluß von Autophon, Hasler und Zellweger im Jahre 1987 ließ sich das Firmenkonglomerat im Eiltempo eine neue CI verpassen. Das Resultat ist eine Totgeburt, die Hebamme in diesem Fall Z & L."

Auch das folgende Beispiel ist symptomatisch für eine Zeit, die an CI-Programme glaubt und das Erfinden einer „guten Geschichte" vernachlässigt.

„Die Hohepriester der Corporate Identity verbreiten sich in den Meinungsspalten der Wirtschaftspresse, dräuen mit Identitätsverlust, bieten CI an wie eine Ginsengwurzel, die man – von ihnen therapeutisch überwacht – kauen muß. Im diskreten Lärm ihrer Gedanken wabert metaphysischer Bodennebel. Da sie sich im Grundsätzlichen verbreiten, müssen sie sich nicht der Mühe unterziehen, mit den Köpfen anderer Leute zu denken' (Brecht). Die Beklagenswerten dabei sind aber nicht die Täter, sondern ihre Opfer – die Unternehmen.

Unternehmensidentität ist – wie die Entwicklung einer Persönlichkeit – einem lebendigen Fortschreiten unterworfen. Für die Daueraufgabe des Fortschreitens kann es deshalb keine Dauerlösung geben. Eine starke Persönlichkeit kann es sich dabei leisten, nahbar und verständlich zu sein. Es gibt aber keine ewig richtige Einsicht in das ewig Richtige. Unsere Geschichte muß als Verpflichtung und fortwirkende Kraft empfunden werden. Tradition ist der Auftrag zur stetigen Erneuerung. Für sie brauchen wir keinen Rechtfertigungszwang; sie ist für uns überlebensnotwendig.

Identity ist ein kompliziert verflochtenes Netz von historisch gewachsenen, unternehmenspolitischen, sozialpsychologischen und vom Marktgeschehen beeinflußten Größen und Wirkungen, die mehr sind als Auftritt und Fassadenanstrich, als Produktgestaltung und Marketingstrategie."

Kurt Weidemann über Corporate Identity (Weidemann 1994)

Es handelt von zwei in der Schweiz angesehenen, der Tradition verpflichteten Unternehmen im Bürobedarf. Ende 1993 beschlossen Martin Witzig und Dr. Heinz Waser ihre jeweiligen Bereiche für Büroplanung und -einrichtungen zu einem neuen eigenständigen Unternehmen zusammenzulegen unter dem neuen Namen „2 W – Witzig Waser Büromöbel". In einer Mitteilung heißt es: „Getragen vom Bestreben, das gemeinsame Angebot und die Dienstleistung im Interesse ihrer Kunden zu optimieren, wertvolle Ressourcen besser zu nutzen, zwei gute Teams miteinander statt gegeneinander einzusetzen, kurz, mit dem richtigen Rucksack den Aufbruch in die Zukunft, ins nächste Jahrtausend zu wagen." Wer nun glaubt, die Dinge hätten sich durch den Zusammenschluß vereinfacht, irrt. Zwei Biographien im Rucksack sind eben alles andere als eine Vereinfachung; dazu kommen zwei Geschichten, zwei Angebotspakete, zwei Dienstleistungskulturen und über ein bis zwei Dutzend Zulieferer, die in erster Linie und „just in time" an sich selber denken. Das einzig einfache ist das Signet, das übergroße „2 W" hat als kreative Neuschöpfung noch einen langen Weg bis zur vollen Marktakzeptanz.

Ganz anders die Geschichte. Sie kommt von unten, entwickelt sich aus dem Prozeß; und sie will laufend modifiziert und mutiert, d.h. den Umständen angepaßt, werden. Sie steht angesichts der raschen Veränderungen nicht selten der gestylten Selbstdarstellung, wie sie Leitbildern und CI-Programmen eigen sind, entgegen.

Ein Beispiel dazu liefern die 1995er Lufthansa Prospekte „Happy Days, Happy Weeks". Wer sie durchblättert, stellt mit Erstaunen fest, daß sich jemand darin bereits über die unterschiedlichsten Urlaubsangebote informiert hat. Von Hand wurde Interessantes angekreuzt, mit dem Kugelschreiber werden Nachkalkulationen durchgeführt, und beim Titel Toscana hat es sogar Weinflecken im Text. So ein „bereits benutzter Katalog" macht Spaß und sorgt für vielerlei Überraschungen. Wer nun aber glaubt, daß es ein leichtes war, diese dialogfreundliche Idee im Sommerkatalog umzusetzen, täuscht sich. Es entbrannte nämlich beim Herausgeber ein heißer Streit zwischen den Leuten vom Markt, die den Dialog suchen, und den Leuten von der Corporate Identity, die das Erscheinungsbild „durch solches Tun" gefährdet sahen. Wer aber einen Katalog verkaufen will, muß primär eine Geschichte erzählen, eine gute, lebendige, nachvollziehbare Geschichte – Corporate Identity hin oder her.

Die Unternehmensbiographie als unerschöpfliche Quelle

Jedes Unternehmen, ob klein oder groß, hat eine Biographie, die reich ist an Ideen, Visionen, Gewohnheiten. Die Biographie gibt auch Auskunft über die Verhaltensmuster jener Personen, die unternehmensgeschichtlich Bedeutendes geleistet haben und deren Impulse es – in anderer Form – fortzuschreiben gilt. Die Biographie ist, wenn man das so frei interpretieren darf, die Summe von vitalen Lebensäußerungen des Unternehmens von der Gründung bis zum gegenwärtigen Zeitpunkt. Biographie ist auch Teil der Identität und davon, was sich daraus – in einem mehr oder weniger umfangreichen System von Imperativen – entwickelt hat. Aus der Biographie versteht man das Wert- und Normgefüge eines Unternehmens, kann sich über Persönlichkeiten der Mitarbeiter ein Bild machen. Die Biographie erweckt aber auch Gefühle der Loyalität und der Hingabe – und das nach innen wie nach außen. In der Biographie stecken Assoziationen, die in der Kommunikation mit Erfolg genutzt werden können. Die Biographie läßt aber auch nützliche Schlüsse über Lebenslauf und Lebensphasen zu; dies ist ein höchst interessantes Thema, das leider in vielen Unternehmen lediglich als redaktioneller Stoff zu einer Jubiläumsbroschüre verarbeitet wird. Wir werden darum, ohne von der Linie stark abzuweichen, zum Thema Biographie und Selbstfindung ein paar Gedanken anstellen müssen:

Jeder kennt sie, die vier Jahreszeiten: Sie werden mit den Zyklen im Unternehmen und seinen Produkten in Verbindung gebracht. Bekannterweise wird die Entstehungsphase, die Markteinführung eines Produktes als Frühling bezeichnet. Die Pflanzen sind im Keimen und brauchen viel Kraft, um ihre ersten Wurzeln zu schlagen. Dann folgt die zweite Phase, der Sommer oder die Marktdurchdringung, und das ist die Phase, in der sich die Pflanze in der Natur ausbreitet. Wie in der Einführungsphase dürften auch in der Wachstumsphase die Marketinginvestitionen beträchtlich sein. Dann folgt der Herbst, die Zeit der Reife. Jetzt gilt es zu ernten. In den Früchten bilden sich bereits Samen für das nächste Jahr, wenn auch in versteckter Form. Dies ist aber auch die Zeit der Marktsättigung, das Ende des Zyklus zeigt sich an, die Umsatzkurven fallen. Besonders schwierig wird es, um im Bild zu bleiben, im Winter. Das ist die Zeit der Marktdegeneration, des Niedergangs, aber auch der Regeneration. Der letzte Punkt ist der entscheidende, sofern es gelingt, die bereits gebildeten Samen in einer neuen Geschichte einzupflanzen.

Der Niedergang des Produktes ist nicht zwangsläufig sein Untergang.

Daraus ziehen wir eine erste Schlußfolgerung: Das Neue ist nicht mehr das Alte. Die Spirale hat sich gedreht, auch Randbedingungen haben sich mittlerweile verändert. Dies erfordert eine neue Orientierung.

Coca-Cola hatte beispielsweise eine historisch einmalig lange Reifephase. Aber dann hat sich selbst für diesen Umsatzgiganten die Lebenskurve geneigt. Das Unternehmen mußte seine Zukunft überdenken, ja umschreiben, und das hatte Auswirkungen auf Inhalt und Form der Produkte. Coca-Cola wurde „light".

Eine der längsten und erfolgreichsten Geschichten hatte auch der Käfer mit dem einprägsamsten Slogan der Werbegeschichte „Er läuft und läuft und läuft". Und so war es denn auch. Diesem Slogan entsprechend hat er den bisherigen Produktionsrekord des legendären Ford T-Modells, das von 1908 bis 1927 gebaut wurde, übertroffen. Dabei hatte auch diese 50jährige Geschichte ihre Zyklen. Kann man der Firmengeschichte glauben, dann gab es nur ein einziges Bestandteil, welches den Originalkäfer überdauerte, nämlich die Klemmleiste für den Dichtungsgummi unter der Fronthaube. Über die Zeit wurden 78000 Änderungen an 30000 Bestandteilen vorgenommen; lediglich die Identität, symbolisiert im luftgekühlten Heckmotor und der käferförmigen Karosserie, blieb konstant.

Trotz dieses permanenten Erneuerungsbades kam der Käfer in die Jahre, und so kam es, wie es kommen mußte: Anfang der 70er Jahre war die Marktdegeneration nicht mehr aufzuhalten. Die Produkterneuerungen hatten sich totgelaufen, gesucht waren echte Innovationen. Es folgten in Abständen Golf I und Golf II. Seit 1993, nach einem Milliardenverlust, stellt sich wieder die Frage nach der Fortschreibung der Geschichte. Konzernchef Ferdinand Piëch und Kostendrücker Ignacio López sind da zuversichtlich. Mit Lean Management werden die „Wintervorräte" gestreckt und die Produktivität gesteigert. Die Branchenkenner sind skeptischer. Es fehlt VW, so eine verbreitete Meinung, an neuen marktgängigen und zukunftsweisenden Produkten. Die bei den Autoshows in Detroit und Genf vorgestellte Neuauflage des Käfers kann Nostalgiker und Fun-Car-Freunde ansprechen; ob es eine „gute Geschichte" ist, das ist eine andere Frage.

„Mit seiner Geschichte" am Ende war offensichtlich der Schweizer Gastro-Pionier Ueli Prager, der mit seinen Mövenpick Gaststätten über die Schweizer Grenze hinaus und bekannterweise auch in Deutschland die Gastronomie revolutionierte. Wie aber ging Ueli Prager mit seiner Biographie und der seines Unternehmens um, als er – wie es den Anschein machte – genug hatte und verkaufen wollte? Die Stellungnahme der Mövenpick Konzernleitung (wir zitieren die Pressemitteilung vom 20.12.1991 zum Verkauf der Carlton Holding AG bzw. der Stimmenmehrheit an der Mövenpick Holding AG an August von Finck) tönt eher nach Nekrolog denn als Neuanfang: „Die Mövenpick Konzernleitung respektiert den im Interesse des Unternehmens liegenden Entscheid Ueli Pragers, mit dem eine über 40 Jahre dauernde Aera zu Ende geht. Sie begrüßt, daß der neue Hauptaktionär die kontinuierliche Weiterentwicklung der Gesellschaft als selbständiges europäisches Unternehmen schweizerischer Prägung gewährleisten will." Aufschlußreich war auch die Pressemitteilung vom nachfolgenden Tage: „In einer ersten Aussprache zwischen dem neuen Hauptaktionär der Mövenpick Holding AG, August von Finck, und dem Verwaltungsrat der Gesellschaft unter dem Präsidium von Professor Dr. Peter Nobel haben beide Seiten Übereinstimmung in den wesentlichen Fragen der Unternehmensstrategie und -politik festgestellt. August von Finck hat dabei bestätigt, daß er seine Beteiligungsnahme bei Mövenpick als langfristiges Engagement betrachtet und das Unternehmen unter dem bisherigen Management und der Wahrung seiner Identität und Kultur weiterführen wird."

So wird also ein renommierter Gastronomiekonzern verkauft und in einer ersten Aussprache (notabene nach dem Verkauf) Übereinstimmung in den wesentlichen Fragen der Strategie festgestellt. Das klingt nicht gerade glaubhaft, aber was viel schwerer wiegt: Die Annäherung der Unternehmensgeschichte Mövenpick an die Geschichte des Unternehmers August von Finck und wie das zu geschehen hat, darüber wird offiziell nicht gesprochen. Strategien kann man nämlich jederzeit ändern oder neu erfinden; mit Biographien dagegen tut man sich schwerer. Wer die Frage der Fortschreibung einer glaubhaften Biographie wenig Bedeutung beimißt (das geschieht nicht nur im Rahmen eines Firmenverkaufs, sondern viel öfters im Rahmen eines Managementwechsels), schadet dem Unternehmen. Der damit provozierte Vertrauensverlust kostet immer viel Geld, und das mußte auch Mövenpick schmerzlich erfahren.

Solche Zyklen – analog den Gesetzen der Natur – sind für jedes Unternehmen und seine Produkte, ob es ein Gigant ist wie VW oder eine Konditorei an der Ecke, bestimmend. Nur der Verlauf ist unterschiedlich. Die sorgfältige Beobachtung der Firmengeschichte bzw. seiner Biographie kann von existentieller Bedeutung sein. Ein Beispiel dafür ist das Marketingkonzept der Nobel-Uhrenmarke Blanc Pain aus dem Waddtländer Jura, die an dieser Stelle zu erzählen ist:

Der Schweizer Uhrenhersteller Blanc Pain verfügt über einen eigenen Stil, die konservative Grundhaltung als Alleinstellung zu vermarkten. Der Firmenslogan lautet: „Seit 1735 gibt es bei Blanc Pain keine Quarzuhren, und es wird auch nie welche geben!“ Dabei produziert das Unternehmen nicht etwa antike Taschenuhren, sondern Armbanduhren der höchsten Preisklasse. Hier beherrscht man alle sogenannten Meisterwerke der Uhrmacherkunst, wie Mondphasen, ewiger Kalender, Schleppzeigerchronograph, Minutenrepetition etc. Auf der Suche nach einer neuen, der Unternehmensgeschichte entsprechenden Uhr war man auf eine alte Geschichte gestoßen, die nur darauf gewartet hatte, wieder entdeckt zu werden: Es sind die „Heurs de l'Amour“ der erotischen Taschenuhr, deren Produktion und Handel auf Betreiben der Behörden von Genf und der Vereinigung der Neuenburger Pfarrer 1817 wegen Unsittlichkeit verboten wurden und die seither auf dem internationalen Markt eine gefragte Rarität sind. Man kann sich auch hierbei wieder einmal mehr wundern, warum die Marketingstrategen der Firma Blanc Pain so lange brauchten, um das, was auf dem Antiquitätenmarkt als heißer Tip gehandelt wird, eben diesem Markt in zeitgerechter Form wieder zuzuführen. Beim heißen Tip handelt es sich um Taschenuhren, die versteckt im Uhrengehäuse oder unter doppeltem Boden kleine Abbildungen und Gravuren von bekannten Liebesszenen tragen. Das aktuelle Marktangebot ist eine Armbanduhr mit Minutenrepetition, die nicht nur die Zeiger auf dem Zifferblatt antreibt, sondern auch das in Gold gravierte oder emaillierte Liebespaar auf der Rückseite der Uhr – selbstverständlich nach klassischen Vorlagen aus der Renaissance. Auch für additive „values“ ist gesorgt. Der Kunde kann die Varietät des Liebesspiels mitbestimmen; eine Glanzleistung moderner Uhrmacherkunst, denn bis die Repetitionen des Liebesaktes im Stunden-, Viertelstunden- und Minutentakt vollendet sind, braucht ein Uhrenmacher sehr viel Know-how und Zeit. Solche Leistungen haben auch ihren Preis. Sie sind wörtlich genommen sündhaft teuer, und laut Auskunft der Verkaufsstelle werden monatlich maximal zwei bis drei Stücke produziert, und dies zu einem stolzen Preis von 150 000 bis 800 000 Franken! In DM umgerechnet ein Millionengeschäft. Denn wer eine erotische Uhr will, muß weiterhin im Antiquitätengeschäft suchen. Die aktuelle Produktion ist bis zum Jahr 2000 verkauft. Ein Musterbeispiel inszenierten Denkens von der Geschichte bis zum Abschluß.

Dabei hätten es die Schweizer beinahe geschafft, die Schweizer Uhr als „gute Geschichte“ abzuschaffen. Es hätte nicht viel gefehlt, die Glaubwürdigkeit an die Schweiz als Land, „wo die Zeit auch Kultur ist“, zu zerstören. Mittel dazu war die totale Umstellung der Schweizer Uhrenindustrie auf die Quarzuhr. Zum ersten verzichteten die meisten Betriebe auf eine weitere Ausbildung ihrer Leute in der Uhrmacherkunst. Die Uhrmacher waren zum Aussterben bestimmt. Mikroelektroniker und Angelernte sollten die Arbeit übernehmen. Die Hintergründe dazu: Wildgewordene Sanierer hatten sich der Uhrenlandschaft mit der phantasielosen Energie sozialistischer Planwirtschaftler bemächtigt. Mit ihrem ausschließlichen und einfältigen Glauben an die Quarzuhr hätten sie es um Haaresbreite geschafft (was der Konkurrenz nicht gelungen ist), eine ganze Industriekultur zu ruinieren (Quelle: Sondernummer Bilanz, April 1995).

Eine ehrenwerte Biographie ist auch von strategischer Bedeutung, wie das folgende Beispiel zeigt:

1991 machte eines der renommiertesten Schweizer Unternehmen, die Von Roll AG, Traditionsfirma aus Solothurn, Konkurs, was überraschend und im letzten Moment abgewendet werden konnte. Wie dieses stählerne Schlachtschiff der Schweizer Industrie aus den „flachen Gewässern" herausgekommen ist, wäre an sich eine spannende Geschichte – nicht aber im Rahmen unseres Themas. Interessant ist die Geschichte in der Geschichte. McKinsey prognostizierte unter anderem für das Herzstück, den Stahlbereich, eine auf Jahre hinaus höchst unterdurchschnittliche Rendite und empfahl folgerichtig den Totalausstieg aus betriebswirtschaftlicher Sicht. Eine andere Sicht war McKinsey fremd. Es gab aber noch eine andere Sicht: Von Roll ohne Stahl bedeutete Identitätsverlust, und das war ja wohl auch nicht anzustreben. Trotzdem wollte der Konzernchef, Paul I. Schoffat, ein McKinsey-Mann, verkaufen. Der Verwaltungsratspräsident, Max D. Amstutz, jedoch dachte biographisch; er wollte verhindern, daß Von Roll seine Vergangenheit über Bord wirft, ohne aber die notwendige Sanierung zu verhindern. Die Substanz eines Unternehmens, und das kann nicht genug betont werden, besteht eben aus seiner Geschichte, und die bestand in diesem Fall aus Stahl. So eine Geschichte verschenkt man nicht, es sei denn, man hat eine andere. In unserem Fall konnte man keinen adäquaten Käufer finden, somit mußte man sich zwangsläufig darauf besinnen, den schwierigen Weg zu gehen, um die Geschichte neu zu schreiben – auf sanierter Grundlage. Dieses Kunststück ist Von Roll gelungen. Und weil die Geschichte stimmte – Von Roll sollte zum Kostenführer in der Rohstahlproduktion werden –, wurde auch das Wunder wahr. Banken trugen das Sanierungskonzept mit, und die Aktionäre stimmten einem Kapitalschnitt stillschweigend und ohne Opposition zu. Denn wenn Kapitalgeber die Wahl haben, zwischen Konkurs und einer glaubhaften, „guten" Geschichte, sind sie realistisch genug, sich für das zweite zu entscheiden. Paul I. Schoffat, der den Stahl fallen lassen wollte, mußte gehen. Er hatte für seine Sanierungsvarianten schlicht und einfach keine „gute Geschichte".

In der Phase der Marktdegeneration – oder positiv ausgedrückt der Regeneration – ist es oft hilfreich, eine Atempause einzulegen, in den Archiven des

Unternehmens herumzustöbern, über die Geburt der Firma nachzuforschen, was da war und wie es gewachsen ist, nachzudenken, was sich positiv und was sich weniger positiv entwickelt hat, was immer wieder zu Erfolgen geführt hat, wo aber auch immer wieder Stolpersteine das eben Erwirtschaftete in Frage gestellt haben. Es geht darum, den roten Faden zu finden. Die daraus gewonnenen Erkenntnisse geben genug Stoff für die Fortschreibung der Geschichte.

Fazit

Was heute noch mit einem hohen Grad an Spezialisierung mittels Werbung, Promotion und Public Relations auf unterschiedliche Ansprechpartner zielt, wird in Zukunft vermehrt als inszenierte Kommunikation eingepackt werden müssen. Die Verpackung dazu ist die einprägsame Geschichte mit starkem „Ich“, die, vielseitig verwendbar, überall die Türen öffnet, Aufmerksamkeit verlangt, ob im Verkauf oder als PR-Instrument, ob im Dienste der Corporate Communications oder sogar im sozialpolitischen Umfeld, den Public Affairs, und die zunehmend an Bedeutung gewinnt.

Eine „gute“ Geschichte hat einen Funken, der im Publikum bzw. bei der Zielgruppe zündet, die Geschichte vorantreibt, ihr eine Eigendynamik verschafft. Der gemeinsame Nenner aller guten Geschichten ist dieser Funke, der aufblitzt in einer unvergeßlichen verbalen und/oder visuellen Metaphorik, die gleichzeitig eine überaschende Lösung für ein Marketingproblem anbietet. Dabei ist unter Metaphorik mehr als nur ein Bild zu verstehen. Metaphorik ist auch Symbol, Szene, der sich – mit Bezug auf unsere (Populär-)Kultur – niemand entziehen kann.

„Gute Geschichten“ werden nicht im „Benchmarking“ entwickelt, indem man sich an der Konkurrenz orientiert bzw. hinter ihr herläuft. Die Quelle „guter“ Geschichten ist der unbeugsame Wille, es anders zu machen unter Berücksichtigung der Biographie des Unternehmens und seiner Mission sowie der Identifikationsbereitschaft seiner Mitarbeiter. Gerade der letzte Punkt ist nicht zu unterschätzen. Die Mitarbeiter sind Teil der „guten Geschichte“, ihrer Glaubwürdigkeit und der daraus resultierenden Alleinstellung.

Es sind weder Leitbilder noch Visionen, die Unternehmen antreiben, sondern Missionen und die Geschichten darüber.

Trage deine Geschichte professionell, publikumswirksam und auf konkurrenzlose Art und Weise in den Markt. Das schafft Anziehung.

2.2 Das zweite Shakespearesche Gesetz: Inszeniere wirksam!

Alles ist Inszenierung

„Oper“, so scherzte das Wirtschaftsmagazin „The Economist“, das ist, „wenn einer von hinten erstochen wird und nicht blutet, sondern singt“. Das Blatt fügte hinzu: „Oper ist auch, wenn das Publikum kräftig zur Kasse gebeten wird!“ Mit dieser einfachen Metapher ist salopp erklärt, was mit komplizierten Definitionen schwerlich zu erreichen wäre: *Inszenieren heißt, einmaligen Stoff publikumswirksam, d.h. spannend und glaubhaft in Szene zu setzen in der Absicht, damit Kasse zu machen.*

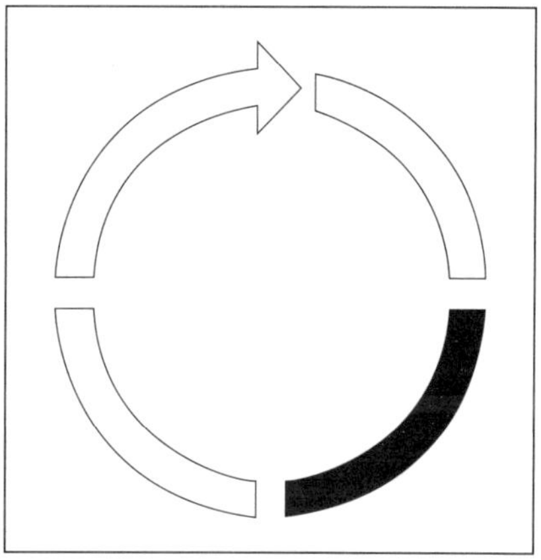

Der Tod auf der Bühne, wirkungsvoll in Szene gesetzt, ist aber noch keine Inszenierung. Dies gilt auch in übertragenem Sinne für die variantenreichen Verkaufsförderungsmaßnahmen, die aus erwarteten und unerwarteten Ecken auf uns zukommen, immer in der Absicht, uns in ein Verkaufsgespräch einzubeziehen. Es ist typisch für diese Welt, daß sie dafür auch geeignete Fachausdrücke kreiert hat wie Erlebniskauf, Info-Promotion, Events usw. Vielfach sind solche Promotions gut oder weniger gut gemachte Szenen einer Gesamtinszenierung, vielfach aber auch zusammenhanglose „Aktionitis“, ohne in einer übergeordneten Kommunikationsidee integriert zu sein.

Dabei kann man – ohne besonders gläubig zu sein – von der barocken katholischen Kirche immer noch einiges lernen. Wenn also der Gastwirt, der Schuhmacher, der Bäcker und der Hufschmied einen Teil ihrer erworbenen Einkünfte in die Kirche trugen, um für ihre Sünden zu büßen, das Gewissen etwas zu beruhigen und sich eine geschäftsfördernde Fürbitte bei entsprechenden Heiligen zu erheischen, und wenn die Kirche in weiser Voraussicht ihre Einkünfte verwendete, um ihre Dome und Kapellen mit prächtigen

Ausstattungen wohlbekannter Künstler zu versehen, und überdies mit Prozessionen und Aufführungen von Szenen aus der Heilsgeschichte Läuterung und Unterhaltung versprach, dann kamen die Gläubigen in Scharen und füllten den Opferstock. Der Nutzen war allgemein: für die Kirche, für das Gewerbe und eben auch für die Gläubigen, die daran ihre Freude hatten.

Mittlerweile hat die Wirtschaft von der Kirche gelernt und knüpft dort an, wo die Kirche aufgehört hat: Statt Heiligenverehrung erfahren plötzlich bestimmte Marken fast „religiöse" Zuneigung. Aus einst nüchtern analysierten Kaufkraftkassen werden – insbesondere bei jüngeren Zielgruppen – Kaufbruderschaften. Stammesrituale ersetzen Stammkundenmarketing. Konsumkathedralen wie Niketown laden zum „Kirchgang" ein und sind Indiz, wie unverzichtbar neuartige Kommunikationsformen werden. Es braucht eben mehr als ein Marketing der einfachen Erlebnisse oder tiefen Preise, es braucht Inszenierung von Konsumritualen plus die Kreation von Kultprodukten und damit eine Neubewertung von Markenartikeln als Fetisch, Glücksbringer. Wer durch starke Metaphern Welterklärungen und Weltenrettung liefert, hat Zulauf. Das ist der Stoff, aus dem die Geschichten gewoben sind. Inszenieren heißt demnach Raum schaffen, damit aktives Miterleben von Ritualen und Kulten möglich wird, damit Menschen sich in einer gemeinsamen Geschichte finden, sich näherkommen. Firmen, die diese Form der Inszenierung ablehnen und auf das traditionelle Informationsverhalten setzen, erfahren, daß sie draußen stehen vor der Eingangstüre, und da verkaufen sie sich zunehmend schlechter. Es müssen nicht immer Kathedralen und Kulissen sein, um sich „in Szene zu setzen"; es geht vielmehr um das Prinzip. Wer in Bildern wie Marktplatz und Bühne denkt, für den ist Kommunikation per definitionem Teil einer Inszenierung. Unternehmen können – in freier Interpretation von Paul Watzlawick – sich nicht „nicht inszenieren". Alles ist Inszenierung, sobald man auf den Markt kommt. Zunächst im direkten Kontakt mit seinen Mitarbeitern und Kunden, dann aber auch im indirekten Kontakt über die vielseitigsten Kommunikationskanäle. Die Möglichkeiten sind so vielfältig, daß sich viele Unternehmen ihrer Inszenierung gar nicht bewußt sind.

- Welche Inszenierungsqualität haben beispielsweise die mit Inseraten überladenen Zeitungen, die alle eine Geschichte vermitteln wollen?
- Welche Inszenierungsqualität haben Direktwerbung, Wettbewerbe, Goodwill-Aktionen, die es alle darauf abgesehen haben, zu unterhalten und zu animieren?
- Welche Inszenierungsqualität haben DRTV, interaktive Kanäle (beispielsweise ein Versandhaus) und neue Medien, die im Dienste aktiver Kommunikation stehen?

Zeitung, Fernsehen 500 Programme,

CD-ROM, CD-i, Zeitschrift,

Video on demand, Buch, Interaktive Angebote

(z.B. Versandhaus), Teletext, Lokalfernsehen,

Low cost home banking, Katalog, Telecom,

Communication highway, Bildtelefon, BTX, CIB,

CompuServe, Cyperspace, Videotext,

E-Mail, Fuzzi-Logic, Mailbox, Reality TV, Photo CD,

Tele-Kiosk, Supertext,

Video conferencing, Information at your fingertip,

Virtual reality, Telepac, Tele-Shopping,

Remote computing, Printing on demand,

Natel D, Natel E, ISDN, Personal organiser,

Megacom, Internet, Digital audio, Digital video, HDTV,

Lokalradio, Tele-Booking,

Grüne Nummern, GPS.

Schlagworte Multimedia

- Welche Inszenierungsqualität haben öffentliche Veranstaltungen, von Sponsoren unterstützt, die glauben, aus der Inszenierung Nutzen ziehen zu können?
- Welche Inszenierungsqualität haben Produktverpackung und die dazugehörenden Anleitungen? Wie steht es mit dem Wiedererkennungswert? Vermitteln Sie einen einfachen und sicheren Anwendungsnutzen?
- Welche Inszenierungsqualität haben Architektur und Innenarchitektur eines Unternehmens? Wie deutlich sind hier die Signale in bezug auf Charakter und Geschäftswille?

Die hier gestellten Fragen zeigen: Inszenierung ist alles. Beispiel dafür ist die Automobilbranche, die mittlerweile daherkommt wie eine moderne Verdi-Oper. Wir denken an BMW mit ihrem bombastischen Hauptsitz in München, den transparenten Showräumen und der obligatorisch vor jedem Verkaufspunkt aufragenden Pylone, dem Eingangstor einer altägyptischen Tempelanlage nachgebaut. Dazu passen die Kataloge und Handbücher, Briefpapier und Servicefahrzeuge: Corporate Identity als gestylte Inszenierung.

Inszenierung ist auch die Verpackung eines fünf Etagen hohen im Umbau stehenden Modehauses in der Bahnhofstraße Zürich. Anlehnung an Christos? Durch Verpackungskünste zeigt sich die Fassade während der Umbauzeit mit Efeu und Rosen überwachsen. Es sind lebende Pflanzen, die durch ein automatisches Bewässerungssystem genährt werden. Inszenierung kennt also keine kreativen Grenzen. Was heute vielerorts noch in Werbung, Public Relations, Event-Marketing, Sales Promotion und anderes mehr unterteilt wird in der Absicht, zu unterschiedlichen Zwecken verschiedene Adressaten anzusprechen, wird vermehrt in ein Paket geschnürt – im Sinne einer Gesamtinszenierung. So kann das, was man am „Point of sale“, also an der Front, kommuniziert, auch gleichermaßen für Public Relations oder Information nach innen verwendet werden. Es gibt im Prinzip nur eine Inszenierung, jedoch verschiedene Interpretationen davon (Gehring 1992).

Eine Inszenierung ist auch Grundlage für die anspruchsvollste Kommunikationskategorie, die Public Affairs, wie das im nachfolgenden Beispiel von Levi Strauss deutlich wird. Eine gekonnte Inszenierung, zielgruppengerecht aufgearbeitet, am richtigen Ort und im rechten Zusammenhang präsentiert, ist Verstärkung und Bereicherung der Kommunikation. Damit wird die Akzeptanz im Publikum erhöht und, was entscheidend ist in einer rasch sich ändernden Welt, ein Maß an Kontinuität gesichert.

Wenn beispielsweise ein Unterwäschehersteller seine Modelle am Fuße bekannter Bergspitzen in den Schnee stellt; wenn er Journalisten und auch ein paar liebe Kunden mit der Bergbahn hochfahren läßt, um ihnen da oben bei Eis, Älplerchilbi und Fondueplausch eine Wäschekollektion mit schönen nackten Beinen vorzuführen, dann ist dies – wahrscheinlich – eine mediengerechte Inszenierung. Solche Inszenierungen – auch als Events bekannt – können in einer Abfolge eine Gesamtinszenierung bilden.

Das Statement „Alles ist Inszenierung" ist wörtlich zu nehmen und beschränkt sich nicht vordringlich auf verkaufsfördernde Kommunikation. So kann auch die Entsorgung einer Produktionsanlage, weil im öffentlichen Interesse, zu einem guten oder schlechten Event werden und somit der Gesamtinszenierung nützen oder schaden. Dies mußte unlängst Shell erfahren. Der Ölkonzern verzichtete auf die umstrittene Versenkung seiner Ölplattform „Brent Spar" im Nordatlantik, nachdem dieses angekündigte „Event" international zu heftigen Protesten und zu Umsatzeinbußen an den Tankstellen bis zu 50% geführt hatte. In diesem Zusammenhang ist wohl auch die Stornierung seiner Kampagnen „Das wollen wir ändern" zu sehen. Eine Fortführung dieses Engagements hätte seitens Öffentlichkeit und insbesondere der Medien voraussichtlich eher als Provokation, angesehen werden können. Das Beispiel Shell illustriert einmal mehr: Vermögen international operierende Konzerne ihre Auftritte nicht aufeinander abzustimmen, so entsteht nicht nur ein widersprüchliches Bild; mehr noch, Entscheidungen auf nationaler Ebene können dann auch negative Auswirkungen auf das gesamte Unternehmen bzw. auf die Gesamtinszenierung des Konzerns haben, selbst wenn diese Entscheide sachlich gerechtfertigt und gesetzlich konform sind. Folgerichtig die Folgekampagne von Shell: „Uns wollen wir ändern".

Inszenierung des Scheins provoziert die Frage nach dem Sein

Marktauftritt und Mission personalisieren

Die nachfolgende Geschichte ist mir aus zwei namhaften deutschen Magazinen sowie einer TV-Sendung bekannt. Sie verdient es, an dieser Stelle nacherzählt zu werden, weil sie deutlich macht, auf was es bei einer Inszenierung ankommt.

Da „tourt" ein Mönch, genauer ein 34jähriger Pater der Ordensgemeinschaft der „Oblaten der makellosen Jungfrau Maria", durch Deutschland. Grund: Wenn die Menschen nicht in die Kirche kommen, dann muß die Kirche eben zu den Menschen gehen! Das ist ein äußerst kundenorientierter Ansatz, der, in die Praxis umgesetzt, eine unkonventionelle Inszenierung zur Folge hat: Man baue aus einem Wohnwagen eine Kirche und stelle ihn in den Lärm von Marktplätzen und Fußgängerzonen. Beliebte Standorte sind auch Diskotheken, Jahrmärkte und Kneipen. Ausstaffiert ist der Pater mit einer Mönchskutte, damit jeder gleich weiß, mit wem er es zu tun hat. Allfällige Provokationen, die mit diesem Auftritt verbunden sind, sind für den Pater ein idealer Einstieg in ein „Verkaufsgespräch". Die Enge im überheizten Chevrolet-Mobil – Wohnmobil und Kirche zugleich – ist für ihn und die Gläubigen offensichtlich nicht deprimierend. Viel deprimierender seien doch, so der Kommentar von Pater Alfred, die leeren Kirchen. Die Fähigkeit zur Inszenierung hat er auch in einer Sendung von Thomas Gottschalk unter Beweis gestellt. Dabei hat er einen sogenannten Liebesbrief-Wettbewerb gewonnen. Dies mag einen Normalleser überraschen. Die Erklärung von seiten Pater Alfreds zu diesem ungewohnten Erfolg ist aber einleuchtend: Ich habe einfach eine Predigt, in diesem Fall zum Thema Trauung, in eine Briefform gegossen. Das ist Corporate Communication!

Der rührige Prediger suchte seine Zielgruppen nach klar definierten Kriterien: Es sind alle, die auf der Suche nach Gott sind, aber den Anschluß an die klassische Kirche verloren haben. Da hat er wahrlich ein großes Potential zu betreuen, wenn man bedenkt, daß der katholischen Kirche jährlich ca. 200000 Mitglieder davonlaufen und von 8000 Jugendlichen laut Statistik nur noch ein bis zwei von tausend an die Kirchen gebunden sind.

Das Grundprinzip jeder Inszenierung heißt: Personen sind spannender als Produkte, Programme, Parteien

In einem solchen Marktsegment ist wohl nur noch erfolgreich, wer Auftritt und Mission zu personalisieren versteht. Die zur Zeit erfolgreichste Missionarin lebt – wie könnte es anders sein – in den USA. Auch ihre Zielgruppe ist klar definiert: Es sind alle, die Sehnsucht haben nach Hochzeit, Familienidylle und Gartenpflege.Wir sprechen von der Amerikanerin Martha Stewart. Martha ist ein All-American-Girl; sie steckt in Armani-Jeans und hat einen kessen blonden Bubikopf. So präsentiert sie sich als Amerikas Super-Hausfrauen und ihre Inszenierungsqualität ist nicht nur auf das Medium Fernsehen, sondern auch auf CD-Roms, Teleshopping und MS-Katalogen dokumentiert. Martha und Alfred haben etwas gemeinsam: Sie nehmen die Sehnsüchte der Menschen ernst, jeder auf seine Weise. Und beide haben sich – mit unterschiedlichem wirtschaftlichen Erfolg daran gemacht, eben diese Sehnsüchte zu inszenieren. Martha als Vorzeigefrau für Hausfrauen und Hobby-Gärtnerinnen, Alfred als „Mann Gottes".

Eine weitere Erfolgsgeschichte handelt vom Motorradhändler W. Tanner. Er lebt und arbeitet unweit vom Zürcher See. Die Entwicklung seines Geschäftes kann mit drei Daten beschrieben werden:

1970: Walter Tanner führt eine kleine Werkstatt für Fahrräder und Motorräder, und das Firmenschild hat die Schriftzüge des kleinen Fachhändlers.

1980: Das Firmenschild wird ersetzt: Jetzt heißt es „Tanner Motorsport". Unter diesem Titel finden die ersten Motorradausstellungen statt, die als Novität in der Gegend besucht werden.

1990: Die Tafel wird wieder umgeschrieben: Der Laden läuft jetzt unter „Team Tanner". Aber Team Tanner ist mehr als eine Werkstatt. Sie ist eine permanente Ausstellung mit Cafeteria, Kiosk und Zeitschriften sowie Treffpunkt für Kunden und Fachgespräche. Der Empfangsraum ist weiß gekachelt. Die Angestellten erscheinen als Team im weißen Overall, professionell angeschrieben. Auf einen Blick: „Team Tanner" ist Motorrad total.

Walter Tanner versteht sich aber auch auf additive Dienstleistungen. Er führt eine Boutique. Ein Spezialangebot sind die Trainingswochenenden sowie Ausflüge mit dem Gepäckwagen. Er hat begriffen, daß man aus dem Motorrad mehr als ein Produkt machen kann. Walter Tanner inszeniert Motorräder von Montag bis Samstag und zelebriert Motorräder sonntags. Walter Tanner ist erfolgreich (Doebeli 1994).

Verschrien und doch erfolgreich

Professionals in Sachen Inszenierung sind die Exponenten der Kosmetikindustrie mit ihrem 80-Milliarden-Dollar-Geschäft. Es ist das Geschäft mit der Schönheit und den Träumen des Menschen nach Jungsein und Jungbleiben, das hat auch schon zu Shakespeares Zeiten floriert. Die Inszenierung beginnt bereits in der Forschung, die mit gigantischen Mitteln – manche behaupten bis 5% des Gesamtumsatzes – publikumswirksam von sich reden macht, wie – dank wissenschaftlicher Erkenntnisse – das Wunder möglich wird, den Alterungsprozeß aufzuhalten. Solche Wundergeschichten sind in einer Welt, die die Jugend anbetet und das Alter verdrängt, medienkonform und haben überdies großen Unterhaltungswert, was andere Forschungsbereiche von sich nicht sagen können. Folgerichtig haben die Großen der Kosmetik wie L'Oréal, Avon, Revlon, Shiseido und Estée Lauder, um nur einige zu nennen, ihren Auftritt in den Kosmetikabteilungen der Kaufhäuser. Da kommen die „Ärztinnen der ewigen Schönheit" in weißen Kitteln daher und verkaufen im One-to-one-Dialog Produkte zu Preisen, die mit der Produktion und dem Herstellungspreis wenig zu tun haben, viel aber mit Sehnsucht, Prestige, Glauben – und was da alles selig macht. Solcherart angebotene Inszenierung verlangt nach einer Produktausstattung, die die Botschaft handfest inkarniert: Form der Flaschen, Flaschenhals, Design der Etiketten, Größe der Verpackung und Art des Verpackungsmaterials und obendrauf Schleifen mit Namen versehen, die – einfühlsam erfunden – wörtlich an die Haut gehen.

Es gibt heute mehr und mehr Kreise, in diesem Fall engagierte Frauenverbände und ökologieorientierte Aktionsgruppen (Hände weg von Tierversuchen!), die Inszenierungen solcher Art nicht nur nach der Form, sondern auch nach dem Inhalt beurteilen. Sie argumentieren, daß sich viele Frauen schwer tun mit dem Älterwerden und daß es darum unmoralisch sei, diese Not auszunutzen bzw. mit dieser Notlage Geschäfte im Milliardenstil zu betreiben. Als Autor will ich mich nicht zum „Theaterkritiker“ aufspielen. Die Großen der Kosmetikbranche sind sicher gut beraten, Ihre (Dreh-)Bücher zu überprüfen.

Millionen für die Werbung sind nutzlos, wenn Geschichte und Inszenierung nicht stimmen

Levi Strauß macht Hosen, die mehr sind als nur Mode; sie sind Symbol der Freiheit, Ausdruck von Individualismus und Abenteuer auf Tuchfühlung. Levis werden heute in 60 Ländern verkauft, in 24 Staaten läßt die Firma produzieren. Mit einem Markennamen, der so bekannt ist wie Johnny Walker, Marlboro oder Coca-Cola, wurde das Unternehmen zum größten Bekleidungsproduzenten der Welt. Doch der geschäftliche Erfolg läßt sich nicht allein auf ein, wenn auch weltberühmtes, Produkt abstützen. Das hat auch Levi Strauß in den 80er Jahren erfahren und dabei – in der Folge von wirtschaftlichen Turbulenzen – beinahe „seine Hosen verloren“. 1985 brachte Robert Haas mit der Aufnahme von 1,6 Milliarden Dollar die Aktien des Unternehmens wieder in Familienbesitz zurück und damit zurück zu den Wurzeln des Geschäftes. Wohl mußten in der Folge gegen 60 Fabriken geschlossen und ein Drittel aller Beschäftigten entlassen werden. Das war der Preis für die Rückbesinnung. Heute macht Levi Strauß wieder einen Umsatz, der fast dreimal so hoch ist wie 1980, nämlich Gewinne zwischen 400 und 500 Millionen Dollar. Das Unternehmen hat wieder Zukunft, und eben diese Zukunft, so formulierte schon Levi Strauß die Unternehmensziele, wird nicht durch die Bilanz allein garantiert, sondern auch durch den

Ruf und die Verpflichtung zur sozialen Verantwortung. Der neue Firmenchef Robert Haas wird sich hüten, diesen Kurs zu ändern. Daraus versteht Levi Strauß Sympathiekapital zu schlagen, seine Inszenierungen dazu sind einmalig:

1992 beschließt beispielsweise Levi Strauß & Co., China aus politischen Gründen von der Liste seiner Lieferanten zu streichen und bestehende Lieferverträge nicht zu verlängern. Während andere amerikanische Unternehmen zunehmend in das Reich der Mitte in Millionenhöhe investierten, beschloß Levi, sich eben aus diesem Markt zurückzuziehen. Das bedeutet, gegen den Strom zu schwimmen, der Hose Charakter zu geben, sie zusätzlich über Public Affairs in Szene zu setzen.

In detaillierten Richtlinien hat das Unternehmen unter anderem festgelegt, daß Firmen im Ausland „Levis Engagement für die Umwelt teilen und ein sicheres Arbeitsumfeld bieten müssen“. Auch Kinderarbeit ist nicht zugelassen, und das Recht auf Versammlungsfreiheit ist zu garantieren. In Ländern, in denen Menschenrechtsverletzungen weit verbreitet sind, werden weder neue Verträge abgeschlossen noch bestehende Vereinbarungen verlängert. Levis Eintreten für Moral und Menschenrechte bringt kaum Markteinbußen für das Unternehmen, im Gegenteil, es lebt davon. Folgerichtig ist auch die Unterstützung im Kampf gegen Armut, Aids und Drogensucht. Dabei werden Mitarbeiter, die in freiwilligen Gruppen helfen, von der Firma mit Geldspenden unterstützt. Dieses Engagement liefert den Stoff für bühnenreife Präsentationen und für einen aktiven Dialog zwischen Produzent und Konsument.

An dieser Stelle sei noch die Assoziation als Verstärker unserer Botschaft angesprochen. Bei Levi Strauß stimmt die Verbindung von Hose und Freiheit, und, um im Bild zu bleiben, das Unternehmen hat seine Hosen für das kurzfristig große Chinageschäft nicht ausgezogen. Denn sich widersprechende Assoziationen irritieren den Konsumenten und zerstören das Image. Politische und soziale Themen sind da besonders heikel. Drum prüfe, wer sich mit wem und was verbündet. Das Problem stellt sich analog auch im Bereich des sogenannten Imagetransfers bei Marken, zur Markteinführung neuer Produkte oder zur Verstärkung der Marktdurchdringung. Die da gewählten Partner bzw. Partnerprodukte sind sorgfältig und im Kontext der Gesamtinszenierung auszuwählen.

Baustoffe zum Reden bringen

Das Bedürfnis, sich erlebbar zu machen und so vom Kunden auf sympathische Art erkannt zu werden, hatte die Firma Hebel, deren Angebot inzwischen den gesamten Rohbau von der Oberkante des Fundamentes oder der Bodenplatte bis hin zum Hebel-Massivdach umfaßt. Der Konzernumsatz liegt irgendwo zwischen 800 und 900 Millionen DM. Eben dieser Konzern stellte fest, daß es an der Zeit sei, zu überprüfen, „ob hiermit unsere Kommunikation von den unterschiedlichen Zielgruppen überhaupt noch verstanden wird". Sinnigerweise stellte die Konzernleitung diese Frage in der Talsohle der Bautätigkeit, also in einer degenerativen Phase. Dies ist, wie wir im Kapitel zum Thema Unternehmensbiographie festgestellt haben, recht mutig und kreativ. Die Frage war um so berechtigter, als der Ausgangspunkt der Hebelschen Kommunikation vornehmlich technische, zielgruppenorientierte Information war. Dies will nun die Firma ändern, indem sie sich radikal neu präsentiert und inszeniert. Wir zitieren dazu aus dem etwas ungewöhnlichen Geschäftsbericht 1993 den Text zum Titel „Mythen, Rituale und Symbole":

„Viele der großen alten Geschichten der Menschheit erzählen die Geschichte des Behaustseins. Wir erzählen durch unsere Kommunikation diese alte Geschichte zeitgemäß weiter. Sie belebt sorgsam die dazugehörenden alten Symbole und Rituale. Auch heute ist ein wirtschaftliches und privates Gebäude für die Menschen, die darin arbeiten und es bewohnen, gleich bedeutsam wie vor langer Zeit. So empfinden auch wir es, die wir diese Häuser bauen und dazu mit diesen Baustoffen beitragen.

Was heißt Behaustsein heute? Was wird Behaustsein morgen bedeuten? Diesen Fragen wollen wir uns auf unseren internationalen Architektur-Foren und Veranstaltungen nähern und nach Lösungen suchen. Wir wollen bewegen, was Menschen bewegt."

Soweit die Aussage eines Baustoff-Riesen, der sich entschlossen hat, seine Baustoffe reden zu machen und damit auch seine Kunden. Denn der Ansatz der Firma Hebel läßt viele Möglichkeiten zu Inszenierungen und Folgeinszenierungen offen. Behaustsein kann ein Bürokomplex sein für eine renommierte Versicherung, aber auch ein Shoppyland, in dem man auf Rolltreppen und auf Glanzteppichen durch einen Dschungel von Palmen und Gummibäumen gleitet, oder ganz einfach ein Häusle mit Herz und Garten.

Wo Inszenierung Tagesgeschäft ist

Es gibt kaum eine Branche wie eben die Gastronomie, wo es so einsichtig wird, warum Inszenieren in erster Linie eine Frage der Denkweise und weniger eine Frage der Investitionen ist. Gastronomie ist längst nicht mehr nur gut Essen und Trinken. Gefragt ist Gastfreundlichkeit und Wärme, das Gefühl, in einer wohligen Wohnstube mit echter erlebter Atmosphäre zu sitzen, mit Personal, das in der Regel branchenfremd ist, aber einen herzlich-lockeren Stil pflegt. Persönlichkeit hat Vorrang vor Fachwissen. Entscheidend ist die Stimmigkeit. Dabei gilt es, genau zu erforschen und dann auch präzise festzulegen, für wen man die gute Stimmung bzw. Leistung erbringen will und wer mit diesem Angebot dann glücklich werden soll. Auch wenn wir den Kreis, wie eingangs zum Thema Zielgruppen besprochen, nicht zu eng ziehen wollen, eng und konsequent wird es in der Zielsetzung und der damit verbundenen Absicht, auf dem gewählten Marktplatz anders und besser zu sein als die anderen. Auch ist es ratsam – um ein weiteres Mal den Vergleich mit dem Theater zu strapazieren –, ein Stück zu wählen und dies dann konsequent zu inszenieren. Was soll es also sein? Ein Schwank in einer Dorfkneipe? Eine Soap-Opera im Wiener Kaffee? Eine Techno-Party oder ein gepflegtes Sprechtheater? Gefragt ist vielleicht ein Kleintheater mit dem Thema „Bratwurst mit Rösti" oder „Nudelgerichte nach Großmutterart". Auch da erwartet man die beste Bratwurst und das beste Nudelgericht der Stadt. Erfolg hat, wer seine Spezialisierung inszeniert und eben dies konsequent.

Das Erfolgsrezept von McDonald's? Eine Kombination von Uniformität und inszeniertem Unternehmertum.

Konsequenz zum System gemacht hat beispielsweise die Systemgastronomie. Es ist noch nicht lange her, als überall, wo McDonald's sich in besten Positionen, z.B. in Promenierstraßen und historischen Altstadtliegenschaften niederzulassen beabsichtigte, der Ärger und das Naserümpfen vorprogrammiert war. McDonald's, Inbegriff des American way of life, Ausbund kulinarischer Einfältigkeit, neben Junkfood auch noch enorme Abfallberge produzierend, hat diese Vorurteile mit einer einfachen und einsichtigen Strategie abgebaut. McDonald's bietet Produkte für einen gewissen Lebensstil an, beispielsweise für Leute, die kaum Zeit haben. Für diesen Trend ist McDonald's nicht verantwortlich. Man hat die Hektik unserer Zeit, die sich auf die Eßgewohnheiten überträgt, konsequent in ein Dienstleistungsangebot umgepolt, und das als ideale Ergänzung zur traditionellen Gastronomie. In diese Nische zu stoßen hat sich mittlerweile als Goldgrube entpuppt. McDonald's steuert mit seinem Angebot nicht nur den rasch zu verpflegenden Bauch, sondern auch den Kopf an. Hauptstoßrichtung der Inszenierung geht in Richtung Umweltschutzpolitik, und das Resultat kann sich sehen lassen; inzwischen ist auch den Kritikern bekannt, daß McDonald's das Fleisch für die Hamburger nicht aus Argentinien importiert, daß die Verpackungen, die ohnehin schon überwiegend aus recyceltem Material bestehen, kein die Ozonschicht zerstörendes FCKW enthalten, kurzum, daß so ziemlich alle anfallenden Abfälle recycelt werden (damit beruhigt man das Gewissen sensibler Kunden angesichts der Abfallberge). Aber die Geschichte ist noch nicht zu Ende. Auch die Lastwagen, welche die Versorgung der Betriebe sicherstellen, haben Katalysatoren und leisten, dank schwefelarmem Diesel, ihren Beitrag zur Reduzierung der Schadstoffe. Das Drehbuch bedient sich des Sympathieträgers Umweltschutz. Schnellimbiß und Umweltschutz, zwei im Lexikon weit entfernte Begriffe, werden ohne Vorbehalte verknüpft und in den Lifestyle einer ganzen Generation eingewoben.

Gerade das finanzielle Engagement für Umweltanliegen stößt seitens der Öffentlichkeit (und der Medien) nicht immer auf ungeteilte Bewunderung. Problematisch ist dies allzumal, wenn hinter den Aktivitäten werbliche und gewerbliche Interessen vermutet und von seiten des Unternehmens gar unverhohlen zum Ausdruck gebracht werden. So hat das Ansinnen von McDonald's, sich am Bau von Kindergärten finanziell zu beteiligen, harsche Kritik ausgelöst. Dieses Beispiel zeigt: Ob eine Inszenierung auf Zustimmung oder Ablehnung stößt und in welchem Mischungsverhältnis allfällige Reaktionen anzutreffen sind, entscheidet letzten Endes das Publikum und als deren „Sprachrohr“ die Medien. Sie sind es, an denen sich Unternehmen vor allem orientieren müssen, wenn sie die Wirkungen ihrer Inszenierungen zu analysieren suchen. Von diesen Wirkungen hängt aber die Existenz nicht selten ab. Denn auch dieses Beispiel zeigt einmal mehr: *Schnellimbiß zu Billigstpreisen (der beste und billigste Mac der Stadt!) kann sich mit dem Preisargument allein gegen eine starke Konkurrenz, die ebenfalls schnell und billig produziert und anbietet, nicht behaupten. Das Erfolgsrezept heißt Qualität plus Inszenierung.*

Palavern im Palavrion

Der Trend Richtung Schnellverpflegung und Takeaway ist dem arg gebeutelten Mövenpick-Konzern natürlich nicht entgangen. Der Gastro-Revoluzzer hatte schon in den 50er Jahren den aus Damast und Silber leuchtenden Speisesälen der Züricher Haute-Gastronomie sowie den Kaffeehäusern, wo es nach Kampferkugeln der Persianermäntel roch, den Kampf angesagt.

Schon der Name Mövenpick löste damals nur Kopfschütteln aus. Architektur und Angebot fanden am Anfang nur Gefallen bei Nonkonformisten, Künstlern, Querdenkern und, wie gehabt, bei Jungen und Junggebliebenen. Jetzt wagt es Mövenpick wieder mit einem Quantensprung ins Jahr 2000. Das Konzept heißt: Palavrion-Mövenpick. Ob diese freche, zeitgemäße Restaurantlandschaft auch erfolgreich Kasse macht, ist kurzfristig nicht zu prüfen. Interessant in diesem Zusammenhang ist das Inszenierungskonzept, das alle Elemente der Shakespeareschen Bühne beinhaltet:

- Palavrion Mövenpick ist Kommunikation, eben Palaver, Unbekümmertheit, Erholung und Genuß.
- Der Gast kann sich frei bewegen, sich alle schönen Dinge anschauen, an anderen Tischen mit Freunden weiterplaudern, die Flasche Wein selber holen, dabei dem Koch in die Pfanne gucken und dann gleich mitnehmen, was er sich als Leibgericht gewählt hat.
- Wechselnde Angebote in überraschender Vielfalt, dazu tägliche Frischprodukte machten den Besuch zu einer kleinen Entdeckungsreise.
- Mövenpick macht aber auch mit der Inszenierung ernst, denn die Köche sind in diese ganze Präsentation einbezogen, sie wirken in der Arena des aufgestellten gastronomischen Treibens und des kulinarischen Genusses. Grundsatz: Raus aus der Küche, miterleben und teilhaben dürfen am Erfolg ihrer Kreationen, den Dialog mit den Konsumenten unmittelbar suchen.
- Mövenpick will mit dem Konzept auch die alten und längst überholten Hierarchiestrukturen aufbrechen, wie sie im Gastgewerbe noch üblich sind. So ist nur logisch, daß aus den Küchenbrigaden Akteure werden, die nicht Befehlsempfänger sind, sondern ihre Rolle im Theater-Palavrion zu spielen wissen.

Die Palavrion-Inszenierung erfüllt alle Kriterien für einen qualifizierten Unique Marketing Proposition; er kann weder einer Fremdagentur in Auftrag gegeben noch kurzfristig zur Bühnenreife „herangeprobt" werden. In der Regel sind Inszenierungen Ergebnisse eines oft über Jahre dauernden Prozesses. So hat Mövenpick die Inszenierung Palavrion einige Jahre Entwicklungsarbeit gekostet. Inszenierung oder der UMP kann kaum erfolgreich geplant oder in Szene gesetzt werden, wenn die ihr zugrundeliegende Geschichte bzw. zündende Idee fehlt.

Auf die Frage, ob die Idee zündet, ankommt, gibt es nur eine Antwort: Zünden kann nur, was die Leute mögen, gerne haben, was fein ist, was Freude bereitet und glücklich macht und was rundum so richtig gut ist und Wohlbefinden schafft.

Ebenso gibt es auf die Frage, ob die Inszenierung Palavrion den nötigen Zuspruch erfährt und es auch im „Hut“ stimmt, nur eine Antwort: Im Theater ist alles möglich, Erfolg und Mißerfolg. Und das Publikum kann ausgesprochen launisch und grausam sein.

Inszenierung wörtlich genommen

Wenn es um die Einführung neuer Produkte im Markt geht, sind bühnenreife Umsetzungen der Produkte besonders gefragt. Wie schafft man es also, daß man für einen neuen europäischen City-Car, der sparsam, ökologisch und auf städtische Verkehrsprobleme zugeschnitten ist, zu einer spektakulären Markteinführung kommt? Dazu haben sich die Macher einer Marketing-Services-Agentur sich etwas einfallen lassen. Objekt ihres Einfalles ist der neue Fiat Cinquecento. Im Namen liegt bereits viel Musik; er kommt aus Italien, was liegt näher, als aus der Markteinführung eine Oper zu machen? Die Story dazu ist einfach und rasch erzählt. Zwei Liebende können auf Grund des Verkehrschaos in den Städten nicht zueinander kommen. Verzweifelt kämpfen sich der moderne Romeo und seine Julia durch die Staus und meinen schon, daß sie – wie die berühmten Königskinder – nicht zueinander finden können. Doch auch heute gibt es rettende Engel, sicher mit mehr technischer Mechanik ausgestattet als früher, aber nicht weniger wirkungsvoll. Der Leser hat's erraten: Es ist Fiat mit dem kompakten Cinquecento und der dabei vermittelten Mobilität. Das Publikum wird dabei bestens unterhalten mit Melodien wie „Ein neuer Wagen, jetzt geht es los“ nach einem Stück aus dem Barbier von Sevilla, Rossini, oder „Ein Fiat-Händler bin ich ja“ nach einer Melodie aus der Zauberflöte, Mozart.

Eine Steigerung erfährt die Oper gar im dritten Akt. Er ist Mittelpunkt der Inszenierung, und dies wird auch gleich musikalisch untermauert mit dem Triumphmarsch der Aida von Verdi. Mit den Trompeten wird auch der Cinquecento hereingetragen, wobei die Konkurrenz – mit Augenzwinkern – die Gefangenen darstellt.

Mehr als 250 Mitwirkende auf und hinter der Bühne sorgten für eine wirkungsvolle Inszenierung. Zu den „Mitwirkenden“ zählt auch das Auto-Ballet mit vier „Cinquecento Ellettras“, die auf ungewöhnliche Art dafür warben, daß erstmals ein Serienauto dieser Klasse auch als Elektromodell angeboten wird. Mit dem Engagement von Spitzenleuten aus der Kulturszene wollte man einem allfälligen Einwand, es handle sich hier um kulturellen Klamauk, die Spitze brechen. Die musikalischen Engagements wurden nämlich von Boris Jojic erarbeitet, und Pit Fischer, ebenfalls durch viele Fernsehproduktionen bekannt, entwarf das Bühnenbild. Ein Orchester mit 45 Profimusikern sorgte für einen guten Ton rund um einen Star-Baßbariton. Unter Emmerlich als Erzähler scharte sich eine hervorragende Besetzung von Sängern, Schauspielern und Solisten.

Die Meister der klassischen Musik hätten sich entweder geärgert oder gestaunt über die freche Fortschreibung der klassischen italienischen Oper. Das Berliner Publikum jedenfalls war, darf man den Presseberichten glauben, hell begeistert. *Mit diesem gelungenen Event ist aber die Inszenierung nicht abgeschlossen. Wenn es sich nämlich herausstellt, daß der Cinquecento zu leicht gebaut ist und darum zu einem Sicherheitsrisiko wird, dann könnte die inszenierte Komödie zur Tragödie werden.* Für den zweiten Teil sorgt dann die Konkurrenz. Der Triumphmarsch wird nicht mehr nach der Melodie von Verdi orchestriert werden.

Noch eine Anmerkung zum Schmunzeln. Man kann bühnenreife Szenen auch billiger haben. Dies demonstrierte Coop, ein Schweizer Großverteiler, für seine Tiefkühlproduktlinie „Pick". Mitten in die im Kino ausgestrahlten Werbespots hinein mischten sich zwei Claqueure und inszenierten in den Zuschauerreihen ein Wortscharmützel, das den Werbespot zum Gegenstand hatte. Die Aktion wurde vom Kinopublikum angeblich mit Begeisterung aufgenommen.

Nicht jedes Unternehmen kann es sich leisten, eine eigene Oper zu komponieren und anschließend inszenieren zu lassen; es besteht aber die Möglichkeit, Kultur im Paket und nach Bedarf einzukaufen. Die Hamburger Teleticket GmbH sei hier als Vermarktungsgesellschaft kurz erwähnt. Sie vermarktet namhafte Musicals (Cats, Phantom der Oper, Starlight Express, Miß Saigon) einerseits an Busunternehmen oder Reiseorganisationen, andererseits an Hotels, die daraus Weekendpakete bilden, und darüber hinaus an Unternehmen, die die Musicals zur Motivation von Mitarbeitern oder Händlern einsetzen bzw. damit Kunden „belohnen", z.B. in Form einer Produktpräsentation, in Verbindung mit einem Händlermeeting oder als Erlebnisbaustein bei einer Verkäufertagung. Das Musical ist dabei nicht ein beziehungslos am Abend des Veranstaltungstages angehängter Programmpunkt, sondern mit Unterstützung der Ideen-Generatoren aus der Teleticket-Verkaufsförderungsabteilung entsprechend in die Veranstaltung integriert. Das Teleticket-Angebot reicht von Dekoration und Animateuren in Originalkostümen, Auftritten der Bands bis zu live getanzten Szenenausschnitten aus der Choreographie der Show. Die auf gewinnwirtschaftlicher Basis geführten Theater offerieren zudem im dazugehörigen Raum – auf der Bühne und vor der Bühne.

Der Teleticket-Event-Service bietet seine Einlagen auch für Tage der offenen Tür, für Stadtfeste oder für Produkt- und Messepräsentationen an. „Wir vermarkten nicht Karten zu den Musicals, wir generieren Erlebnisse, die im Besuch des Musicals ihre Höhen erreichen." So kommentiert Bettina Rothärmel, Pressesprecherin bei Teleticket die Event-Philosophie der Motivationspakete. (Quelle Christian Sach, Journalist, mit freundlicher Genehmigung).

Vom Deyleschen Theater- und Show-Konzern können wir noch etwas lernen. Er demonstriert auf professionelle Art und Weise, daß es nicht mehr genügt, Tickets zu verkaufen, man muß das Theater inszenieren, und das auch vor der Bühne. Dies hat geschäftliche Auswirkungen. Darüber sollten unsere Kulturinstitutionen mehr nachdenken, bevor sie ihre Unterstützungs- und Subventionsschreiben abfassen. Die Produktion eines Kulturgutes ist eben eine Sache, die Vermarktung eine andere. Dies hat schon vor 400 Jahren Shakespeare deutlich gemacht. Rolf Deyle aus Stuttgart, Motor und 100%-Gesellschafter hat dies verstanden und ist mit seinen Unternehmen entsprechend erfolgreich.

Die Guckkastenbühne ist tot, es lebe die Gesamtinszenierung!

Sich in eine Inszenierung einkaufen

Eine weitverbreitete Art, sich zu inszenieren, ohne selbst zu inszenieren, ist Sponsoring in seinen Spielarten. Ein historisches Beispiel dazu lieferte Fürst Pedro de Medici. Er verlangte im Jahre 1447 als Gegenleistung für die Stiftung eines Tabernakels für die Kirche San Miniato de Monte, daß sein Wappen gut sichtbar angebracht werden möge. Während heute der Schwerpunkt des Sponsoring noch eindeutig im Sport liegt, finden sich zunehmend neue Anwendungsbereiche auch bei kulturellen und sozialen Aktivitäten. Alles beruht auf dem marktwirtschaftlichen Prinzip von Leistung und Gegenleistung. Etwas salopp kommentiert heißt das: Der Gesponserte (oder Geförderte) schleppt einen ganzen Sack Sympathien an (Leistung), der Sponsor setzt sich darauf und bezahlt dafür (Gegenleistung). Ernsthaft definiert (gemäß Professor Manfred Bruhn) bedeutet Sponsoring die Planung, Organisation, Durchführung und Kontrolle sämtlicher Aktivitäten, die mit der Bereitstellung von Geld und/oder Sachmitteln oder Dienstleistungen durch Unternehmen für Personen und Organisationen im sportlichen, kulturellen oder sozialen Bereich zur Erreichung unternehmerischer Marketing- und Kommunikationsziele verbunden sind (Bruhn 1991). Die meisten Gesponserten können mit solchen komplizierten Definitionen leben (und überleben), manchmal auch zähneknirschend. Denn wer gibt, will Person und Situation in sportlichen, kulturellen und sozialen Bereichen nutzen, um für seinen Unternehmenszweck zu kommunizieren. Das geht nicht ohne Reibungsverluste (Homann 1993).

Erfolgreichere Konzepte machen daher aus dem Sponsoring eine Partnerschaft, die auf Kontinuität und Vernetzung ausgerichtet ist. Ungebundene Aktionen dagegen schaffen nicht die für den Erfolg notwendige Vertrautheit, auch wenn sie im Einzelfall nutzvoll und prestigeträchtig erscheinen. Ein einfaches Beispiel zur Partnerschaftsidee liefert der „Schweizerische Beobachter", eine alpine Ausgabe des deutschen Magazins „Der Spiegel" mit Ratgeberqualität. Er suchte sich ein Hilfswerk als Partner. Projektbezogen nutzt er das Know-how von Caritas bei Hilfsaktionen. Sie besorgt die ganze Logistik bis hin zur Verteilung der Hilfsgüter in betroffenen Regionen, der Beobachter schafft Publizität, seine Kernkompetenz ist ja die Informationsvermittlung. Die Reaktionen der Leserschaft zeigen, daß die Aktionen gut ankommen. Durch das gemeinsame Auftreten von Caritas und „Beobachter" wird soziales Engagement professionell kommuniziert; es wird Gutes getan und darüber (viel) geredet.

Kundenclubs – die Inszenierung der besonderen Art

Laut Marktumfragen pflegt ca. ein Viertel aller Unternehmen, die auf einen markanten Marktauftritt Wert legen, einen Kundenclub. Kundenbindung wird sozialisiert. Die Themen sind unerschöpflich, die Phantasie und Ausgestaltung sind es auch. Vielerorts läßt allerdings die Durchführung einige Wünsche offen. Es ist auch nicht immer klar, ob der Club einem gesellschaftlichen oder wirtschaftlichen Ziel dient. An dieser Stelle seien einige Formen in Erinnerung gerufen.

- Käufer oder Wiederkäuferclubs. Die Themen sind unerschöpflich und reichen von Kultur, Gesundheit, Mode, Reisen bis hin zu Haus und Garten.
- Etwas anspruchsvoller sind die Business-to-Business-Clubs. Hier finden sich Ärzte, Reiseveranstalter, Wiederverkäufer u.a.m. Erfolgreich ist da, wer eine qualifizierte Antwort geben kann auf die Frage: Was fehlt meinem Business-Partner?
- Vielfältig sind die Mitarbeiter/Mitarbeiterinnen-Clubs und die dahinter steckende Absicht „Wir-Gefühle" zu schaffen.

- Bei einem Vortrag einer Agentur für Verkaufsförderung habe ich mir einen Fall notiert, der den ganzen Inszenierungsspielraum einer Clubidee sichtbar macht:
  „Die Idee ist genauso einfach wie effizient. Nach dem Kauf (es geht um die Automarke Honda) erhält der Kunde eine Gastmitgliedschaft in fünf Golfclubs in Deutschland bzw. der Schweiz. Die Mitgliedschaft wird dokumentiert durch eine personalisierte Member-Card, die gleichzeitig als Ausweis bei den vertraglich gebundenen Golfclubs fungiert.
  Gleichzeitig erhält das Mitglied ein Scheckheft mit Gutscheinen, die für die Benutzung der Driving-Range oder für Trainerstunden eingelöst werden können. Diese einfache, aber dennoch äußerst wirksame Maßnahme trifft nachweislich den Punkt: Die Resonanz ist bei allen Beteiligten durchwegs positiv. Der Auftraggeber hat ein Instrument in Händen, mit dessen Hilfe er immer wieder Kontakt mit wichtigen Kunden aufnehmen kann. Die Kunden schätzen ihre Gastmitgliedschaft in den entsprechenden Clubs, da sie ihnen eine faszinierende Sportart in der Praxis näherbringt und zusätzlich Imagegewinn verschafft. Die Golfclubs erhalten die Chance, die Gastmitglieder auf Dauer zu binden und sich weitere Zielgruppen zu erschließen. Sie sind deshalb bereit, diese Maßnahme durch Gewährung günstiger Konditionen zu unterstützen."

Die letzten zwei Beispiele – Sponsoring als Partnerschaft und Kundenclub – illustrieren auf einfache Art und Weise, *wie man durch Inszenierung nicht nur eine Botschaft auf die Bühne bringt, sondern auch durch die Qualität der Präsentation eine Reihe additiver Werte schafft,* die über den meßbaren Nutzen hinausgehen und geeignet sind – still und heimlich –, Sympathiekapital zu bilden. Eben dieses Kapital, diese „stillen" Reserven, sind in umkämpften Märkten und auf Durststrecken Wegzehrung und Polster gegen Angriffe aller Art. Auch die im ersten Shakespeareschen Gesetz formulierte Alleinstellung wird so einsichtig und greifbar – vorausgesetzt eben, Inszenierung und eingegangene Partnerschaften sind glaubwürdig und stimmig.

Das zweite Shakespearesche Gesetz mit dem Imperativ „Inszeniere wirksam!" verlangt auch ein Wort zum Begriff Dramaturgie. Die Dramaturgie eines Schauspiels hat mit der Dramaturgie eines Events sehr vieles gemeinsam. Dramaturgie hat nämlich mit Logik und Organisation zu tun. Unter Dramaturgie verstehen wir die konsequente Durchführung einer Aktion, die Kraft, die das Geschehen entwickelt und dafür sorgt, daß Idee und Geschichte spielbar werden, d.h. glaubwürdig interpretiert und wirksam präsentiert. Eine gute Dramaturgie unterscheidet sich von einer schlechten darin, daß Regisseur und Dramaturg verstehen, was im Zuschauer (Konsument) vorgeht, und dies in dramatischer Art und Weise umsetzen. Nur so gelingt die erwünschte emotionale Steigerung. Mit einem Satz: Marktinszenierung deckt sich mit den Begriffsinhalten der Dramatisierung, wonach die Marketingkommunikation (der epische Stoff) auf wenige Hauptmomente und eine begrenzte Zahl von handelnden Personen reduziert wird, und zwar in einer spannenden und erregenden Art und Weise.

Die folgenden Fragen sollen dazu anregen, im Sinne einer Vertiefung des Gelesenen sich mit der eigenen Geschichte und Inszenierung kritisch auseinanderzusetzen:

1. Wie verhält es sich mit der Geschichte Ihres Unternehmens und Ihrer Produkte? Wie überzeugend und konsequent präsentieren Sie Ihre Kompetenz? Kann daraus eine glaubwürdige und publikumswirksame Inszenierung gemacht werden?
2. Besteht der Wille, die zur Verfügung stehenden Kräfte und Mittel auf eine zentrale Botschaft zu konzentrieren und ebendiese dann wirkungsvoll zu dramatisieren?
3. Ist das Unternehmen auch bereit, immer wieder zu prüfen, ob das Bild, das es dabei abgibt, mit seinen Aussagen übereinstimmt (Image-Controlling)?
4. Sind Ihre Aussagen so inszeniert, daß Sie Ihre Kunden nicht nur erreichen, sondern – wegen des speziellen Charakters der Dramatisierung – auch anziehen?
   Kommunikationsspezialisten erliegen nicht selten der Gefahr, mit Unternehmen und Angebot in ein neues aufsehenerregendes Kleid zu schlüpfen, um Kunden anzulocken. Dabei werden nicht selten neue Kleider geschneidert, ohne zu berücksichtigen, daß Struktur, Verhalten und Kultur eigentlich die alten geblieben sind. Bühnenkonformes Facelifting ist noch längst nicht Inszenierung. Die Qualität der Inszenierung besteht darin, Ihr Erscheinungsbild nach außen, sprich Outfit, als Ausdruck der inneren Form darzustellen.
5. Wie halten Sie es mit der Stimmigkeit? Wie steht es mit Regie und Rollenverteilung?
   Stimmigkeit setzt eine kritische, offene Dienstleistungskultur voraus, die sich permanent verbessern will – auch mit Blick auf das Publikum. Das hat handfeste Konsequenzen: So sind Szenen neu zu schreiben und zu besetzen, um sie dann, bei Veränderung des Marktes, wieder umzuschreiben oder gar aufzulösen. Anstelle der Langfristigkeit und Planung treten Anpassungsprozesse. Anstelle von stabilen, teils auch starren Strukturen bietet sich eine Bühne an, die Organisation verlangt, bildlich gesprochen, daß bottom-line agiert wird. Die Mitarbeiter sind Rollenträger. Selbstverantwortliches, intuitives Handeln löst Anweisungen an Befehlsempfänger ab, Manager werden zu Regisseuren.

Stimmigkeit, Akzeptanz stimuliert nicht nur Ihre Mitarbeiter, ihre Rolle immer wieder neu zu überdenken, sich in der Rolle zu steigern. Stimmigkeit bringt auch Ihre Kunden auf die Bühne! Der Kunde wird zum Coproduzenten (Davidow 1993). Er will auch einen Part im Stück spielen. Unternehmen, denen es gelingt, ihre Kunden in die Gesamtinszenierung einzubinden, haben die lebendigste Form der Kundenbindung gefunden und, wie verschiedene Beispiele zeigten, auch die lebendigste Form des Dialogs. *Mitspielen, Mitreden, dafür ist der Kunde bereit, eine Eintrittskarte zu lösen.*

Inszeniere deine Kompetenz und mache Umsatz.

Fazit

Marketing als Marktinszenierung mißt sich an der Qualität, eine faßbare Botschaft in einem überzeugenden Erscheinungsbild dramaturgisch gekonnt dem Endverbraucher zu übermitteln. Dabei vermischen sich klassische und postmoderne Werbemittel.

Wer seine Auftritte inszeniert, der wird bald feststellen, daß sich die Grenzen zwischen klassischer Werbung, Direktmarketing, Verkaufsförderung, After-Sales-Marketing usw. zunehmend übergangslos gestalten, ja ineinanderfließen. Durch die Vernetzung entstehen Synergieeffekte, die wiederum erlauben, bestimmte Maßnahmen zurückzunehmen und andere dem Bedürfnis des jeweiligen Auftrittes entsprechend zu verstärken.

Inszenierung als integrierte Marketingkommunikation wird aber auch einem weiteren Trend gerecht, dem sogenannten „Clienting", ein neues und unsympathisches Wort, weil der Klient im Gegensatz zum Kunden nicht König, sondern Hilfesuchender ist. Jeder weiß natürlich, daß es um das After Sale geht. Auf diesem Feld haben wir bereits von den Japanern gelernt. Es geht konsequenterweise darum, daß Kunden nicht nur „glücklich" werden, sondern auch „glücklich" bleiben. Das Unternehmen wird sich demnach auch um seine Kunden bemühen, wenn es im Moment gar nichts zu verkaufen gibt. Inszenierung ist auch Kundenbindung. Die Pflege des Kunden nach dem Kauf ist mehr als schlichtes Reklamationsmanagement. Inszenierung schließt auch kontinuierliches Bemühen und Pflege des Kunden ein, macht das After-Sales-Marketing zum Pre-Sales-Marketing.

Gehe mit dem Hut unter das Publikum und stelle fest, ob das Stück auch angekommen ist. Zähle die Münzen im Hut und schaue dem Publikum aufs Maul. Das schafft Abschlußstärke.

2.3 Das dritte Shakespearesche Gesetz: Kassiere, kontrolliere und korrigiere!

Die Liebe des Krämers zu seinem Produkt und seinen Kunden

Es gibt kein einfacheres und klareres Bild als den leeren Hut, mit dem man am Schluß der Vorstellung unter die Leute geht. Die Reaktionen zeigen unmittelbar, wie gut die Geschichte (1. Gesetz) und seine Inszenierung (2. Gesetz) sind. Die Schlußfolgerung ist simpel im Gegensatz zur täglichen Praxis.

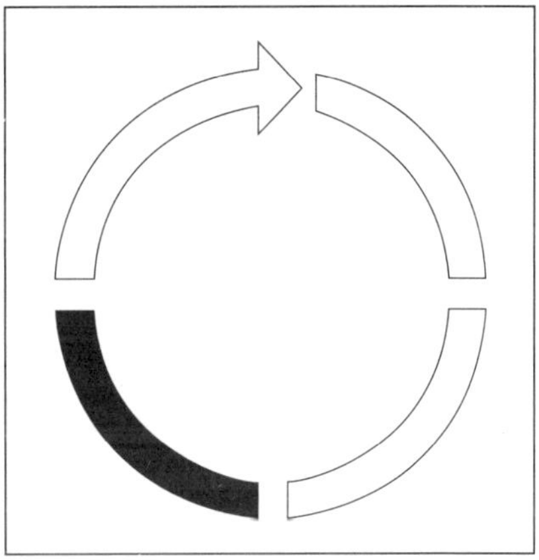

„Manchmal fehlt uns auch auf Geschäftsleitungsebene jener Krämergeist, jene Mentalität des Einzelhändlers, bei dem täglich die Kasse klingelt, denn dieser weiß ganz genau, was jeden Tag los ist, er sieht, wie seine Kunden reagieren", so ein Zitat aus einem Interview mit Helmuth Maucher, Nestlé.

Voraussetzung für einen erfolgreichen Geschäftsabschluß ist nach wie vor die Liebe zum Produkt und dazu, was man drumherum in Szene setzt. Erfolgreiche Unternehmen zeichnen sich dadurch aus, daß ihre Mitarbeiter diese Produkte begeistert und mit Überzeugung an das Publikum herantragen und auch darauf versessen sind zu wissen, was die Kunden davon halten. Sie erleben so das Bedürfnis ihrer Kunden unmittelbar. Marktorientierte Unternehmen sind eben in der Lage, ihren Kunden – „derweil sie mit dem Hut unter die Leute gehen" – intensiv zuzuhören, „aufs Maul zu schauen". Wenn die Kasse klingelt, denken sie nicht nur darüber nach, warum der Kunde gekauft oder eben nicht gekauft hat. Sie begnügen sich nicht damit, darüber nachzudenken, was der Kunde denkt, sondern sie versetzen sich in die Kundensituation, sie analysieren auch das Kundenumfeld. Dazu einige Beispiele aus meiner Erfahrung:

- Eine Büroboutique spezialisiert auf Hochzeitsanzeigen vergißt nicht, nach einem Jahr zum ersten Hochzeitstag zu gratulieren. (In der Folge sind die Bestellungen für Geburtsanzeigen gestiegen.)
- Ein Spezialgeschäft für Bilderrahmen schenkt seinen Kunden beim Abschluß regelmäßig auch den dazugehörigen Hammer und Nagel. (Wenn ich zu Hause einen Nagel einschlage, denke ich jedesmal an das Einrahmungsgeschäft.)
- Ein Modehaus in exklusiver Verkaufslage an der Züricher Bahnhofstraße bietet seinen Kunden auch Raum zum Sitzen, Ausruhen. Etwas weniger Verkaufsfläche, etwas mehr Menschlichkeit. (Die Rechnung wird aufgehen.)
- Eine Fluglinie hat während ihres Fluges nach Hongkong einen Schneider an Bord; wenn man in Hongkong ankommt, ist der Anzug vor Ort bereits fertiggestellt und abholbereit. (Das muß ich meinen Freunden weitererzählen).
- Ein Hotel bietet einen speziellen Stundenservice für Geschäftsleute an. Es handelt sich nicht um eine Dienstleistung besonderer Art, sondern um das seltene Angebot, das Hotelzimmer für einige Stunden mieten zu können. (Wer hat sich nicht schon gewünscht, nach einer verlängerten Besprechung oder nach einer Shopping-Tour, sich noch ein bis zwei Stunden vor dem Abflug auszuruhen, statt in einer Abflughalle herumhängen zu müssen.)
- Eine Hosteß in einer Großgarage versteht es, die Wartezeit auf charmante Weise zum „Erlebnis" zu machen. (Die Beigaben sind ein vorzüglicher Kaffee und ein aktuelles Magazin.)
- Ein Kundendienst in einem verrückten Möbelhaus tröstet seine Kunden nicht damit, daß ein fehlerhaftes Bestandteil aus einer ausgelieferten Packung zur Zeit nicht erhältlich ist, sondern demontiert ein bestehendes Ausstellungsstück, um den Kunden sofort mit dem Ersatzstück zu beglücken. Dies wirkt um so mehr, als der Kunde sich zu Hause maßlos darüber geärgert hatte, daß er sein Bett wegen eines lächerlichen Details nicht montieren konnte. (Mein Ärger ist weg, was bleibt, ist eine gute Erinnerung.)
- Eine namhafte Versicherung bietet nicht nur einen individuellen Service an (mit einem Bonussystem bis zu 70%) und dies übers Telefon, also direkt und unbürokratisch, sondern dazu auch noch additive Leistungen wie bequeme Geschäftsabwicklung (viermal 24-Stunden-Service, ortsunabhängig), garantierte Schadenzahlungen in zwei Tagen, Gratis-Ersatzwagen, sofort und für zwei Tage, Mitgliedschaft im Kundenclub mit Punktesystem, die gegen Flugmeilen eingetauscht werden können.

Die gewählten Beispiele sind oberflächlich betrachtet alle äußerst simpel; sie haben mich aber alle zur Freundschaft verpflichtet. Jeder könnte solche

Erfahrungen mit eigenen Beispielen beliebig ergänzen. Alle haben aber ein gemeinsames Rezept:

Sie verstehen ihr Unternehmen als Dienstleistungsunternehmen, und, wie der Begriff sagt, sie wollen dem Kunden dienen, mehr noch, ihn zum Freund gewinnen. Der englische Sozialpsychologe Michael Argyl behauptet, daß es drei Hauptkomponenten für eine Freundschaft gibt, nämlich Hilfe (Bedürfnisbefriedigung), sozialer Rückhalt (Akzeptanz) und gemeinsame Interessen (Ausgewogenheit von Leistung und Gegenleistung). *Dienen heißt auch, den Dialog suchen, Brücken schlagen, also dem Kunden unvoreingenommen und effizient begegnen;* dabei unkompliziert und fröhlich auftreten und Reklamationen unbürokratisch behandeln.

Es ist eine Kunst, Freunde zu gewinnen, und sie verlangt Kunstfertigkeit. Das geht nicht ohne ein Maß an Einführung, Führung. Darum braucht man einen Regisseur, einen Kopf, der seiner Truppe klarmacht, daß dies nicht nur eine individuelle, sondern auch eine professionelle Angelegenheit ist. Bei der Kundenbegegnung werden bekanntlich Freundschaften geschlossen und da – und nirgendwo anders – findet „the moment of the truth" statt. Dabei werden keine Hierarchien zelebriert, sondern Rollen gespielt, Haupt- und Nebenrollen, aber alle ausnahmslos gut. Hier können Mitarbeiter ihr individuelles Können einbringen, ihren Träumen Lauf lassen. In einer Zeit, die (wie man sagt) jede Scham verloren hat, schätzt der Kunde besonders, daß gewisse Rituale eingehalten bzw. gut gespielt werden. Anbiederungsorgien, Beliebtheit um jeden Preis sind dabei verpönt. Respekt ist Voraussetzung für jedes Vertrauensverhältnis, und Vertrauen ist wiederum Voraussetzung, um den Individualitäten, wie sie die Kunden heute darstellen, gebührend Rechnung zu tragen. Gerade da können Mitarbeiter Fähigkeiten einbringen, die dem Kunden und dem Unternehmen von Nutzen sind.

Den Träumen der Angestellten freien Lauf lassen, damit die Kreativität nicht behindert wird" (José Ignacio López, VW-Manager)

Von der Hebelwirkung der Kundenloyalität

Im dritten Gesetz geht es nicht nur um die Frage, ob und wieviel ein Kunde „in den Hut" wirft, sondern ob er dies auch gerne und immer wieder tut. Verschiedene Untersuchungen zeigen, daß Kundenpflege, wenn auch nicht kurzfristig, doch handfeste finanzielle Vorteile bringt. Unter anderem zeigt eine schon vor Jahren veröffentlichte Studie (Bain & Co.), daß die Verbesserung der Kundenbindungsrate um 5% die Gewinne um 25% bis 125% steigern kann. Ein beachtliches Ergebnis.

Bei diesen materiellen Aussichten (von den immateriellen wollen wir einmal absehen) erhält die Pflege des Kundenstammes größte Bedeutung. Gewiefte Marketingfachleute haben daraus bereits wieder eine Fachrichtung gemacht, das „Retention-Marketing". Es konzentriert sich primär auf den bestehenden Kundenbestand/-stamm. In diesem werden unter Rentabilitätsaspekten strategisch wichtige Kundenbeziehungen identifiziert, die es durch spezifische Marktbearbeitungsmaßnahmen langfristig an die Unternehmung zu binden gilt. Hier haben Führungskräfte aber eine weitere Barriere zu überwinden: die Optik, wonach Erfolg nach Zuwachszahlen und demnach kurzfristig gemessen wird. Retention-Marketing dagegen ist langfristig angelegt.

Doch die Realität holt uns alle ein. Spätestens mit dem Eingeständnis,

- daß es der Konkurrenz besser gelungen ist, ihre Kundenbeziehungen profitabel zu machen;
- daß neue Kunden teure Kunden sind, sie verursachen hohe Akquisitions- und Erstjahreskosten;
- daß die Kosten für Geschäfte mit neuen Kunden wesentlich höher sind als für Wiederholungsgeschäfte;
- daß, Strategie hin oder her, die Mund-zu-Mund-Werbung immer noch das kostengünstigste Werbemittel darstellt;
- daß loyale Kunden, die mit uns zufrieden sind, weniger preissensitiv sind und darüber hinaus „door opener" für neue Kunden.

Man sollte wissen, an welchen Beziehungen einem besonders gelegen ist. Nicht die Quantität, sondern die Qualität der bestehenden Kundenbeziehungen wird zu einem entscheidenden Wettbewerbsvorteil. Die wenigsten Unternehmen sind aber in der Lage, die aussichtsreichen Kundenbeziehungen von den weniger aussichtsreichen zu unterscheiden und daraus die richtigen Schlußfolgerungen zu ziehen.

Kundennähe heißt, das Loch und nicht den Bohrer verkaufen zu wollen

Ein Unternehmen, das sich durch inszeniertes Denken und Handeln auszeichnet und dabei überaus erfolgreich und international angesehen ist, ist Hilti. Seinen guten Ruf begründet es in seinen Mitarbeitern. In ihren täglichen Verrichtungen (Entwicklung, Einkauf, Produktion, Verkauf und Service) verfestigen sie diesen Ruf, statt ihn zu ruinieren. Wer nämlich professionell bohren, hämmern oder irgend etwas befestigen will, ruft auf der Baustelle nach „Hilti“. Hilti sitzt aber nicht auf dem Olymp, sondern im Liechtensteinschen Ländle. Für Hilti waren die Marktbedingungen wie für andere Unternehmen in dieser Branche alles andere als rosig: Das Bauvolumen ließ zu wünschen übrig, die Währungssituation machte einen Strich durch die konsolidierte Konzernrechnung, und auch die Konkurrenz versuchte, den Hiltis auf den Marktplätzen, wo immer es ging, das Leben sauer zu machen. Doch Hilti ist im Elan nicht zu bremsen und legt einen Cash-flow hin, der sich sehen lassen kann. Beim Reingewinn kommt da das Staunen (1993: 24% bzw. 47%). Es gibt dafür Gründe, die sich mit den Shakespeareschen Gesetzen decken. Gehen wir der Reihe nach:

1. Hilti schreibt permanent an seiner Geschichte. In die Marketingsprache übersetzt heißt das: „Der beste Schutz gegen Konkurrenzgelüste ist, wenn wir unsere Innovationen in einer so raschen Folge präsentieren, daß jeder Nachahmer nur die Nr. 2 sein kann. Bis er nämlich zum Gegenschlag aufgeholt hat, sind wir bereits wieder mit einer Neuheit auf dem Markt.“
   Aktuelles Beispiel ist ein Bohrhammer, der gleichzeitig einen „integrierten Staubsauger“ besitzt und damit als Weltneuheit auf allen Baustellen von sich reden macht.
2. Hilti versteht es auch, sich glänzend zu inszenieren. Wer kennt nicht den roten Hilti-Koffer? Er macht das Unternehmen präsent und faßbar auf Baustellen, in Büros und in Schulungsräumen. Dynamische Inszenierung hat aber auch unmittelbar Einfluß auf die Organisation des Unternehmens. Hilti überraschte vor zwei Jahren die Wirtschaftswelt mit der Einführung der Altersguillotine, die für das Topmanagement bei 55 Jahren angesetzt wird. (Fraglich ist, ob es in einer älter werdenden, aber nicht alt werdenden Gesellschaft Sinn macht, für „Regisseure“ starre Altersgrenzen einzuführen.)
   Hilti-Inszenierungen lassen auch keine komplizierten Abläufe zu. Alle Mitarbeiter und Mitarbeiterinnen haben für ihren Kompetenzbereich die Unterschriftsberechtigung zu zweien.
3. Die Hauptstärke von Hilti ist aber die Marktnähe. Zwei Drittel der 12000 Beschäftigten sind in Marketing und Vertrieb tätig. Das ergibt ein Vielfaches dieser Zahl an täglichen Kundenkontakten. Dies wirkt sich auch direkt auf Denkweise und Entwicklung des Unternehmens aus. So sagt man dem Unternehmen nach, daß, wenn – überspitzt formuliert – einer der Mitarbeiter niest, der Konzern nicht etwa Grippe bekommt, sondern eine Meldung vom Markt. Enthält die Meldung mögliche Verbesserungen oder sonstwelche nützlichen Anregungen, so werden sie unbürokratisch verarbeitet.

Offensichtlich ist es nützlich und einträglich, wenn man mit dem Hut unter die Leute geht und dabei die Ohren offen hält. Das bestätigt eine Studie von Erich von Hippel, die vor Jahren ins Gespräch kam. Seine Zahlen, die Innovationsquellen im Bereich wissenschaftlicher Instrumente betreffen, seien hier in Erinnerung gerufen:

- Elf analysierte „bahnbrechende“ Erfindungen stammten von Benutzern.
- 56 von 88 „wichtigen“ Erfindungen wurden von Anwendern gemacht.
- 66 von 83 „kleinen“ Erfindungen basierten auf Kundenideen.

Die Zahlen reden eine deutliche Sprache. Die Ideen stecken im Publikum, und – so darf man sich fragen – was macht der „Theaterproduzent“ damit? In der Regel gar nichts!

Vom kundenfreundlichsten Unternehmen lernen

Das US-Wirtschaftsmagazin „Fortune“ ließ 1993 den Kundendienst amerikanischer Firmen durch ein Expertenteam bewerten. Spitzenreiter („Star of the Service 500“) wurde der Heimwerker- und Baumarkt „Home Depot“. Das 1978 gegründete Unternehmen hat heute 224 Märkte in den USA. Wer 1981 eine 1000-Dollar-Aktie kaufte, besitzt jetzt einen Wert von 283416 Dollar. Das Erfolgsgeheimnis spiegelt sich insbesondere im dritten Shakespeareschen Gesetz:

- Es wird nur Aufwand betrieben, der sofort dem Kunden zugute kommt. Die Märkte sind einfache Hallen, dafür sind die Preise niedriger als die der Konkurrenz vor Ort.
- Das Verkaufspersonal wird intensiv in allen Arbeiten ausgebildet, die Kunden in ihren Wohnungen und Häusern leicht selbst durchführen können. Die Verkäufer sollen das Wissen weitergeben und so persönliche Stammkundschaft pflegen. Mit Kunden darf unbegrenzt Zeit verbracht werden.
- Die Bezahlung der Mitarbeiter ist überdurchschnittlich. Andererseits werden keine Verkaufsprovisionen oder Geldprämien bezahlt oder Rabatte auf Firmenprodukte gewährt, jedoch jährlich zusätzlich zum Lohn bis zu 7% in Firmenaktien, und man kann weitere Aktien verbilligt kaufen, was fast jeder Mitarbeiter tut.
- Auf den orangen Schürzen steht: „Hi! Ich heiße John und bin ein Aktionär von Home Depot.“ Propagiert wird, daß man als Angestellter von Home Depot Millionär werden kann, wenn man lang genug dabei ist.

- Während der Öffnungszeiten werden keine Lagerarbeiten und Preisauszeichnungen durchgeführt. Jeder Mitarbeiter muß für Kundenkontakt zur Verfügung stehen.
- Alle Filialen sind mit dem firmeneigenen Fernsehen verbunden, in dem auch die beiden Chefs die Mitarbeiter informieren und motivieren. „Indoktrination" der Geschäftsidee ist Chefsache.

Die einzelnen Maßnahmen erscheinen nicht spektakulär. In der konsequenten Gesamtinszenierung aber wirken sie unwiderstehlich.

Diese Sprache redet auch Anita Roddick, bereits an früherer Stelle erwähnt und im Zusammenhang mit dem Erfolgsrezept „Body-Shop" vorgestellt. In ihrer direkten Art faßt sie ihr Konzept der Kundennähe wie folgt zusammen:

„Manchmal, wenn ich so auf die letzten 15 Jahre zurückblicke, kann ich fast nicht glauben, wie einfach im Grunde alles gewesen ist. Im wesentlichen haben wir nichts anderes getan, als uns an eine Gruppe von Frauen gewendet, die die Kosmetikindustrie bis dahin völlig ignoriert hatte – Frauen wie mich." Anschließend fügt sie hinzu: „Diese Frauen wollen Produkte mit wohltuenden Inhaltsstoffen, hergestellt von einer Firma, die von Frauen geführt wird und Verständnis für die Wünsche von Frauen hat. Wenn Ihre Produkte ein Bedürfnis erfüllen und zugleich preiswert, wirksam und optisch ansprechend sind und Sie Mitarbeiter haben, die hinter den Produkten stehen und gut ausgebildet sind, dann werden Sie keine Probleme haben, diese Produkte zu verkaufen.

Ich kann es nicht verstehen, wieso die Leute zu glauben scheinen, der Body Shop sei etwas so Außergewöhnliches. Ich habe nicht das Gefühl, als würden wir irgend etwas Besonderes, Revolutionäres machen; ich empfinde es als ganz normal und selbstverständlich." (Roddick 1991)

In einem Satz: „Business" ist bloß eine andere Form von menschlichem Miteinander.

Die Philosophien von Home Depot und Body Shop verdienen eine vertiefte Würdigung:

Beide Unternehmen halten ihre Mitarbeiter an, nicht nur „in den Hut zu schauen", sondern – je nach Ergebnis – auch „aufs Maul". Ist beispielsweise wenig im Hut und macht der Kunde erst noch ein böses Maul, dann ist dies keine Katastrophe, sondern eine Gelegenheit, die Darbietung zu überdenken und zu verbessern, um zu beweisen, wie kompetent und engagiert das Unternehmen ist. Die Inszenierung läßt dies zu – ohne Gesichtsverlust. Mehr noch, sie bietet dazu reiche Möglichkeiten an. Eine inszenierte Organisation sucht – im Gegensatz zu einer klassischen – Kritik nach dem Motto: Lieber eine schlechte Kritik als keine. „Böse Mäuler" gehören nicht etwa bösen Menschen, sondern enttäuschten Kunden. Sie fühlen sich getäuscht in ihren Erwartungen und sind darum verärgert. Es ist dabei nicht entscheidend, ob der Kunde objektiv recht hat oder nicht. *Die Kunst, mit „bösen Mäulern" richtig umzugehen, ist deshalb die Kunst, mit den Gefühlen der Kunden richtig umzugehen.* Die Inszenierung ist das probate Hilfsmittel dazu.

Liegt gar ein „großer Geldschein im Hut" – um im Bild zu bleiben –, und schauen die Gesichter zufrieden aus (manche davon vielleicht etwas gelangweilt), dann ist das bereits die Aufforderung, sich etwas einfallen zu lassen, um den Kunden auch für die nächste Darbietung zu gewinnen. Solche Darbietungen finden auf großer wie auch auf kleiner Bühne statt: in der Gebrauchsanleitung, bei der Installation und beim Service bis hin zur Entsorgung. Weitere Bühnen sind: Verkaufsgespräch, telefonische Hot- und Fax-Linien, Kundenseminare, Präsentationen etc.

Damit diese Philosophie im Unternehmen faßbar wird und so lebendig bleibt, sind einfache organisatorische Vorkehrungen zu treffen. Es gibt beispielsweise schon viele Betriebe, die die verhaßte Stempeluhr abgeschafft und dafür den „Morgenkaffee" eingeführt haben. Kurz vor dem Arbeitsbeginn gibt es ein „Gratishörnchen" zusammen mit einer Tasse Kaffee. Die wichtigsten Termine werden besprochen. Der „notorisch zu spät Kommende" disqualifiziert sich selbst; der Drohfinger hebt die Kaffeetasse.

Die Dienstleistung als Darbietung ernst genommen haben zwei große Hotels in Kalifornien und Florida. Hier bezeichnet man Mitarbeiter als „Mitglieder des Ensembles". Die Aufenthaltsräume sind „Künstlergarderoben", die Gehälter heißen „Gagen", und an der Tür des Direktors steht auf dem Schild „Intendant". Nirgends findet sich ein Schild mit der Bezeichnung Personal- und Lieferanteneingang. Damit ist alles gesagt (Kobjoll 1993).

Nichts fürchtet RTL, der Kölner Privatsender, so sehr, als zu groß, zu schwerfällig und zu unflexibel zu werden. Konsequent hat der Medienkonzern seine Bühne in den letzten drei Jahren umgebaut und in diesem Zusammenhang seine Programme und Dienstleistungen in eigenständige Unternehmen umfunktioniert. Helmut Thoma, ein Mann, der weiß, wie man Geld verdient, hat längst erkannt, daß man mit seinen Mitarbeitern dann Geld verdient, wenn man ihnen die Möglichkeit gibt, Geld zu verdienen. Sie sind erfolgsbeteiligt und tragen damit die für ein solches Unternehmen notwendige Eigenverantwortung. Dafür hat RTL-Sprecher Thomas Kreyes ein konkretes Beispiel: 1992 ergriffen die Ex-RTL-Angestellten Hans Meiser und Alexander Stille die Herausforderung und gründeten eine eigene Redaktionsgesellschaft mit einer RTL-Beteiligung von etwas unter 50%. Mittlerweile liefern sie dem Sender jährlich 260 Programmstunden. Natürlich müssen die Einschaltquoten stimmen, sonst geht auch für Meiser und Stille die Rechnung nicht auf. Anreiz und Antrieb für die Truppe sind enorm.

Organisation im Dilemma zwischen Kundennähe und Verwaltung

Auf der Suche nach einer optimalen Organisation im Sinne totaler Kunden- und Marktorientierung müssen wir feststellen, daß es keine optimale Struktur gibt. Zu gegensätzlich sind die Abläufe im Unternehmen und auf dem Marktplatz. Da die Handelsabläufe dem Markt laufend anzupassen sind, kann auch eine einmal definierte Organisation, die zum Zeitpunkt der Einführung als äußerst sinnvoll und erfolgversprechend galt, nicht als ewig gültige Ordnung betrachtet werden. Mit den sich verändernden Rahmenbedingungen („die Reihen im Publikum lichten sich") werden auch eine permanente Reorganisation und Anpassung notwendig.

Diesem Dilemma beizukommen, versucht das TQM (Total Quality Management), das in den frühen 80er Jahren so richtig ins Gespräch gekommen ist. Obwohl über TQM bereits viel geschrieben worden ist, scheint es mir wichtig, einige Kernpunkte der Idee an dieser Stelle zu rekapitulieren. Dabei nehme ich Bezug auf den Guru des TQM, den Japaner Kaoru Ishikawa (Kaoru 1985). Seine Philosophie, in den nachstehenden fünf Punkten zusammengefaßt, ist kongruent mit einer richtig verstandenen Inszenierungsidee und deren publikumswirksamen Umsetzung. In Theorie und Praxis heißt das:

- Qualität steht vor kurzfristigem Gewinndenken (wer ein Theaterbillet verkauft, hat das Theater noch nicht verkauft);
- Verbraucherorientierung, nicht Produzentenorientierung (die Kunden, die wir im Kopf haben, sind Leute, die jeden Moment drauf und dran sind, ihren Platz zu verlassen);
- Inhalte kommen vor Hierarchien, es gilt die Barrieren der Abteilungen und Sektionen zu durchbrechen (denn der nächste im Glied ist mein Kunde);
- schonungslose Auswertung von Fakten und Daten (in den Hut und den Kunden aufs Maul schauen);

- funtionsübergreifendes, verbindungsfähiges Management (Regisseure statt Manager).

Die etwas abgenützte Terminologie „Der Kunde ist König“ gewinnt eine neue Dimension. Der Kunde ist weniger König, sondern kritisches Publikum, mehr noch Richter und in dieser Funktion bestimmt er letztlich über das Wohl und Wehe des Unternehmens.

So steht der bewährten strukturierten Organisation die bewegte unstrukturierte Organisation der „Bühne“ gegenüber, und dieses Dilemma ist am Beispiel eines kommerziell geführten Theaters zu veranschaulichen: Man stelle sich ein solches Theaterhaus vor mit klaren Strukturen und vorgegebenen, möglichst einfachen Produktionsverfahren und einer Bühne, auf der alles möglich sein sollte. Da ist also einerseits die Institution, die auf langfristiges Überleben getrimmt ist, gut organisiert und administriert, andererseits ein laufend sich veränderndes Programm, vorgeführt durch ein organisch zusammengesetztes Ensemble, das sich turbulent und gelegentlich sogar chaotisch auf den jeweiligen Auftritt vorbereitet.

Eine Schlußfolgerung darf man bereits ziehen: Der Führungsstil in vielen Unternehmen ist diesem Spannungsfeld nicht angepaßt und nicht gewachsen, weil bürokratisch und unflexibel. Besonders schwer wiegt die Tatsache, daß bei der mittleren Managementebene (Regieebene) die Einsicht in diese Zusammenhänge fehlt. *Das Kader versteht sich als Befehlsempfänger und nicht als Regisseure und ist dafür auch nicht ausgebildet.* Wenn aber die Regisseure ihren Job nicht tun, dann tut dies über kurz oder lang die Bürokratie; denn irgend jemand muß ja diese divergierenden, teils chaotischen Kräfte zusammenhalten. So gesehen schießt Jack Welch über das Ziel hinaus mit seiner Kritik, die den Sack schlägt und den Esel meint: „Ich empfinde Bürokratie als sehr negativ, weil sie die Produktivität stört. Die Aufmerksamkeit der Mitarbeiter wird von sinnvoller Arbeit auf Nebensächlichkeiten gelenkt. Die Leute kultivieren ihren Blick nach innen, auf die Organisation, anstatt nach außen, auf den Kunden und auf den Wettbewerb.“

In diesem Zusammenhang ist auch die Gardinenpredigt vom japanischen Industrieboß Konosuke Matsushita zu sehen; sie ging vor einigen Jahren durch die Weltpresse, quasi als Kriegserklärung an das westliche System, das seiner Meinung nach Kundennähe (noch) nicht begriffen hat: „Wir werden siegen, und der industrielle Westen wird verlieren. Es gibt nicht viel, was ihr dagegen tun könnt, denn die Ursache eures Niedergangs

Was gibt es Schlimmeres im Geschäftsleben als Abteilungen? (Jack Welch)

liegt in euch selbst. Eure Firmen basieren auf dem Taylor-Modell, euer ganzes Denken ist tayloristisch. Bei euch denken die Bosse, und die Arbeiter führen nur aus. Ihr seid zutiefst überzeugt, daß dies die richtige Methode zu managen ist. Wir sind längst über das Taylor-Modell hinaus. Der heutige Wettbewerb ist so komplex und schwierig, das Überleben einer Firma ständig gefährdet, das Umfeld so unvorhersehbar, konkurrenzintensiv und riskant, daß dauerhafter Erfolg die allzeitige Mobilisierung der gesamten Intelligenz jedes einzelnen Mitarbeiters im Unternehmen erfordert."

Die Anmerkung sei erlaubt, daß Mitarbeiter in turbulenten Zeiten wohl weniger gemanagt, aber doch geführt werden wollen und müssen. Aber, um beim Beispiel der Bühne zu bleiben, mittels Regieanweisungen bitte!

Die Angst vor der Kundennähe

Die Behauptung, abgestandene Kommunikationsprofis und mit ihnen auch viele Manager hätten vor der Kundennähe Angst, scheint auf den ersten Blick absurd. Sie ist es nicht. Die Angst geht nämlich um und ist Leitmotiv unserer gegenwärtigen Gesellschaft. Dazu sei an dieser Stelle Walter Bosch zitiert, Star-Kolumnist der angesehenen Schweizer Bilanz Zeitung und Inhaber einer ebenso angesehenen Werbeagentur. Er schreibt: „Die Angst legt sich wie Mehltau über Politik und Wirtschaft. Sie lähmt das Leben, sie bricht die Power, sie erstickt die Innovation. Beinahe unbemerkt, infiltriert sie sich in den Organismus eines Unternehmens, breitet sich aus, setzt sich fest und generiert neue Angst. So lange, bis sie sich als ‚self-fulfilling prophecy' bewahrheitet.

Dabei hat der Werbeleiter Angst, eine außergewöhnliche Kampagne zu akzeptieren. Deshalb entscheidet er sich für eine Variante ohne Ecken und Kanten, die in der Kommunikationsflut sang- und klanglos untergehen wird. Seine Angst ist aber nichts im Vergleich zur Angst des Marketingdirektors. Der rechnet sich nämlich Chancen aus, ins europäische Headquarter aufzusteigen, wenn sein Generaldirektor seine Machtposition wieder ausbauen kann. Also entscheidet er sich für die Sicherheit. Am meisten Angst aber hat besagter Generaldirektor. Deshalb ordnet er eine Adaptation der todlangweiligen internationalen Kampagne an, die selbst Produkt unzähliger Ängste ist und entsprechend wirksam. Wenn dann diese Nicht-Kampagne mit einem ängstlich reduzierten Mediaplan erscheint, gibt es endlich Grund zur Angst."

Die Angst hat also ihre Wurzeln im Unternehmen, nicht außerhalb. Niemand hat Angst, der Kunde könnte die Art und Weise, wie er angesprochen wird, wie man ihm in die Augen schaut, welche Worte man wählt, unsympathisch finden. *Weil man sich dieser Angst erst gar nicht aussetzen will, setzt man sich auch nicht der Nähe des Kunden aus. Unausgesprochen hat man nämlich auch Angst vor der Kundennähe und der dort zu erwartenden Kritik.* Nimmt man sie ernst, ist die Angst tatsächlich nicht unbegründet. Ihre verschiedenen Ausprägungen sind:

- Versagensangst: Angst, der gestellten Anforderung nicht oder nicht mehr genügen zu können; Angst, etwas falsch zu tun; Angst, beobachtet zu werden, wie man vielleicht etwas Falsches tut;
- Veränderungsangst: Angst vor betrieblicher Veränderung, also vor der Notwendigkeit, neue Technologien, neue Arbeitsprozesse einführen und mit neuen Vorgesetzten und neuen Aufgaben zurechtkommen zu müssen – kurzum, Angst vor unbekannten Entwicklungen;
- Angst vor der Konkurrenz, vor dem bösen Feind: Ist die Konkurrenz besser, ist sie gar schneller? Weitermachen oder aufgeben?

Jedermann weiß, daß Angst schwach macht, lähmt, blockiert, bremst. Wenn man das täglich am eigenen Leib und in Zusammenarbeit mit Managern und Mitarbeitern erlebt, sollte man sich Gedanken machen, wie dieser Angst kreativ beizukommen ist. Natürlich wurden zu diesem Thema auch schon Seminare angeboten. Man versucht, mit außergewöhnlichen Programmen den Menschen die Angst zu nehmen. Dies scheint in den meisten Fällen vergeblich. Auch die Tabuisierung (man reiße sich gefälligst zusammen) ist kein Beitrag zum Thema.

Anders der Shakespearesche Ansatz. Wer vor dem Publikum auftritt, Aug' in Aug', darf Angst haben. Er darf dies auch eingestehen, denn wer an die Rampe tritt, gibt alles, was er hat, und kann damit auch alles verlieren. Dieser totale Einsatz, diese Leidenschaft, das Beste zu geben, ist es, was das gute Theater vom schlechten unterscheidet. Gutes Theater verlangt aber positive Gefühle wie Freude, Erregung, Enthusiasmus. Dazu ein recht unkonventioneller Kommentar von Dr. Roland Rasi, Mitglied der Geschäftsleitung einer renommierten Schweizer Großbank: „Eine der schlimmsten Ängste der Männer ist es, ihre Gefühle zu zeigen. Männer haben Angst, das zu offenbaren, was sie innerlich bewegt: Ärger, Sorgen, Furcht, Unsicherheit, aber auch – und das ist besonders traurig – positive Gefühle wie Freude, Erregung, Enthusiasmus usw. Wenn Männer Gefühle und Tränen zeigen, verstoßen sie demnach gegen die Auffassung von Männlichkeit, die sich heute noch vor allem durch Härte, Leistungsstreben, Karrriere, Gefühllosigkeit, Beherrschung, Durchsetzungskraft und Unnachgiebigkeit definiert."

Dieses Bild deckt sich natürlich mit den Konsumenten des 19. und größtenteils auch des 20. Jahrhunderts; es deckt sich bestimmt nicht mehr mit den Konsumenten des 21. Jahrhunderts. Wer nicht die Nähe zu diesen Konsumenten sucht und den Shakespeareschen Ansatz nicht begreifen will, hat allen Grund zur Angst.

Angst bewältigt man am besten, indem man etwas dagegen tut. Ein funktionierendes Organisationsmodell ist ein Mittel dazu. Die nachfolgende Graphik gibt dazu einige Anregungen.

Die skizzierte Panoramastruktur erscheint auf den ersten Blick weder besonders originell noch besonders dramatisch. Die Auswirkungen sind es aber, denn der Inszenierungsauftrag bestimmt die Organisation. Das Bild steht auch im Einklang mit einem richtig verstandenen Begriff von Reengineering, bzw Prozessorientierung. Damit ist die Verantwortung dort, wo sie hingehört, nämlich an der Rampe im Scheinwerferlicht und nicht am Bürotisch. Regie ersetzt Überwachung, und das Miteinander im Rollenspiel ist motivierend und verkürzt Durchlaufzeiten. Es ist auch plötzlich klar, wer für welche Leistung den Applaus verdient; Darstellung ist gefragt, nicht Selbstdarstellung.

Es kommt in der Panoramastruktur also nicht auf die Abstufung, sondern auf die innere Spannung an, d.h., die Art und Intensität der Beziehungen der einzelnen Teile zueinander sind entscheidend. Damit ist auch erklärt, daß es sich bei dieser „Theaterarchitektur" um ein Bild handelt, wie flacher gewordene Hierarchien aussehen können.

Das Organisationsprinzip ist einfach auf andere Erfahrungen übertragbar, beispielsweise auf das Symphonieorchester. Auch hier weiß jeder einzelne Musiker, auf welchem Stuhl er zu sitzen hat und welchen Beitrag (Partitur) er zu spielen bzw. zu leisten hat. Interessanterweise nehmen die Organisationsmodelle der Hochschulen wenig Rücksicht auf die aus der Kultur bekannten Erfahrungen.

Ein Grundstein in Richtung „Ensemble" und weg von klassischen Hierarchien hat beispielsweise die IBM Schweiz 1992 gemacht. In diesem Jahr schaffte sie zwei Hierarchiestufen ab und halbierte gleichzeitig die Anzahl der Vorgesetzten von rund 400 auf 200.

Im selben Jahr wurden auch alle Titel abgeschafft und statt dessen allen festangestellten Mitarbeitern die Unterschriftsberechtigung gegeben. Logische Konsequenz daraus waren 1993 die Profit-Center-Organisation und ein erfolgsorientiertes Gehaltssystem für alle Mitarbeiter, wobei wir ein

Fragezeichen hinter das Schlagwort „Profit Center“ setzen, das oft zu unsinnigem Konkurrenz- und Abteilungsdenken führt. Überzeugend an diesem Beispiel ist aber die Tatsache, daß IBM den Mut gefunden hat, ein System zu schaffen, das die individuelle Leistung und den Erfolg des Unternehmens zu einem wichtigen Bestandteil des Salärs macht. *Es brauchte den Absturz in die Tiefe, um zu begreifen, daß das Unternehmen nicht überleben kann, ohne die Mitarbeiter stärker in das unternehmerische Mitdenken und Mitverantworten einzubinden.* Mittel dazu ist die „Gage“. Sie setzt sich für jeden Mitarbeiter aus zwei Komponenten zusammen: aus einem fixen und einem variablen Teil, der Erfolgsprämie. Die Erfolgsprämie wiederum ist einmal von der eigenen Leistung und zum anderen vom Unternehmenserfolg abhängig, der an drei Kriterien gemessen wird: am Umsatz, am Verhältnis von Kosten zum Umsatz und an der Kundenzufriedenheit. Man darf nun nicht annehmen, daß das Modell bei den Mitarbeitern auf große Sympathie gestoßen ist. Das Gegenteil war der Fall. „Handelte es sich da um einen versteckten Lohnabbau?“ so werden die Gewerkschafter fragen. Und wie schafft man eine so tiefgreifende Veränderung in einer Zeit, die gar nicht zur Verfügung steht?

H. U. Märki, IBM Schweiz, kommentiert dazu lakonisch: *„Der Markt wartet nicht auf uns, die Entwicklung auch nicht!“*

Die Schlußfolgerung daraus: Das inszenierte Marketing hat, wenn auch in vielen Unternehmen widerwillig aufgenommen, Einlaß gefordert und gefunden. Was sich da abspielt, ist wörtlich genommen und sinngemäß dramatisch.

Vielerorts tut man sich schwer, Denken und Handeln zu inszenieren. Die meisten Führungskräfte und Mitarbeiter denken noch in Strukturen, die einer Pyramide gleichen und über drei Ebenen funktionieren: Geschäftsleitung, Kader und Mitarbeiter. Es gibt auch Unternehmen mit mehr hierarchischen Ebenen; sie sind aber in der Regel bereits zu schwerfällig und daher nicht mehr marktkonform. Diese Tatsachen stehen im krassen Widerspruch zu Lehrmeinung und einschlägiger Fachliteratur, die viel positive Resonanz, jedoch wenig konkrete Umsetzung findet.

Der Schwachpunkt dieser Pyramide besteht in ihrer starken Kopflastigkeit. Entscheidungen werden vom Topmanagement getroffen, das reichlich entfernt von den Markt- und Kundenbedürfnissen ist. Wie, so wird man mit Recht fragen, wird das Management eine Optimierung des Wertschöpfungsprozesses einleiten können, wenn es nicht in direktem Kontakt zum Kunden laufend die für den Prozeß notwendigen Informationen erhält?

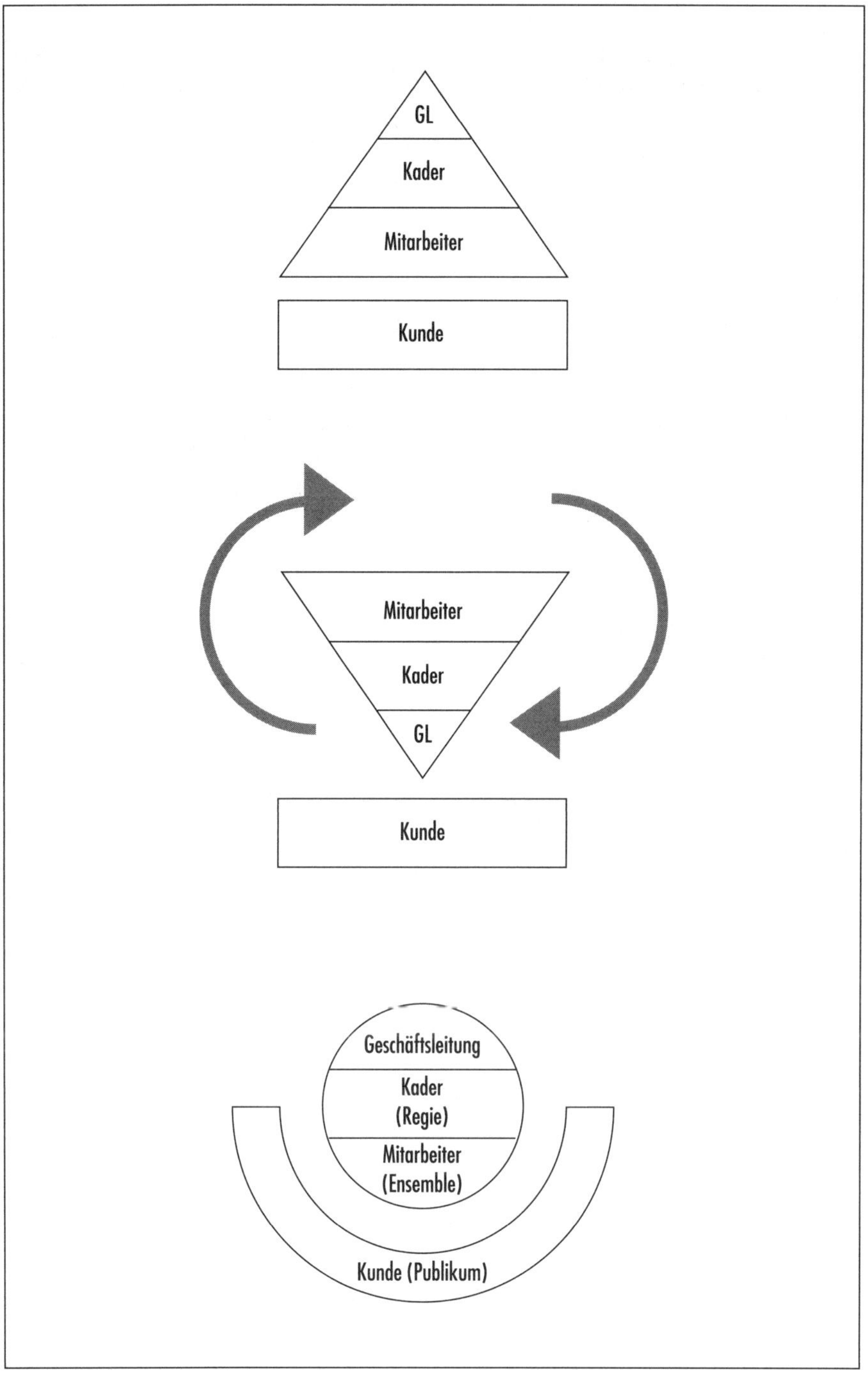

Von der Pyramide zum Panorama

Es gibt nun neue Theorien, die zum radikalen Umdenken aufrufen mit dem Imperativ: Stellt die Pyramide regelmäßig auf den Kopf! Damit werden Management, Kader und Mitarbeiter kräftig durcheinandergeschüttelt. Es entstehen neue, auf den Absatz ausgerichtete Strukturen, die abgespeckt werden bis auf die Knochen. Aber das Organigramm wird nicht besser durch die Tatsache, daß man es von Zeit zu Zeit auf den Kopf stellt.

Das neue Denken sucht eine Struktur, die eher einem Panorama gleicht; die Operationsebene ist eine große Bühne. Im Fachjargon spricht man von flachen Hierarchien; Aufgaben und Kompetenzen sind auf Gruppen verlagert, die entweder operative Aufgaben haben oder am Wertschöpfungsprozeß beteiligt sind. Die Arbeit wird in drei Segmenten verrichtet, nämlich im Segment Geschäftsleitung (Theaterdirektion), Kader (Regie/Dramaturgie) und Mitarbeiter (Ensemble). Der Kunde ist das Publikum. In jedem Segment ist viel Spielraum für unternehmerisches Denken, und dies unter einem gemeinsamen Dach. Es stellt sich mit Recht die Frage, wie sich das Organisationsmodell „Bühne“ in die Praxis einführen läßt. Ein praktischer Schritt ist, wie in vorangegangenen Beispielen erläutert, die Einführung einer Form der Gewinnbeteiligung. Gemäß dem Shakespeareschen Gesetz darf man davon ausgehen, daß sich „Regie“ und „Ensemble“, denen man nach erfolgreicher „Aufführung“ etwas in den Hut legt, mehr für das Firmenschicksal und deren Fortentwicklung interessieren.

Es ist kaum verwunderlich, daß in diesen Fällen die Produktivität steigt. Man spricht von 3% bis 10%. Außerdem verzeichnen solche Firmen – wie eine breitangelegte OECD-Studie in den wichtigsten Industrieländern zeigt – weniger Personalwechsel. Laut OECD erwächst lediglich dem Management ein „Nachteil“. Motivierte (erfolgsorientierte) Mitarbeiter nehmen Chef-Entscheide nicht einfach kommentarlos hin.

Fazit

Das dritte Shakespearesche Gesetz könnte mit dem ungewöhnlichen Begriff „Abschlußmarketing“ umschrieben werden. Die Mittel dazu sind: Dialogbereitschaft, permanentes Eingehen auf Kundenwünsche, Bereitschaft, auch Zusätzliches zu leisten, also additive Werte zu schaffen und last but not least alles in fairer Art und Weise zu tun.

Die Fähigkeit, sich auf die Wünsche im Markt immer wieder neu einzustellen, darf nicht zum irrigen Schluß führen, alles und jedes sei je nach Lust und Laune des Publikums auf den Kopf zu stellen. Hier machen uns gerade traditionsbewußte Unternehmen vor, wie man sich mit „alten Marken“ in guter Position – und dies seit Jahrzehnten – halten kann. Das hat seine Gründe. Ihre Angebote haben sich, ähnlich wie ein klassisches Stück, der Zeit angepaßt und technisch perfektioniert, ohne sich jedoch in der Substanz zu verändern. Das Marketing hat dann die Aufgabe, sich auf eine zeitgemäße Interpretation zu konzentrieren.

Interpretationen, Anpassungen sind Prozesse, die für die meisten Menschen und übersetzt auf das Unternehmen schwierig und schmerzvoll sind. Dabei laufen die Phasen immer nach den gleichen Gesetzmäßigkeiten ab: vom Schock, daß es so nicht mehr weitergeht, über die Ablehnung, da mache ich nicht mit, bis hin zum Begreifen, daß die Dinge verloren sind. Nachfolgend setzt das Akzeptieren des Wandels ein, die Bereitschaft für einen Neuanfang und schließlich der Neuanfang selbst. *Da auch die Kunden in ihrem privaten und geschäftlichen Leben solche Phasen durchlebt haben, zeigen sie Verständnis.*

Das dritte Shakespearesche Gesetz faßt einmal mehr eine Binsenwahrheit zusammen: Der Abschluß ist das Nadelöhr. Der Kunde soll sich entscheiden, ob er kaufen will oder nicht. Hier zeigt sich unerbittlich die Qualität unserer vorangegangenen Geschäftstätigkeit. So betrachtet ist der Abschluß nur eine wichtige Station, vielleicht die wichtigste im Modell der 3 + 1 Gesetze; er kann nie isoliert betrachtet und beurteilt werden. Ein erfolgreicher Abschluß hat daher auch immer die Absicht, den Erfolg fortzusetzen: als Teil der dynamischen Spirale im Rahmen des kybernetischen Regelkreises.

2.4 Das Shakespearesche Folgegesetz: Suche die Gegensätze!

Benutze den Widerspruch als Zugpferd für neue Marketinglösungen. Das schafft Antriebskräfte.

Vom Reizwort Widerspruch zum Reiz des Widerspruchs

Den Begriffen wie System, Ordnung, Kontrolle, Transparenz, Struktur und Berechenbarkeit steht die Unordnung gegenüber mit Begriffen wie unsystematisch, unordentlich, unkontrollierbar, unüberschaubar, unberechenbar und zufällig. In diesem Spannungsverhältnis steht der Widerspruch, wonach sich alles ins Gegenteil kehren kann (die Frage ist nur, wann und wo), jedem Trend ein Gegentrend, der aufsteigenden Entwicklung, dem Erfolg, die Ermüdung, der Mißerfolg, folgt. Der Widerspruch ist einem unruhigen Pendelschlag vergleichbar, schwer voraussehbar, permanent Spannung erzeugend durch Gefälle, Gegensätze.

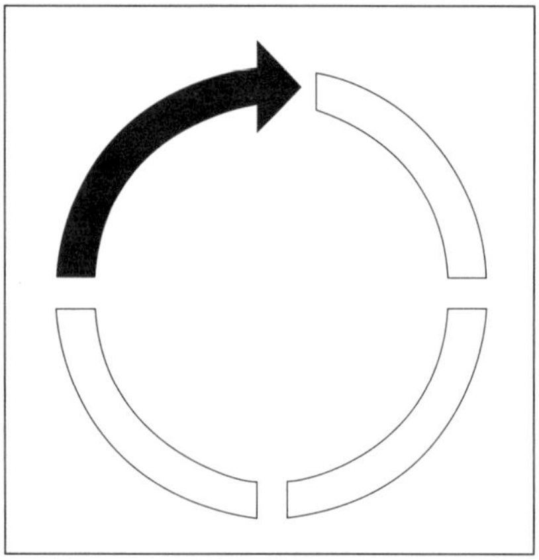

Fasziniert vom Spiel der Gegensätze waren schon die alten Chinesen. Als Vater des chinesischen Widerspruchs galt Han Fei Zi. Eine der populärsten Anekdoten haben wir ihm zu Ehren auf einer nachfolgenden Seite vorgestellt.

„Mao dun zhi shuo" steht im chinesischen Urtext für „Geschichte von Speer (Aussprache: mao) und Schild (Aussprache: dun)". Daraus entstand „maodun" (wörtlich: Speerschild), das in der bildhaften chinesischen Sprache soviel wie „Widerspruch" heißt. „Ohne maodun – Widersprüche – gäbe es kein Weltall." Aus dieser Sicht sind Wirklichkeitsanalysen in erster Linie „maodun"-Analysen. Bei der Überwindung von Problemen geht es also vorrangig um das Lösen von Widersprüchen.

Wir tun uns im Geschäftsleben mit diesen Widersprüchen reichlich schwer. Aber das Faszinierende in Film und Theater ist ohne Widerspruch kaum denkbar. Das gleiche gilt für unsere Geschäftswelt, die, wie wir das schon an verschiedenen Stellen dargelegt haben, dem Theater gleicht – als widersprüchliches, aber faszinierendes und aufregendes Gewinnspiel.

Wer an diesem Vergleich den leisesten Zweifel hat, dem präsentieren wir lustvoll den Devisenhandel. Er ist Anschauungsunterricht und Spektakel zugleich; es fehlt ihm auch nicht an Shakespearescher Dramatik, die – das sei nebenbei angemerkt – in Häusern geboten wird, die ein Ambiente von Opernhäusern haben, mit dezent gekleideten Mitarbeitern, die die Bühne diszipliniert betreten, die durch Ordnung im Denken und Handeln Bewunderung und darum unser Vertrauen verdienen. Etwas anderer Ansicht ist Nicholas Knight, Chef-Analyst des Nomura Research Institute, London, auf Devisenmärkte und die inszenierten Spekulationen angesprochen: „Blanker Wahnsinn regiert die Märkte. Die Irren haben die Anstalt übernommen!" Mit den Irren meint er die Händler, die je nach Geruch und Gerüchten das Rad an den Märkten drehen, losgelöst von Daten und Fakten, bar jeder Studie, uninteressiert an amtlichen Aussagen und wissenschaftlich fundierten Prognosen, sondern nur getrieben von den Erwartungen (es sind ca. 1000 Milliarden DM Umsatz im Tag), an den Schwankungen von einem Promill phantastische Gewinne erzielen zu können.

Die Konsequenzen sind unerträglich, so die Prognosen des Münchener Ifo-Institutes, weil die Spekulationen alle ernsthaften Kalkulationen über den Haufen werfen, Entscheidungen über Investitionen und Arbeitsplätze werden zu einem Glücksspiel, Zinsen werden unnötig in die Höhe getrieben. Gleicher Meinung ist auch der Porsche-Chef Wendelin Wiedeking, der darüber klagt, daß es einfach nicht mehr angehe, daß „Gambler" über den Absatz deutscher Produkte im Ausland entscheiden.

Die Aufregung kommt etwas spät. Spiel und Spielregeln sind ja so alt, wie die Menschheit. Nur Tempo und Quantität der Umsätze sind ungewöhnlich. Dazu Heinz Brestel, langjähriger Wirtschaftsjournalist bei der FAZ: „Wer immer sich mit der Börse einläßt, muß zwangsläufig spekulieren, auch wenn er diese anrüchige Bezeichnung weit von sich weist. Warum werden Aktien oder Derivate gekauft? Der Erwartung wegen, daß sie morgen teurer sein könnten. Warum werden Aktien und Derivate verkauft? Die Verkäufer nehmen an, morgen würden die Titel billiger. Es gibt stets zwei Parteien an der Börse, die vollständig gegensätzliche Meinungen vertreten müssen, wenn ein Geschäft zustande kommen soll. Die einen meinen, die Titel seien billig, die anderen, sie seien hoch genug, um sie abzustoßen. Diese unterschiedliche Einschätzung sorgt dafür, daß Geschäfte ablaufen. Wenn alle Marktteilnehmer auf der gleichen Seite stünden – widerspruchslos –, wäre kein Handel möglich." (Brestel 1995)

Wir wollen das Beispiel Börse und Devisenhandel nicht weiter interpretieren, sondern feststellen, daß auf dem Markt das gleiche Prinzip vorherrscht,

Es gab einmal einen Mann aus dem Staate Chu, der Schilde und Speere verkaufte. Er pries seine Schilde und sagte: „Meine Schilde sind so fest, daß nichts sie zu durchdringen vermag." Danach pries er seine Speere mit den Worten: „Sie sind so spitz, daß es nichts gibt, das sie nicht durchbohren könnten." Daraufhin fragte ihn jemand: „Was geschieht, wenn man mit deinem Speer auf deinen Schild trifft?" Da blieb der Mann die Antwort schuldig.

Han Fei Zi, ca. 280 – 233 v. Chr.

Anekdote aus dem alten China

was bei uns selbst, bei unseren Kunden und bei unseren Mitarbeitern festzustellen ist: Widersprüchlichkeit.

- Einerseits begründet der Mensch seine Handlungen und Entscheidungen scheinbar rational, andererseits ist er ein Gefühls- und Intuitionswesen, das irrational handeln muß. „Der Mensch kann nicht leben und sich erhalten, wenn er nicht Vernunft brauchen lernt. Sobald er diese braucht, ist ihm freilich die Pforte zu tausend Irrtümern und Fehlversuchen geöffnet." (Gottfried Herder, 1744 – 1803)
- Einerseits umgibt sich der Mensch im geschäftlichen und privaten Bereich mit Regeln und Gesetzen, die ihm Halt sind und auch erhaltenswert scheinen, andererseits sind die Beziehungen zwischen den Menschen infolge der Vielschichtigkeit nie dingfest zu machen, und sie entziehen sich daher dem Einfluß von Regeln und Gesetzen.
- Einerseits ist es ein Teil des Unternehmenszweckes, sich formal und durchschaubar zu organisieren (um überhaupt glaubwürdig und vertrauenswürdig zu sein), andererseits sind die effektiven, die gelebten Strukturen jeder Gemeinschaft auch informeller Natur. Sie werden unter dem Tisch gelebt, nicht disziplinierbar, was immer wieder für chaotische Zustände sorgt.
- Einerseits spürt der Mensch bei sich und seinem Unternehmen den Drang, aus den liebgewonnenen, aber rigid gewordenen Strukturen auszubrechen, Entscheidungsvorgänge zu überdenken, neu zu organisieren,

andererseits schreckt er davor zurück, weil ein solcher Wunsch eine Eigendynamik entwickelt, die sich der Kontrolle entzieht.

Aus diesen Widersprüchen gibt es kein Entrinnen. Sie sind zu akzeptieren; wir machen das Beste daraus oder nicht. Wenn wir clever sind, verstehen wir es gar, den Widerspruch zu kultivieren. In das Wesen des Widerspruchs hat uns C. G. Jung, der namhafteste Schweizer Psychoanalytiker, schon vor hundert Jahren entsprechend Einblick gegeben, der aber bis heute in die Marketingliteratur wenig Einlaß fand. Überhaupt hat die Psychologie im Marketing längst nicht den Stellenwert, der – im Rahmen der Verkaufsförderung – immer behauptet wird. Wir können uns an dieser Stelle nicht weitschweifig mit der Psychologie auseinandersetzen, aber um ein Minimum kommen wir in diesem Kapitel nicht herum. Dazu gehört der „Widerspruch" im Menschen, denn er bringt seit jeher nicht nur unsere Organisationsstrukturen durcheinander, sondern auch unsere Marketingkonzepte. Quelle des Widerspruchs (gemäß C.G. Jung) ist das Drängen des Menschen, seinen Heilsweg zu suchen. Seit der Mensch existiert, versucht er herauszufinden, wer er ist und was ihn antreibt. Das machen unsere Mitarbeiter, das machen unsere Kunden, und im übertragenen Sinne fragen sich auch die Unternehmer nach dem Sinn ihres Unternehmens bzw. ihrer Mission. Was oder wer treibt beispielsweise Coca-Cola an, mit ihrem Süßwassergetränk China zu erobern, obwohl China seit Menschengedenken über vorzügliche und billig zu erwerbende Teesorten verfügt, die mit Wasser vermischt als Stimulanz jedes Süßwassergetränk ausstechen. Die Antwort ist im Heil zu suchen, in der Aussicht, mit dem Getränk die Ufer westlicher Kultur zu erreichen. Dieser Drang nach dem Sinn bzw. Heil des Lebens läßt die Menschen die verrücktesten und widersprüchlichsten Dinge tun, immer in der Hoffnung, die Frage befriedigend und nach Möglichkeiten noch zu Lebzeiten beantworten zu können. Es gibt kein Theaterstück, schon gar kein Shakespearesches, das diese Frage nicht aufwirft, ihr sogar zentrale Bedeutung beimißt. Dem Heil gegenübergestellt ist das Wohl. Es beschäftigt sich, populär erklärt, mit den profanen Dingen des Lebens, also mit den Dingen, mit denen wir glücklich sind, ohne uns mit Gott, Teufel und der Welt auseinandersetzen zu müssen. Ein Beispiel dafür aus der Werbung: eine glückliche Familie am Familientisch, alle genießen eine kräftige Mahlzeit, auch die Katze bekommt ihr Lieblingsfressen – Harmonie und Wohlsein rundherum. So gesehen widersprechen sich Heil und Wohl. Dem Harmoniebedürfnis zum Trotz spielt sich die menschliche Existenz – auch die tierische – fruchtbar und kreativ nur in den Polaritäten ab, zwischen männlich und weiblich, zwischen Tod und Leben, zwischen Macht und Ohnmacht, zwischen Liebe und Haß. Diese Auseinandersetzung mit den Widersprüchen des Lebens schafft die „Geschichten", die uns faszinieren und bewegen.

Alles, was im Unbewußten liegt, will Ereignis werden. (C. G. Jung)

Wie anders ist zu erklären, daß die Lebensgeschichte von Orenthal James Simpson wegen seiner Werbung für Orangensaft, „Juice“ genannt, weit über Amerika hinaus ein Milliardenpublikum interessiert? Der Mord an seiner Frau, im „Simpson-Prozess“ ausgeleuchtet, hat ein neues TV-Zeitalter eingeleitet, nämlich die totale Zugänglichkeit von allem und jedem für das Fernsehen. Der Prozeßablauf als Theaterersatz – mag auch der deutsche Richterbund diesem Ansehen der TV-Konsumenten „nahe an der Bühne (und auch hinter der Bühne) Platz nehmen zu dürfen“, mit Entschiedenheit widersprochen haben, es ändert nichts an der Tatsache, daß ein solcher Mordprozeß und die damit verbundenen Hintergründe den Menschen in seinem Zentrum treffen. Hier übertrifft die Wirklichkeit jedes Shakespearesche Theaterstück. Auch die Dramaturgie ist perfekt, und im Gegensatz zu den Soap-Operas sind die Geschichten wahr, ungeschminktes Leben in allen Höhen und Tiefen. Die erwähnten Fernsehspots über Orangejuice mit Hauptdarsteller Simpson wirken im nachhinein wie verdünnter Sirup.

Chaos ist neben Widerspruch das zweite Reizwort für Unternehmer, die fest daran glauben, daß Dinge systematisch ablaufen müssen, wenn sie die gewünschten Ergebnisse bringen sollen. Der Eifer, mit dem Daten erhoben, ausgewertet, interpretiert und wissenschaftlich begutachtet werden, ist ein Indiz dafür, daß in vielen Unternehmen ein ausgeprägtes Bedürfnis nach berechenbarer Sicherheit und Übersichtlichkeit besteht. Was aber, wenn den Unternehmen diese Sicherheit und Übersichtlichkeit abgesprochen wird? Das Beispiel des Devisenhandels lehrt uns, daß mit großem Durchfluß an Geschäftstätigkeit das Gleichgewicht immer labiler wird. Die Lebendigkeit an den Märkten droht ins Chaos umzukippen. Als Rezept gegen das drohende Chaos empfehlen die Experten Regulierungsmaßnahmen, also Vorschriften in bezug auf Mindestreserven, Sicherheiten. Damit will man ein Gleichgewicht erzwingen, die Märkte austrocknen. Ein ausgetrockneter Markt ist bekanntlich ein toter Markt.

Die Wahl ist nicht einfach: Lebendigkeit steuert ins Chaos, Gleichgewicht bringt den Tod (Brigg/Peat 1990). Der Ausspruch „Wer die Wahl hat, hat die Qual“ ist wörtlich zu nehmen. Woody Allen, der amerikanische Komiker, hat dazu einen eigenen Kommentar: „One path leads to despair and hopelessness, the other to total extinction.Let us pray that we have the wisdom to choose correctly.“

Die Natur gibt uns die Antwort, und sie nimmt keine Rücksicht auf unser Vorstellungsbild, wie die Welt auszusehen hätte. Demnach sind alle lebendigen Systeme fern vom Gleichgewicht. Eine Tatsache, die uns eigentlich gar nicht gefällt. Darin liegt aber gerade die Dynamik unserer Systeme. Diese schaukeln sich hoch. Man nennt das physikalisch Verdoppelung der Phasen. Das System beginnt zu schwingen und zu schaukeln (sprich oszillieren) in einem immer stärkeren Maße. Es kann sich hochschaukeln bis zum sogenannten Bifurkationspunkt (Gabelungspunkt). Das ist ein heikler und entscheidender Punkt. Einerseits nimmt sich das System die Freiheit, entweder sich auf einer neuen Bühne zu stabilisieren oder im Chaos zu kollabieren; andererseits können die Schwingungen auch wieder zur absoluten Regelmäßigkeit zurückfallen, dies ist aber – nicht weniger dramatisch – als Anzeichen für Stillstand. Ein gutes Beispiel dafür ist der Herzkreislauf. Auch hier gilt, unregelmäßige Oszillation ist normal, der Mensch ist gesund. Wird die Oszillation zu stark, kann das (Herz-)Flimmern zum Kollaps bzw. zum Tod führen; aber auch die absolute Regelmäßigkeit hat Herzstillstand zur Folge. Das Erkennen der Bifurkationspunktes hat Napoleon zur Aussage veranlaßt, die Kaiserkrone liege im Straßengraben, man müsse sich nur danach bücken. Aber auch der Zusammenbruch des Sowjetimperiums und der Fall der Mauer sind anschauliche Beispiele für das hier Dargestellte. Marketingleute tun gut daran, über diese physikalischen Gesetze nachzudenken.

An der Gabelung findet also der Vorgang statt, der schon so manche Chefetage in Aufregung und Erregung versetzt hat: daß der Flügelschlag eines Schmetterlings in Brasilien in Mexiko einen Tornado auslösen kann. Das ist natürlich mächtig übertrieben, hat aber für das praktische Marketing eine Bedeutung. Wenn es uns gelingt, die Gabelung zu erkennen, dann können wir mit wenig Mitteln und Maßnahmen ein System auf die eine oder andere Seite kippen. Wir können aus Nebenrollen Hauptrollen machen.

Wie der Gabelungspunkt zu erkennen ist, darauf sind die Augen der Manager nicht geschult. Sie staunen in der Regel über die Folgen und warum das, was als Komödie begonnen hat, als Tragödie enden kann und umgekehrt.

Gestaunt haben über Widerspüche im Markt und über die Auswirkungen einer nicht erkannten Bifurkation die Marketingmanager von Adidas. Die Geschichte ist interessant genug, nachfolgend zur Erläuterung des Shakespeareschen Folgegesetzes ausführlich dargelegt zu werden.

Die wundersamen Folgen des Widerspruchs am Beispiel des Sportartikelherstellers Adidas

Adidas hatte jahrelang gegenüber den großen Konkurrenten Nike und Reebok an Marktanteilen verloren. Besonders bei den Jugendlichen zwischen zwölf und 18 Jahren war Adidas keine In-Marke, weil die großen Stars in den Videoclips auf MTV nicht Adidas, sondern eben andere Markenschuhe trugen. Adidas, und dasselbe gilt für Puma, waren Marken für „den Vati", der am liebsten Sport mit Bier vor dem Fernseher macht. Derweilen hatten es die Amerikaner geschafft, ihre Produkte konsequent zu Statussymbolen für die Jugend aufzubauen. Wer „in" sein wollte, der mußte immer bunter und teurer daherkommen, ein konzertiertes Diktat, dirigiert von den Amerikanern der gesamten Herstellerbranche, das auf einen unerwarteten „Bifurkationspunkt" hinsteuerte.

Mit kopierten Trikots und Schuhen aus den 70er Jahren schafft Adidas ein Comeback.

Die Trendwende kam scheinbar zufällig. Der „Schmetterling", der den „Tornado" auslöste, war Madonna, die für eine Party drei Adidas-Trainingsanzüge zu einem Partykostüm umschneidern ließ. Das Pressefoto ging um die Welt. Diese Aufmachung paßte zu einem Trendsport, der sich, unbeachtet von den Marketingleuten, in den Hinterhöfen der amerikanischen Großstädte breitgemacht hatte: Streetball. (Die nachfolgenden Erläuterungen sind den nicht Sportinteressierten gewidmet.) Bei diesem Straßensport handelt es sich um Basketball in einer einfachen Form. Es wird meist unter freiem Himmel gespielt, wobei das Spielfeld den örtlichen Raumverhältnissen angepaßt wird. Der wesentliche Unterschied zum normalen Basketball besteht darin, daß nur auf einen Korb – und in der Regel ohne Schiedsrichter – gespielt wird. Im Gegensatz zum Basketball wird im Streetball meist mit weniger als fünf Spielern pro Team gespielt. Die beliebteste Form ist das 3:3. Vor allem deshalb, weil bei dieser Form die wesentlichen taktischen Mittel des Basketballs voll zum Tragen kommen.

Mit dieser kurzen Beschreibung ist auch erklärt, warum vor allem in den Ghettos dieser Sport so populär ist, wo er überwiegend von schwarzen Jugendlichen betrieben wird. Zu erwähnen ist, daß fast alle Karrieren der großen NBA-Basketball-Profispieler auf den Straßen beim Streetball begannen.

Streetball ist aber mehr als Streetball und damit mehr als nur Sport. Er ist Ausdruck des Lebensgefühls und spiegelt den Zeitgeist wider. Jugendliche wollen immer weniger in Verbänden organisiert Sport treiben. Der Hang zu Individualsportarten, beispielsweise Snowboarden, In-line-Skating etc., oder Sportarten in kleinen Gruppen, wie Beach-Volley, Streetball etc., nimmt laufend zu. Streetball ist Kultur, Feeling, Freiheit! Hip-Hop und Rap-Musik gehören genauso dazu, wie das lässige Outfit, vergleichbar mit der Snowboard-Szene. Genau auf diesen Zug sind Adidas und später Puma aufgesprungen. Der Zug heißt „Fun and Action".

Noch vor wenigen Jahren konnte man das Unternehmen Adidas mit dem Attribut provinziell und altbacken versehen. Mittlerweile hat es den Weg zurück zum internationalen Konzern gefunden, der sich nicht geniert, Schuhe und Trainingsanzüge im Look der 60er Jahre zu produzieren, was bei den Jugendlichen reißenden Absatz findet. Dahinter steckt kein raffiniertes Marketingkonzept, sondern die simple Tatsache, daß eine Subkultur in Amerika diese Klamotten verlangte. Logische Folge davon: Mit den seit 1992 weltweit durchgeführten Adidas-Streetball-Challenge-Turnieren positioniert sich Adidas bei einer heterogenen Zielgruppe von Jugendlichen. Marktplatz sind die Turniere. Hier findet die Zielgruppenselektion statt. Adidas hat den neuen Sport „Streetball" nach Europa gebracht und den Namen „Streetball" europaweit für Schuhe, Taschen, Textilien und Veranstaltungen schützen lassen.

Nicht Adidas hat den Trend geschafft, sondern der Trend hat Adidas „geschafft".

Die Konkurrenten Nike und Reebok können diesem Gegentrend nichts entgegensetzen; es fehlen ihnen die Traditionsprodukte; sie können also nicht in alten Kisten kramen.

Trend und Gegentrend haben – den dialektischen Gesetzen gemäß – auch bereits einen „Syn-Trend" ausgelöst, denn nun will Puma zeigen, daß es auch Trends setzen kann. Der Turnschuh der älteren Generation wird für Szene-Damen weiterentwickelt, beispielsweise mit einer Plateausohle oder als Variante mit einem acht Zentimeter hohen Absatz. Die Moderenner werden zudem in limitierter Auflage angeboten.

Der allgegenwärtige Widerspruch und sein Einfluß auf Marketingpläne

1. **Der Widerspruch relativiert die Rolle des Marktführers.**
   Die Rolle des Marktführers ist in Marketingkreisen denn auch ein stolzes Thema. Man vergleicht diese Rolle gerne mit der Rolle eines Spitzenathleten im Spitzensport. Hier konzentrieren sich die Athleten beispielhaft auf ihre Disziplin und erreichen durch konzentriertes und professionelles Training einen Spitzenplatz. Wer in einer Disziplin an einer Weltmeisterschaft teilnimmt, muß sich eben ganz auf diese Weltmeisterschaft konzentrieren. Wer dann den Titel gewinnt, hat die konzentrierte Ernte aus seinen Anstrengungen. Er kann daraus persönlichen und finanziellen Nutzen ziehen. Diesen Titel kann man ihm nicht mehr nehmen. Die damit verbundene Alleinstellung ist einmalig und unanfechtbar. Schon der Vizeweltmeister liegt weit abgeschlagen, und den dritten und vierten Platz, ebenfalls Superleistungen, nimmt kaum jemand mehr zur Kenntnis. Man ist versucht, dieses Bild auf den Wettbewerb im Markt zu übertragen, um damit die Marktführung zu begründen, d.h., die Nr. 1 zu werden, koste es, was es wolle. Der allgegenwärtige Widerspruch lehrt aber, daß es vorteilhafter sein kann, auf Platz 2 oder 3 zu stehen oder einfach in der zweiten Reihe. Diese Position bringt doch einige namhafte Vorteile. Der Zweite und Dritte kann auf Trendänderungen besser reagieren, während der Erste sich damit abmüht, seinen Platz zu halten, ihn vor nachdrängenden Mitbewerbern zu schützen. Demgegenüber können Mitbewerber in der zweiten Reihe geduldig abwarten, Richtungskorrekturen anbringen und – was entscheidend ist – von den Fehlern des Marktführers lernen.Von ihnen wird auch nicht erwartet, daß sie permanent „Wind machen“, im Gegenteil, sie nutzen den Vorteil, in diesem angefachten Wind mitzusegeln. So versteht sich auch das in Mode gekommene Benchmarking, wonach wir von den Besten lernen, wie wir es besser machen können.

2. **Von Widerspruch und Ermüdung profitieren.**
   Wenn man Rolf Burgermeister, einem bekannten Schweizer Verkaufstrainer glauben darf, wechseln rund 40% der Kunden, weil sie sich im Zusammenhang mit Serviceproblemen und Beschwerden nicht professionell betreut fühlen, und, was interessant ist, 60% davon sind nach der Reklamation noch „verrückter“ als vorher. Der skizzierte Verschleiß zwischen Unternehmen und Kunden hat viel mit Abnützungserscheinungen bzw. Ermüdungserscheinungen in den Beziehungen zu tun und sehr viel mit dem Bedürfnis, den selbstgefällig und repetitiv dargestellten Angeboten zu widersprechen.

Es braucht nicht viel Phantasie, um zu erraten, wo diese Kunden hingehen, wenn Firmen in der zweiten Reihe bereit sind, sie aufzunehmen. Verstärkt wird diese Abwanderungsbewegung noch durch Trend und Gegentrend. Es gilt das geflügelte Wort „Kein Trend ohne Gegentrend". Wer Augen und Ohren offen hat, kann dazu einige Beobachtungen machen. Dem Massenkonsum, begleitet von Massenmedien, schlägt eine Welle der individuellen Interessen und Informationsbedürfnisse entgegen. Man schaue in einen Kiosk oder Buchladen. Auf der einen Seite die Massenblätter, auf der anderen Seite „Special-Interest"-Zeitschriften. Die Nachfrage kann in Zentimetern gemessen werden: 30 Zentimeter Auto- und Motorrad, 25 Zentimeter Haus und Heim, 20 Zentimeter Garten und Tiere und so fort. Aber auch in einem Uhrenladen sieht es nicht anders aus. In der einen Auslage die modischen Uhren als modische Accessoires, auf der anderen Seite eine Kollektion von alten, längst totgeglaubten Uhren, die, weil totgesagt, neues Nachfrageinteresse geweckt haben. Qualitätsmerkmal: sehr teuer und damit begehrenswert.
Trend und Gegentrend zeigen sich aber auch im Geschlecht der Kunden. Männer delegieren immer mehr Konsumentscheidungen an Frauen. Frauen entscheiden zu Themen, die noch vor kurzem Männern vorbehalten waren. Das betrifft nicht nur Themen wie Gesundheit, Ernährung und Ökologie, sondern auch Marktsegmente wie Bauen, Sanieren, Renovieren, aber auch Automobile, Reisen, Urlaub etc. So erhalten Fachleute andere Ansprechpartner.

Je heftiger Trend und Gegentrend ausschlagen und den Kunden die widersprüchlichsten Optionen aufzeigen, und zwar gleichzeitig, je rascher die Zyklen folgen, ein ewiges Auf und Ab an Lust und Unlust, desto unübersichtlicher sind die Angebote, die auf große und kleine Märkte drängen, desto mehr suchen Kunden nach Orientierungshilfen. Und wer diese Orientierunghilfe anzubieten versteht, kann in der Folge in einem bestimmten Marktsegment Marktführer werden. Dies ist aber nicht das Ziel, sondern im besten Fall eine angenehme Folge. Ziel ist die Behauptung der Kernkompetenz, und diese gilt es überragend und unübersehbar darzustellen. Dazu braucht man Widerspruchsgeist!

Beispiel dazu ist der Schloßproduzent KESO in meinem Geburtsort Richterswil, ein Unternehmen mit ca. 350 Mitarbeitern und einem Gesamtumsatz von rund 70 Millionen Franken. KESO hat eine „amerikanische" Vergangenheit. Es hat sich aus einer Garage im Hinterhof einer Eisenwarenhandlung zu einem namhaften internationalen Unternehmen der Sicherheitstechnik entwickelt. Die Nische, die KESO durchstoßen hat, heißt Gesamtschließkonzepte. KESO entwirft für Firmen und Institute Organigramme, die der Funktionshierarchie der Mitarbeiter gleichen und in denen Kompetenzbereiche ebenso klar zugewiesen sind. Entsprechend werden die Schlüssel gebohrt für alle Türen, Tresore und Schränke. So hat beispielsweise das Unternehmen den Sitz des französischen Verteidigungsministeriums mit 10 000 Schloßzylindern ausgerüstet. Seit Jahren ist KESO mit Erfolg auf dem amerikanischen Markt tätig; jetzt geht das Unternehmen daran, den südamerikanischen Markt zu erobern. Die Bedürfnisse nach Sicherheitstechnik sind, was einsehbar ist, riesengroß. KESO will den Markt mit eigener Kraft und mit Hilfe der großen Zahl der Franchise-Nehmer (45) erobern, nicht durch Firmenzukäufe und imperiales Gehabe, sondern durch eine tragende Idee. Berücksichtigt werden die Eigenheiten der verschiedenen Länder mit ihren verschiedenen Normen; dies verlangt nach anpassungsfähigen Partnern und einem sensibel geknüpften Netzwerk. Das ist der „Schlüssel" der Erfolgsstrategie.

Fazit

Wer überleben will, muß also nicht der Größte, nicht der Schnellste, nicht der Mächtigste sein, sondern der Lernfähigste. Lernfähige lieben zwangsläufig Widersprüche; sie sind ihnen Antriebskraft und Motivation. Lernfähige lernen zudem auf Vorrat; wenn die Konkurrenz noch am Lernen ist, haben sie – just in time – die gefragte Lösung. In diesem Zusammenhang ist auch der provozierende Imperativ des Amerikaners Tom Peters zu verstehen, der Lernfähigkeit zur Existenzfrage macht mit dem Slogan: Innoviere oder stirb!

2.5 Die Shakespeareschen Gesetze als Regelkreis

Wer das ganze Unternehmen als eine einzige Marketingabteilung versteht, der sucht zwangsläufig nach einem übergeordneten, dynamischen Prinzip, nach dem sich die Dinge bewegen. Ein verständliches Bild ist dabei der kybernetische Regelkreis.

Kybernetik spricht – in Anlehnung an den griechischen Begriff – über die Fortwirkung der Kräfte. Nach der Definiton des Begründers Norbert Wiener ist Kybernetik die Lehre von den Reglungsvorgängen in einem System (Geräte, Organismen, gesellschaftliche Strukturen), das immer wieder einem Gleichgewichtszustand zustrebt, bzw. wieder in einen solchen übergeht, wenn es ihn unter dem Einfluß von Störungen verlassen hat. Diese aus Selbstregulation bezeichnete Rückkehr („Korrektur") wird durch Rückkoppelungen („Rückschaltungen") bewirkt, die diese Störungen („Ungleichgewichte") kompensieren. Kybernetik eignet sich vortrefflich, die Shakespeareschen Gesetze in einem Modell darzustellen, selbst wenn diese Verknüpfung gewagt erscheint; einleuchtend ist sie allemal.

Am Anfang steht eine zündende Idee, die durch eine „gute Geschichte" kommuniziert wird. Und diese Geschichte beinhaltet ein Nutzenpotential, das in der Folge durch Inszenierung dem Publikum vorgeführt wird. Wird die dargebotene unternehmerische Leistung vom Publikum belohnt oder durch Mißachtung bestraft, spornt dies an, nach zusätzlichen Möglichkeiten bzw. Korrekturen zu suchen. Der Kreis schließt sich. Idee und Geschichte erhalten neue Impulse: Die Qualität nimmt zu. Durch die gewonnenen Erfahrungen können in der Regel dann auch Kosten gesenkt bzw. Abläufe optimiert werden. Das sich ansammelnde Wissen und Erfahrungsgut erlauben zudem eine überschaubare Prozeßabwicklung. *Die Spirale dreht sich. Es zeigen sich laufend neue Perspektiven für neue Ideen und neue Geschichten.*

Die vielbeschworene Kundenorientierung ist keinen Deut wert ohne eine laufende Wertüberprüfung, d.h., Idee und Geschichte sind permanent neu zu „erfinden". Gerade in einer Zeit der kurzen Produktlebenszyklen kommt diesem Regelkreis eine existentielle Bedeutung zu, *denn Produkte altern, nicht aber die Grundbedürfnisse.*

Damit eben diese Grundbedürfnisse zeitgemäß sichergestellt werden, hat sich die Natur etwas einfallen lassen. Es handelt sich dabei um einen „Deus ex machina", naturwissenschaftlich unter der Bezeichnung Mutationsgesetz bekannt, wonach „etwas geschehen wird, wenn es geschehen kann". Dieses

Gesetz ist den Unternehmen Hoffnung und Überlebenschance zugleich. Es geriet in fetten Jahren in Vergessenheit, in denen man alles tut, damit eben nicht geschieht, was geschehen kann (Modis 1994). Aber, analog der Natur, hält jedes überlebensorientierte Unternehmen „Mutationen" als Reserve für Notsituationen bereit (sie ruhen in der Regel in der Schublade). In der modernen Sprache heißen sie Innovationen, Reorganisationsmodelle, Akquisitions- und Promotionsideen aller Art, auch von ausgefallener Natur, die dann plötzlich, wenn die Zeit gekommen ist, hervorgeholt werden, um die in ihrer Bewegung müde gewordene Spirale wieder in Gang zu setzen. Antriebsimpuls ist dabei der allgegenwärtige Widerspruch.

Verschiedene Formen von Regelkreisen lassen sich auch am Wachstum bzw. an der Entwicklung der Pflanzen ablesen. Unser Biologielehrer hatte schon im Gymnasium auf den Naturwissenschaftler Justus von Liebig hingewiesen, der bereits vor 140 Jahren eine Gesetzmäßigkeit entdeckt hat, die jedem Marketingfachmann zu denken gibt. Überraschenderweise hat dieses Gesetz, man nennt es Minimum-Gesetz, während über 100 Jahren in der Mottenkiste „revolutionären" Gedankengutes geruht, bis es dann überraschend Eingang fand in die populäre EKS-Strategie (Management und Karrierestrategie aus dem Hause der Frankfurter Allgemeinen Zeitung. Informationsdienste der FAZ 1993). Demnach wird, laut Liebig, jede Pflanze in ihrer Entwicklung durch denjenigen Stoff gebremst, der sich in einer Mangelsituation befindet. Liebig stellte vier notwendige Faktoren für die Entwicklung fest. Auch wenn wir inzwischen wissen, daß es mehr als vier Faktoren sind, tut das der genialen Entdeckung des Prinzipes keinen Abbruch. Dies besagt, daß sich die Dinge wie von selbst entwickeln, wenn die erforderlichen Faktoren vorhanden sind. Wenn es aber nur an einem Faktor mangelt, hört genau an diesem Punkt das Wachstum auf, und das ist besonders ärgerlich, wenn andere Faktoren überreichlich vorhanden sind. Es ist also notwendig herauszufinden, wo es im Kreislauf woran mangelt; an eben diesem Punkt ist der fehlende Stoff zuzuführen, andernfalls entwickelt sich die Pflanze nicht weiter. Mehr noch: Sie geht ein.

Gelingt es dagegen, den Mangel festzustellen und ihn dann gezielt zu überwinden, entwickelt sich die Pflanze wie von selbst. Und wie bei vielen wundersamen Dingen der Natur lösen sich dann auch verschiedene Probleme, die zur Entwicklung notwendig sind: Die Pflanze beschafft sich beispielsweise Wachstumsenergien aus dem Licht, zusätzliche Nährstoffe aus dem Boden, setzt diese nutzbringend und im richtigen Maße in Entwicklung und Wachstum von Wurzeln, Zweigen, Blättern und Früchten um. Geschieht dem Kreislauf wieder irgendwo ein Kollaps, gilt es einmal mehr herauszufinden, welcher Mangel die Entwicklung bremst. Und wieder gilt es, den knappsten unter den erforderlichen Faktoren herauszufinden, dort anzusetzen und so den Prozeß wieder in Gang zu bringen.

Was Liebig damals den Landwirten auf revolutionäre Art beigebracht hat (und was inzwischen auch für jeden Hobbygärtner einsehbar und selbstverständlich ist), ist für Marketing- und Kommunikationsfachleute noch lange nicht selbstverständlich. Unsere Marketingpläne sind die Fortschreibung des Bewährten – ohne zu überprüfen, ob mit dem Bewährten nicht regelmäßig „überdüngt" wird.

Der Philosoph E. Bloch sagt es etwas philosophischer: „Die Gewohnheiten kolonisieren die Zukunft."

Zur Zeit ist totale Kundenorientierung Trumpf. Im Shakespeareschen Denkmodell heißt dies „daily business" bzw. Abschluß. In diesem Bereich haben viele Unternehmen den aktuellen Mangelfaktor erkannt und machen dafür einen Großteil der Entwicklungsstörungen verantwortlich. Richtig kann sein, daß konsequentere Kundenorientierung und die damit verbundenen Imperative nach additiven Leistungen zugunsten des Kunden den dynamischen Kreislauf in Bewegung setzen. Falsch ist, anzunehmen, daß die Kundenorientierung das Problem grundsätzlich löst, denn der nächste Mangelfaktor kann bereits in der Idee oder Geschichte liegen. Hier wird oft der nächste Abschlußschwung gebremst, weil man nicht bereit ist, die aus der Kundenorientierung gewonnenen Erfahrungen konsequent in Idee und Geschichte einzubringen, sie neu zu erfinden. Aber auch die weiterentwickelten Ideen und Geschichten verlangen nach weiterentwickelten Inszenierungen; hier kann der nächste Mangel auftreten, der, wenn wieder behoben, weiterführt zu einem erfolgreichen Abschluß. So dreht sich die Spirale immerwährend.

In diesem Zusammenhang sind mangels Einsicht in die Zusammenhänge schwerwiegende Fehlleistungen festzustellen. So schießt die völlige Konzentration auf den Abschluß mit drastischen Personalentlassungen und Preissenkungen nicht selten über das Ziel hinaus. Spätestens dann, wenn die Unternehmensleitung feststellt, daß im Abschluß nichts mehr herauszuholen ist, kommt sie auf die Idee zu fragen, ob allenfalls der Mangel in der Geschichte (Alleinstellung) oder in der Inszenierung (Anziehung) zu suchen ist. Hat man diese Frage dann erst entdeckt, stellt man zuweilen fest, daß man eine falsche Personal- und Preispolitik betrieben und so mangels Voraussicht den eigenen Ast abgesägt hat oder – um in unserer Sprache zu sprechen – sich vom Regelkreis abgekoppelt hat. Damit ist auch die Motivation weg, und man fragt sich auf den Chefetagen, wie es nun weitergehen soll.

Wie anders ist zu erklären, daß viele Spitzenfirmen an eben diesen Fragen scheitern – begleitet von bekannten Beratungsfirmen? Wenn man sich beispielsweise die 100 größten Firmen der Fortune-500-Liste der letzten 30 Jahre vor Augen führt, also einer Zeitspanne, die man als eine Generation bezeichnen könnte, wäre man versucht von einer 1:5-Regel zu sprechen, nämlich: 3/5 haben nicht überlebt, von den verbleibenden 2/5 konnte sich nur gerade 1/5 in der Spitzenposition halten, der Rest auf untergeordneten Positionen.

Auch Anlageberater entdecken mit größter Zurückhaltung die immaterielle Dimension des Regelkreises als Voraussetzung für sichere materielle Anlagen. Geprüft wird die Alleinstellung, im Fachjargon das Vorhandensein „hoher Eintrittsbarrieren", dazu kommt die Bewertung des Bekanntheitsgrades und der Abschlußkraft. Kriterien dazu sind Rationalisierungsgrad, Kundenstamm und Mitarbeitermotivation. Geprüft wird auch die Innovationsfähigkeit. Wachstum um jeden Preis ist in diesem Zusammenhang betrachtet „out".

Fazit

Marketing als Marktinszenierung ist Teil eines prozeßorientierten Kreislaufes. Der Mangel kann, wie erwähnt, im Abschluß, im „daily business", zu suchen sein. Er kann aber ebensogut in der Alleinstellung (Geschichte) oder Anziehung (Inszenierung) stecken. Im Mittelpunkt steht erst einmal die Frage, wo es anzusetzen gilt – immer mit Blick auf das Ganze. Das Modell dazu ist der Regelkreis – ein lernfähiges System.

Um Konfusionen vorzubeugen, ist der kybernetische Regelkreis von Begriffen wie Organigramm, Wettbewerbsstrategie, Kostensenkungsprogramm abzugrenzen. Diese sind mehr linear gedacht und ausgerichtet. Wenn der erfolgreiche amerikanische Unternehmensberater Philip R. Thomas die totale Cycletime anbietet, dann meint er „the shortest route to quality by eliminating non-value added steps and reducing the number of actions in each process". Ein erfolgreiches Rezept, um auf der Bühne des Marktes in Szenen und Szenenfolgen zu überleben; ob es auch genügt, mit dem Stück als Ganzem zu bestehen, hängt von der Qualität der Marktinszenierung ab. Auf diese Frage gibt auch Thomas keine Antwort.

3.
Die Shakespeareschen Gesetze in der Praxis: Zehn aktuelle und eine historische Geschichte

Die nachstehenden Beispiele sind ausgewählt in der Absicht, die dargebotenen Inszenierungen an den Shakespeareschen Gesetzen zu messen. Unwichtig ist dabei, ob es sich um Geschichten großer oder kleiner Unternehmen und Institutionen handelt. Jedes Beispiel wird am Schluß einer kritischen Würdigung unterzogen. Gefragt wird nach der Kompetenz und inwiefern sie gekonnt in Szene gesetzt wurde. *Für die Beurteilung hilfreich ist das Kürzel dreimal A; nämlich für Alleinstellung (erstes Gesetz), Anziehung (zweites Gesetz) und Abschluß (drittes Gesetz). Die beste Qualifikation ist demnach ein „Triple A", in lockerer Anspielung an die Bewertung bei Großbanken.* Einsatz und Qualität der Mittel werden dabei nicht bewertet. Das überlassen wir den in diesem Handwerk erfahrenen Agenturen.

„Triple A" steht für hervorragend in Alleinstellung, Anziehung und Abschluß.

Die Anspielung auf das Signet renommierter Automobilclubs ist rein zufällig und nicht gewollt. Das schließt aber keineswegs aus, daß sich nicht auch Automobilclubs über die Shakespeareschen Gesetze Gedanken machen dürfen.

Etwas ungewöhnlich präsentiert sich das letzte Beispiel, ein Auszug aus dem Drama Julius Cäsar mit den Reden von Brutus und Antonius.

3.1 Die erste Geschichte: Ein Flugblatt macht Geschichte

Es gibt in der Schweiz kaum eine lehrreichere Geschichte für Shakespearesches Marketing als die Gründergeschichte der Migros. Der Name steht, was dem Schweizer Leser nicht weiter erläutert werden muß, für den größten Detailhändler in der Schweizer Alpenrepublik, ein stark diversifiziertes Unternehmen mit weit über einer Million Genossenschaftern und noch mehr Kunden. Von sich reden macht die Migros auch mit der Expansion ins Nachbarland Österreich. Dabei hat sich der Migros-Genossenschafts-Bund (MGB) mit 25% an der KGN-Familia (insgesamt 167 Standorte) beteiligt. Unser Interesse konzentriert sich auf den 25. August 1925. An diesem Tag liegt eine Fieberstimmung in der Luft, und alles wegen eines Flugblatts, das die Hausfrauen Zürichs und der umliegenden Gemeinden einige Tage vorher in den Briefkästen gefunden haben.

Was wurde da angekündigt, was das brennende Interesse der Frauen im August 1925 geweckt hat? Schon die Einführung läßt vermuten, daß es um eine höchst aktuelle Frage geht. Da stand: „An die Hausfrau, die rechnen muß! – An die intelligente Frau, die rechnen kann!“ Den ausführlichen Originaltext des Flugblattes können Sie in der nachstehenden Abbildung lesen.

Die zündende Idee ist einleuchtend, logisch und leicht verständlich. Die Grundsätze des Großhandels (und der daraus erwirtschaftete Nutzen) werden über den Kleinverkauf der Hausfrau zugeführt. In sechs Worten heißt das: großer Umsatz, gute Preise, frischeste Ware. Bei der damals herrschenden Teuerung und den großen regionalen Preisunterschieden eine sensationelle Ankündigung. Sensationell dann auch die Preise für die angeführten Lebensmittel: durchwegs 10% bis 30% unter jenen, die in „Spezerei- und Kolonialwarenläden“ verlangt wurden. Aber das war noch nicht alles. Die provokativen Neuigkeiten standen nicht nur auf Flugblättern und Verpackungen. Sie wurden auch auf neuartige Art und Weise inszeniert. Der 25. August 1925 war nämlich ein Tag, an dem merkwürdige Wagen in den Straßen erschienen. Im Geschichtsbuch „Das Abenteuer Migros“ von Alfred A. Häsler lesen wir: „Und sie kommen mit knatternden Motoren. Sie halten pünktlich an den im Fahrplan angegebenen Stellen. Sie hupen. Frauen warten schon mit ihren Drahtkörben. Sie diskutieren, kaufen. Ein paar Männer schimpfen vernehmlich über diese Konkurrenz. Diesem Migros werde man es schon zeigen! So könne das doch nicht gemacht werden! Was soll denn mit uns geschehen? Wir müssen doch auch leben!“

Die Hupen der Ford-Verkaufswagen schmetterten wie die Trompeten von Jericho. Niemand ahnte, daß sie die unsichtbaren Mauern, genannt Kartellabsprachen, Preispolitik, Marktfeindlichkeit, Interessenverfilzung, zum Einsturz bringen werden – und dies mit Marktauftritten von Shakespearescher Qualität. Entsprechend präsentierte sich das erste Flugblatt, das wir – auch wegen seiner historischen Bedeutung – einer näheren Prüfung unterziehen, obwohl die Geschichte als solche schon dutzendmal nacherzählt worden ist. Wer kann sich schon einem solchen Angebot entziehen? „Wir bezahlen keine Etiketten, respektive keinen Namen- und Verpackungsaufwand, sondern vollwertige Waren zum Weltmarkt- respektive Fabrikpreis!“ Das ist eine zündende Idee und im Ansatz eine überzeugende Geschichte. Mit diesem Angebot verschaffte sich die junge Migros eine unangefochtene Alleinstellung. Aber auch die Inszenierung kann vortrefflicher nicht sein: „Ab eintreffendem Bahnwagen verführen unsere Verkaufsautos mit Zwei-Mann-Bedienung die en gros eingekauften Waren an die Haushaltungen.“ Eine gelungene Dramatisierung der Geschichte auf rollenden Rädern. Für Anziehung war gesorgt. Die angesprochenen Hausfrauen strömten herbei. Selbst die Erfolgskontrolle ist Teil des Konzeptes. Der „Hut“ wird herumgereicht: „Zeit ist Geld, für die Hausfrau wie für uns: Keine 1/2 Pfund oder Pfund-Packungen; 1 oder 2 Kilogramm sind in derselben Zeit verkauft und bezahlt.“ Der Abschluß ist kundenfreundlich, der Nutzen rasch und leicht überprüfbar, und dort, wo die Hausfrauen ihn erwarten – nämlich auf der Straße vor ihrem Haus. Zu erwähnen ist, daß Geschichte und Inszenierung durch behördliche Schikanen, wie zeitweilige Verbote der fahrenden Läden zusätzlich dramatisiert wurden, was dem jungen Unternehmen – nach einer kurzen Durststrecke – zusätzlich Publikumszulauf und damit Aufschwung brachte.

„Aktuelles“ Zitat aus den 50er Jahren:
„In der modernen Welt wird der Erfolg jenen gehören, die es verstehen, um ihr Unternehmen eine Ideenwelt aufzubauen. Eine Ideenwelt, die die Energie ihrer Mitarbeiter anfeuert. Eine Ideenwelt aber auch, die – in Taten umgesetzt – Achtung und Sympathie ihrer Abnehmer gewinnt“ **(Gottlieb Duttweiler, Gründer der Migros).**

Fazit

Die Aktion vom 25. August 1925 verdient ein „Triple A“, weil vorzüglich in Alleinstellung, Anziehung und Abschluß.

An die Hausfrau, die rechnen muß! – An die intelligente Frau, die rechnen kann:

Das Problem der teuren Lebensmittel

Jedermann kennt es – die Zeitungen schreiben immer wieder – Regierungskommissionen rapportieren darüber: – Greifbare Resultate? – Keine! Wir versuchen nun **ein neues System** – nachdem wir jahrelang den Großhandel belieferten – wollen wir nun unter der neuen **Firma Migros A.G.** die Haushaltungen direkt bedienen, die

Grundsätze des Großhandels im Kleinverkauf anwendend:

1. Wir bezahlen keine Etiquetten, resp. Namen und Verpackungsaufwand. Für unser Geld kaufen wir, nach sorgfältiger Prüfung, vollwertige Ware zum Weltmarkt-, resp. Fabrikpreis. **Statt Reklamekultus, sachliche Prüfung.**
2. Ab eintreffendem Bahnwagen verführen unsere **Verkaufsautos** mit Zwei-Mann-Bedienung, die en gros eingekauften Waren an die Haushaltungen:

   Schiff, resp. Fabrik-Bahn-Verkaufswagen-Küche.

   Keine oder minime: Ladenmiete und Spesen,
   Lagerspesen,
   Reklame (nach Bekanntwerden unseres Systems),
   Zinsen (da Bareinkauf und Verkauf),
   Verwaltungsapparat (da kein Rückvergütungssystem),
   Kreditverluste (da Barverkauf),
   Verlust durch Verderbnis (da rascher Umsatz),
   Aufwand an Verpackung.

   Für Ihr **gutes Geld – vollen Gegenwert,** in guter, frischester Ware.
3. **Zeit ist Geld,** für die Hausfrau, wie für uns: Keine $1/2$-Pfund- und Pfund-Packungen; 1 oder 2 Kilogramm sind in derselben Zeit verkauft und bezahlt, also **nur $1/4$ der Verkaufsspesen;** übrigens ein kleiner Vorrat steht dem Hause wohl an.
4. **Großer Umsatz, kleiner Gewinn, frischeste Ware,** direkt vom Produktionsort kommend, nicht mit „Spezereigeschmack" behaftet und „abgelagert".

   Hygienische Packungen, statt offener Ware.
5. Nur Waren über Mittel- und beste Qualität gelangen zum Verkauf; täglich werden unsere Verkaufswagen frisch gefüllt, **immer frische Ware.**

   Ihre zwei besten Bürgen für die Wahrheit des Gesagten sind:

   Die Behörden der Stadt, die anfangs ablehnten und nach Anhörung unseres Planes, Besichtigung unserer Lager, Waren und Einrichtungen den öffentlichen Grund der Stadt zur Verfügung stellten; **Die scharf wachende Konkurrenz,** die peinlich prüfen wird, was wir hier sagen und was wir hierauf verkaufen.

Wir schließen mit einem **Appell an das selbständige Urteil der Hausfrau:**

Entweder siegen die alten lieben Einkaufsgewohnheiten der Frau, die Reklame und die Schlagwörter – oder der erhoffte Zuspruch stellt sich ein. Diesfalls können wir die Preise möglicherweise noch ermäßigen, andernfalls müssen wir diesen ernsthaften Versuch, den Konsumenten zu dienen, aufgeben.

Hochachtungsvoll

DER VERWALTUNGSRAT DER MIGROS A.G.

Flugblatt zur Migros zur Aktion vom 25. August 1925

3.2 Die zweite Geschichte: Leere Kassen schaffen neue Gedanken

Dem Shakespeareschen Marketing und dessen drei Gesetzen entgegen handelt seit Jahren eine traditionsträchtige schweizerische Institution: die Schweizerische Verkehrszentrale (jetzt: Tourismus, Schweiz). Dies, obwohl der Tourismus von Natur aus über ideale Ansätze für Geschichte und Inszenierung verfügt. Wir weisen auf das Beispiel der Walliser Gemeinde Mund (siehe erstes Shakespearesches Gesetz). Die Krise der SVZ schwelt seit Jahren; ausgelöst wurde sie durch das Abhandenkommen zündender Ideen, die man zu tragenden Geschichten hätte entwickeln können. Auch kann es auf die Dauer nicht gut gehen, wenn eine öffentlich-rechtliche Körperschaft des Bundes mit der Vermittlung eines breiten Schweiz-Bildes betreut wird. An solchen Aufgaben müssen halbstaatliche Institutionen zwangsläufig scheitern, denn das Bild, das sie verbreiten, ist politisch abgesichert und wird somit den Marktbedürfnissen schwerlich gerecht.

Dabei steht die Schweiz auf der Sympathieskala der „friendly countries" gar nicht so schlecht da. Eine aktuelle, bei rund 3500 Führungskräften in sieben Industrieländern durchgeführte Untersuchung ergab, daß das Markenimage „Made in Switzerland" recht positive Aufnahme findet: Überdurchschnittliche Umweltfreundlichkeit, Spitzenqualität, Seriosität und Vertrauenswürdigkeit wurden mit diesem Begriff in Verbindung gebracht. Auch wenn Assoziationen wie technologisch hochwertig, innovativ, aggressiv, originell und besonders preiswert fehlen, sollte man doch mit dem Sympathiekapital, das erstaunlicherweise intakt ist, gewinnbringend arbeiten können. Dies um so mehr, als der Tourismus für die schweizerische Volkswirtschaft wichtiger ist als häufig angenommen. Das BIGA (Bundesamt für Industrie, Gewerbe und Arbeit) hat kürzlich nachgewiesen, daß sich der jährliche touristische Konsum auf über 40 Milliarden Franken beläuft. Die Ausgaben der Touristen schaffen direkt und indirekt ca. 300000 Arbeitsplätze. Der stark diversifizierte Tourismus ist – mit Blick auf die Freizeitindustrie – relativ krisenresistent. Gerade in Gegenden, wo dieser fünftwichtigste Wirtschaftszweig und drittgrößte Exportbereich vorherrscht, hält sich die Arbeitslosigkeit vergleichsweise in Grenzen.

Dies hat einige praktische Konsequenzen. Was not tut, sind nicht neue Konzepte und Visionen, sondern konkrete Produkte, die sich verkaufen lassen. Darüber gilt es jetzt nachzudenken, und zwar rasch, will man in dieser Branche nicht noch mehr Geld verlieren. Dabei sollten es gute Ideen sein, die in „gute Geschichten" verpackt werden, denn die Multiplikatoren und Partner im Tourismus, die Veranstalter, Reisebüros bis hin zu den Gästen, sind mit herkömmlichen Kommunikationsmitteln übersättigt. Geschichten und gekonnte Inszenierung bieten die nötige Abwechslung, schaffen neue Spannungsfelder, mehr Erlebnis und fördern so Identifikation und Emotion.

Daran fehlt es überall. 80% der Geschichten und Inszenierungen, die im touristischen Marketing stattfinden, sind kaum erwähnenswert. Es überwiegen die traditionellen, sich immer wiederholenden Routineveranstaltungen und Routineangebote, die keine Shakespearesche Qualität haben.

Wen wundert's, daß es auch in der Angebotsgestaltung hapert und in der Folge am Abschluß. Wem soll das Publikum applaudieren, und warum soll es ein Geldstück in den Hut werfen, wenn nicht für das Produkt Schweiz. Diesem aber fehlt es an Alleinstellung, an Anziehung, und in der Folge auch am Abschluß.

Man muß sich fragen, warum eine renommierte Institution erst in die Krise geraten muß, bevor sie sich, bei diesen eminenten wirtschaftlichen Interessen, über die notwendige Neuorientierung Gedanken macht.

Das Beispiel zeigt, daß es einer finanziellen Krise bedarf, damit Neuorientierung und Revitalisierung – in Richtung einer kundenorientierten Institution – möglich werden.

Die Österreicher haben dieses Problem unbürokratisch und entsprechend erfolgreicher angepackt. Ihre Landeszentrale für Tourismusförderung heißt schlicht und einfach „Österreich Werbung", der dazugehörige Slogan: „Servus Österreich". Einfacher und klarer geht es nicht. „Österreich Werbung" fördert und koordiniert Projekte, die als Produkt einmalig und faßbar sind und gemäß dem Slogan touristischen Nutzen, d.h. Freundlichkeit und Gastlichkeit, zum Inhalt haben. Freundlichkeit und Gastlichkeit sind Marktbedürfnisse. Sie sind in einer zunehmend unfreundlichen und ungastlichen Welt auch jederzeit und überall gut zu verkaufen.

Fazit

Die schweizerische Tourismuswerbung verdient im jetzigen Zustand kein „Triple A". Es fehlt an überzeugender Alleinstellung, an attraktiver Inszenierung, und Kundenorientierung und Abschluß lassen zu wünschen übrig.

PS: Der Weg von der Schweizer Verkehrszentrale zur neuen Anschrift „Tourismus Schweiz" ist steinig. Das von der Spitze ausgewählte Werbekonzept sieht vor, mit poetischen Bildern und Texten und dem warmherzigen Slogan

„Endlich Ferien. Ihre Schweiz“ für eine ursprüngliche Schweiz zu werben. Der Slogan fand, im Herbst 1994 präsentiert, in Tourismuskreisen auf Anhieb Anklang. Dagegen scharf kritisiert wurde das neue Logo „Tourismus Schweiz“, wie auch das neugeschaffene Erscheinungsbild. Der Ausweg ist wohl der Test bei den Kunden.

Dabei können die Schweizer Tourismusmanager vom Ideenreichtum „abkupfern“, der dem „Auslandschweizer“ Nicolas Hayek eigen ist. Der Mann, der die am Boden liegende Schweizer Uhrenindustrie mit einer Plastikuhr rettete, hat bereits eine neue „Geschichte“ – das als Seifenkiste verspottete Swatchmobil. Er sieht trotz großer Konkurrenz in der Sparte Kleinauto einmalige Möglichkeiten, sein Produkt auf unkonventionelle Art zu vermarkten. Sein Ansatz sind Erlebniszentren: Da werden seine Käufer hingehen hübsche Mädchen sehen, plaudern und die verschiedenen Modelle studieren. Bestellen könne dann jeder per Computer.

PS: Die Schweiz verfügt über ein reiches Potential an hübschen Mädchen, jedoch an den Erlebniszentren fehlt es.

3.3 Die dritte Geschichte: Man muß nicht immer den ganzen Markt erobern wollen – es genügt, wenn es die Herzen sind

Es war ein mutiger Schritt der Geschäftsleitung der Bank Leu, als sie 1990 beschloß, das finanziell angeschlagene Schauspielhaus mit einem Beitrag zu unterstützen und aus dem mit Geldsorgen kämpfenden Unternehmen ein gesundes, nach modernen Managementmethoden geführtes Haus zu machen.

Diese Geschichte klingt nach Mäzenatentum, ist es aber nicht. Die Bank verfolgt dabei – im Sinne des „Shakespeareschen Marketing" – eine leicht nachvollziehbare Strategie, die wir in den folgenden fünf Punkten zusammenfassen:

- Mit der Partnerschaft zum Schauspielhaus profiliert sich die Bank Leu als die „Zürcher Kulturbank". Die Zürcher lieben „ihr" Schauspielhaus, das zeigen Befragungen. Mehr als zwei Drittel der Bevölkerung würde es bedauern, wenn es die bekannteste Sprechbühne nicht mehr gäbe. Guter Ansatzpunkt für eine professionelle Profilierung.
- Mit dieser Partnerschaft zum Schauspielhaus übernimmt die Bank Leu kulturelle und gesellschaftliche Verantwortung. Dem Direktionsteam gelang es, die seit Jahren negative Bilanz in der Spielzeit 1992/93 mit einem Gewinn von einer Viertel Million Franken abzuschließen! Angesichts der drohenden Theaterschließung hat dieses Beispiel der Bank Leu nicht nur soziale, sondern auch finanzielle Kompetenz bescheinigt. Ein Volltreffer!
- Die Besucher des Schauspielhauses sind auch Kunden der Bank Leu. Zu erwähnen ist noch, daß das Schauspielhaus laut einer Befragung von über 3000 Kundinnen und Kunden des Hauses von einem Drittel Stadtzürchern besucht wird. Die Beziehungen zur Stadt sind also hautnah. Das Alter der Besucher liegt zur Hälfte zwischen 40 und 49 Jahren.
- Mit ihrer Partnerschaft zum Schauspielhaus fördert die Bank Leu die Identität der Mitarbeiter. Die Aufführungen „Besuch hinter den Kulissen" werden von den Mitarbeitern der Bank Leu gerne besucht. Dies belegen die jährlich zu Hunderten bestellten Eintrittskarten.
- Das Schauspielhaus bietet eine einmalige Plattform für Inszenierungen aller Art im Umfeld der Kundenbeziehungen. Der finanzielle Aufwand, um diese Plattform zu erschaffen, wäre auch für eine Bank nicht zu bezahlen. Die Synergie bringt außergewöhnlichen Kommunikationsnutzen. Der investierte Werbefranken wird so multipliziert.

Fazit

Das angeführte Beispiel läßt einen einfachen Schluß zu: Richtig verstandene Inszenierungen sind der Schlüssel zum Erfolg.

Das dargelegte Engagement erhält das Prädikat vorzüglich für Alleinstellung, Anziehung und Abschluß. Das Engagement verdient ein „Triple A“.

3.4 Die vierte Geschichte: So ein Käse – eine Tragödie

Die nachfolgende Geschichte ist ein gutes Beispiel, wie man erfolgreich am Ziel vorbeischießen kann. Dabei ist es eine Erfolgsstory ohne Beispiel. Wer kennt nicht den Loch-Dreß der Schweizer Skinationalmannschaft, ein gelber Emmentaler-Käse, der weltweit für Publizität und allerhand Diskussionsstoff gesorgt hat. Eigentlich müßte man mit diesem Erfolg rundum zufrieden sein.

Dazu ein paar Zahlen. Hätte die Auftraggeberin, die Schweizerische Käseunion, die für die Vermarktung der Schweizer Marken Emmentaler, Greyerzer und Sbrinz verantwortlich zeichnet, den weltweiten Medienauftritt statt durch die Schweizer Skinationalmanschaft (über ein Skisponsoring) mit Inseraten kommunizieren wollen, so hätte dieser Auftritt nach eigenen Angaben weit über 30 Millionen Franken gekostet. Dem stehen 1,8 Millionen Sponsoring-Franken gegenüber, ein toller Erfolg. Er wird von der internationalen Zeitschrift „Time" bestätigt, welche den Schweizer Skianzug (Speed-Suit) anläßlich der Olympischen Spiele in Lillehammer gar zur originellsten Bekleidung aller Nationen ausgerufen hat. Das Ergebnis ist auch frappierend. Wenn man entsprechende Publikumsbefragungen auswertet, so wußten 67 von 100 Personen in der Schweiz, daß die Käseunion und damit der Emmentaler Käse als Starprodukt hinter den Schweizer Skifahrern steht. Daß dieser Ski-Dreß im Käselook in Modeboutiquen angeboten wird und so in der ganzen Welt noch Gratiswerbung für Emmentaler-Käse macht, ist eine Folgeerscheinung. Der Erfolg steigert sich gar bis ins Absurde. Unter anderem hat sich Descente in Japan der Vermarktung dieser käsigen Angelegenheit angenommen; daß Japaner kaum Käse essen, ist dabei Nebensache.

Warum will man also in Anbetracht dieser erfolgreichen Geschichte, ganz abgesehen von der ungewöhnlichen Inszenierung (bei der der Käse nicht zum Bahnhof rollt, sondern Ski fährt), nicht recht froh werden?

Liegt es an der Schweizer Skinationalmannschaft, die, mit Ausnahme der mittlerweile zurückgetretenen Vreni Schneider und Franz Heinzer, die Fans in der letzten Zeit nicht gerade mit Erfolg verwöhnt hat? Sind es etwa mittelmäßige sportliche Ergebnisse und damit verbundene Stürze (Löcher im Schnee), die den Auftritt auch ins Lächerliche ziehen könnten? Der Schritt vom Erhabenen zum Lächerlichen ist ja bekanntlich schmal. Beim Skifahren kann es sich u.U. nur um einen Kantenfehler handeln.

Das ist nicht das Problem. Es sitzt an einem anderen Ort. Was als gut inszenierte Komödie begonnen hat, kann leicht als Tragödie enden. Die mit Millionenbudgets ausstaffierten Promotoren hatten bis heute wenig Anlaß, die Shakespearesche Grundsatzfrage zu stellen: „Why do we do what we do?" Dementsprechend hapert es an der Alleinstellung und am Abschluß. Dazu ein paar Erläuterungen:

Die Vermarktung des Schweizer Käses ist nämlich kein vorrangiges Werbe-, sondern ein Marketingproblem.

In der Schweiz werden ca. drei Millionen Tonnen Milch im Jahr produziert, und davon wird rund die Hälfte zu Käse verarbeitet. Wenn man von Käse spricht, spricht man in der Schweiz immer vom Emmentaler. So wird denn auch folgerichtig die Hälfte der Produktion zu Emmentaler, obwohl das Publikum schon seit Jahren diesen Käse gar nicht konsumieren will, wenigstens nicht in dieser Menge. Das zeigen die Absatzzahlen deutlich, der Inlandkonsum stagniert. Aber auch der Export wird immer schwieriger in Anbetracht einer übermächtigen Konkurrenz. Man stelle sich vor, die Schweiz wirbt auf der ganzen Welt für Emmentaler, der mit seinem Namen nicht einmal geschützt ist. So werden in der ganzen Welt, überall wo es Kühe und Milch gibt, unsere löcherigen Käse unter dem Produktnamen Emmentaler produziert. Die Schweiz hat gerade noch einen Anteil von 1,5 % an der Weltproduktion. Nun sieht die Erfolgsgeschichte schon anders aus. Was bedeutet das, wenn die Schweizer Nationalmannschaft in einem Dreß für einen Käse wirbt, der zu 98,5 % gar nicht in der Schweiz hergestellt wird? Man schreibt also Geschichte für ausländische Produzenten. Auch die Absicht der Käseunion, mit dieser Aktion die Schweizer Produktion zu fördern, ist weder logisch noch zwingend. Das Schweizer Produkt bietet ja keinen nennenswerten Vorteil – weder in der Qualität noch im Preis. Dazu kommt, daß auch die Öffentlichkeit hellhöriger wird und weniger bereit ist, ein solches Marketing mitzutragen. Die „ganze Geschichte" (inklusive Bürokratie und Bundessubventionen) kostet den Steuerzahler notabene jährlich rund 400 bis 500 Millionen Franken. Auf den Punkt gebracht hat es ein Großverteiler, dem wegen solcher Politik der Kragen geplatzt ist. Seinem Ärger machte er mit einem ganzseitigen Inserat Luft; die recht pointierte Argumentation hatte Shakespearesche Qualität und gipfelte in den Ausrufen: „Da fragen sich Bürgerinnen und Bürger: Wie krank muß eigentlich ein Hirn sein, das so etwas ausspinnt? Die Frage ist falsch gestellt. Die Hirne sind nicht krank; sie sind nur geldgierig. Es sind Politiker, die sich Politik von jenen bezahlen lassen, die ihnen auch die Wahlkämpfe finanzieren."

Genußkäse ist gefragt.

Dabei liegt die Lösung des Problems nicht in einem Massenartikel, wie der bisherige Emmentaler Käse, sondern in einem Spezialkäse. Gesunde, vollwertige, natürliche und unbehandelte Lebensmittel liegen längst im Trend, sofern Qualität und Herkunftsbezeichnung stimmen und der Konsument vertrauen kann, daß sie aus dem Land kommen, wo das Wasser noch glasklar und die Kühe noch kerngesund sind. Dies kann der Emmentaler als Massenkäse nicht bieten. Wie man so ein Marketing aufzieht, dafür gibt es in der Schweiz bereits handfeste und erfolgreiche Beispiele, was die Berner Verwaltung nicht im geringsten beeindruckt. Zum Beispiel der Appenzeller Käse, welcher mit Gewinn und ohne staatliche Beihilfe unter die Leute und auf den Tisch kommt. Von den rund 10 000 Tonnen Appenzeller, produziert in fünf Angeboten, klassisch, surchoix, extra, 1/4-fett und räß wird ein Großteil exportiert. Die Nachfrage ist erfreulich, weil die Produzenten über eine strenge Herkunfts- und Qualitätskontrolle verfügen, und es versteht sich von selbst, daß die Marke Appenzeller geschützt ist. Es gibt keinen Appenzeller „made in France".

Die Appenzeller wären nicht Appenzeller, wenn sie ihre Geschichte nicht weiterentwickelt hätten. So wurde unlängst das Kurhotel „Weißbad" wieder mit neuem Glanz eröffnet. Es ist aufgezogen als Gesundheits- und Ferienhotel, wo man auch Tennis und Golf spielen kann. Die zündende Idee ist aber die Wiederbelebung der Molkenkuren, die schon früher über die Landesgrenze hinaus bekannt waren. Das ist es, was die Geschichte zur Geschichte macht: das Appenzellerland mit seiner historischen Tradition, der einmalige Käse und die Molke.

Fazit

Die Appenzeller verdienen uneingeschränkt ein „Triple A", weil vorzüglich in Alleinstellung, Anziehung und Abschluß. Der „500 Millionen schweren" Käseunion dagegen muß diese Qualifikation in allen Punkten abgesprochen werden.

PS: Die Mühlen mahlen langsam. In den Gängen des Bundesamtes für Landwirtschaft wird gemunkelt, daß 1997 eine neue Marktordnung eingeführt wird. Bis dahin wird man sich auch für die Vermarktung des Emmentalers etwas Neues einfallen lassen müssen.

3.5 Die fünfte Geschichte: Moin, Europa (Guten Morgen, Europa)

- Wenn ein regionales Bankinstitut zu seinem 125jährigen Bestehen rund 700000 DM ausgibt, um dieses Jubiläum angemessen zu feiern,
- wenn besagte Bank das Jubiläum aber nicht nur als Anlaß zur Selbstdarstellung benutzt, sondern die Kunden und darüber hinaus die Öffentlichkeit der betreffenden Region einbindet und mitfeiern läßt,
- wenn damit das oft diskutierte, aber etwas nebulöse Europa der Regionen faßbar gemacht wird,

dann sind Eigennutzen und Fremdnutzen im besten Sinne unter einen Hut gebracht. Weil mit diesem Thema eine Regionalbank auf originelle Art und Weise ihre Kompetenz inszeniert hat, ist dieser Fall Gegenstand unserer kritischen Würdigung.

Die Idee ist bestechend einfach: Jede der 29 Filialen im Weser-Ems-Gebiet und die Zentrale des Bankhauses präsentieren eine andere europäische Region. Die Bevölkerung hatte die Wahl, wen sie wo mit dem norddeutschen „Moin" begrüßen und kennenlernen wollte – von „Moin" Andalusien bis „Moin" Zypern. Ein Stück Norddeutschland hatte sich verwandelt in ein Europa der Regionen. Annähernd 70000 Gäste erlebten zeitgleich in 29 Filialen und in der Zentrale der Oldenburgischen Landesbank unterschiedliche Veranstaltungen an diesem Europa-Tag. Das Ensemble umfaßte 300 europäische Künstler und 2000 Mitarbeiter.

Die Bank, von der wir reden, ist die Oldenburgische Landesbank. Eine führende Regionalbank im Nordwesten Niedersachsens und ein Kreditinstitut mit komplexem Dienstleistungsprogramm (Allfinanz Service), deren 2000 Mitarbeiter rund 400000 Privatkunden und rund 30000 Unternehmen bzw. Betriebe, die vorwiegend zur mittelständischen Kategorie gehören, betreuen. Die Bank hat in ihrer Region („Weser-Ems") einen hohen Bekanntheitsgrad.

Ihr Status, sowohl bei den Bankkunden als auch in der Öffentlichkeit ist der einer „Traditionsbank des Nordwestens". Man kann also von einem eher konservativen Image sprechen mit den wesentlichen Merkmalen: Kundenbindung, Kompetenz und Seriosität. Die Zugehörigkeit der OLB zur Dresdner Bank wird zum überwiegenden Teil von der regionalen Öffentlichkeit nicht wahrgenommen; diese sieht die Bank als autonomes, führendes Bankinstitut ihrer Heimatregion, des Weser-Ems-Gebietes.

Die Bank hat ein Bedürfnis und will diesem Bedürfnis im Zusammenhang mit dem Jubiläum Rechnung tragen. Wie andere Regionalbanken auch ist sie bemüht

- um eine Verbesserung und Erneuerung der Kunden-Bank-Beziehung bzw. -Bindung,
- um Festigung des Images als kundennah und traditionell der Region verbunden,
- um Abbau von Schwellenängsten,
- um Öffnung für potentielle neue Kunden.

Was lag näher als die Entwicklung einer zentralen Veranstaltungsidee im Sinne eines gemeinsamen Daches mit verbindenden Elementen für die geplanten Synchronanlässe. Synchron bezieht sich in diesem Falle auf 30 Orte, in denen zur selben Zeit Veranstaltungen geplant waren, wobei keine wie die andere sein sollte, aber alle durch einen gemeinsamen Nenner zu verbinden waren. „Moin Europa“ war diese Idee. Die daraus resultierende Geschichte war geeignet, die Kompetenz der Bank zu illustrieren. Mit der Geschichte wurde die regionale Kompetenz der Bank vermittelt, aber auch internationale Aufgeschlossenheit, Weltoffenheit und ein großer Schuß Kreativität als Kontrapunkt zur typischen kleinbürgerlichen Seriosität. „Europa der Regionen“ hat einen sympathischen, gesamtgesellschaftlichen Approach, damit kann man sich wieder identifizieren. Gleichzeitig wird der latent herrschenden Ausländerfeindlichkeit ohne moralischen Mahnfinger ein Gegenthema gesetzt.

Die Inszenierung von solchen Anlässen, wie Mitarbeiterumfragen und Erfolgskontrolle bestätigen, ist publikums- und pressewirksam. Man erreicht damit die Stammkunden in allen Städten und Gemeinden zwischen Weser und Ems; diese Inszenierungen bilden aber auch den würdigen Rahmen und können Persönlichkeiten des öffentlichen Lebens und aus dem Umfeld der Filialen einbinden. Angesprochen werden können insbesondere Privatkunden, gewerbliche Kunden, ehemalige Mitarbeiter, aber auch neue Kunden im Sinne eines geladenen Publikums; alle Shakespeareschen Elemente verdichten sich, die Bank wird zur Bühne.

So verwundert es nicht, daß die Inszenierung positiv bewertet wurde. Sowohl Presse als auch Opinionleader aus Politik, Wirtschaft und Gesellschaft hoben die gesamtgesellschaftliche positive Wirkung hervor. Für das Bankhaus ergab sich daraus eine leichte Imageveränderung zum „jüngeren“, „international aktiven“, „weltoffenen“ Geldinstitut. Nicht zuletzt erwies sich die Aktion als besonders positiv für die Unternehmenskultur selbst und für die Förderung des Teamgeistes seiner Mitarbeiter.

Fazit

Dieses Beispiel beinhaltet: zündende Idee, „gute Geschichte“ und einmalige Inszenierung. Eine positive Auswirkung auf das „daily business“ darf vermutet werden. Dies vorausgesetzt, erhält die Oldenburgische Landesbank für „Moin, Europa“ (Januar 1994) ein „Triple A“. (Dieses Beispiel wurde uns freundlicherweise von PR NORD, Agentur für Öffentlichkeitsarbeit, Braunschweig zur Verfügung gestellt.)

3.6 Die sechste Geschichte: Projekt Troja: Einen Schatz gefunden, was nun?

1988 wurde das Projekt Troja mit einem jährlichen Sponsorbeitrag von 200000 DM vom Haus Daimler-Benz gefördert. Die Zusage erstreckte sich verbindlich auf einen Zeitraum von fünf Jahren und auf eine Gesamtsumme von rund 1,3 Millionen DM. Nicht eingerechnet sind in diesen Betrag einige zusätzliche Sachleistungen, wie der speziell ausgerüstete Unimog („Archäomog"), Geländewagen mit Allradantrieb, Hilfe bei der Ausstattung des Labors, verschiedene Einrichtungen, Informationstafeln und andere Hilfestellungen vor Ort. Die Förderung eines solchen Ausgrabungsprogramms steht einem integrierten Technologiekonzern gut an, dafür gibt es handfeste Gründe:

1. Ausgrabungsprojekte wie Troja können aus öffentlichen Mitteln allein kaum finanziert werden. Die private Förderung wird von der Öffentlichkeit geradezu erwartet, insbesondere wenn es um eine Geschichte geht, die eben in dieser Öffentlichkeit schon auf populäre Art und Weise verankert ist.
   Gerade in Troja kann man auf eine lange Tradition des Mäzenatentums zurückblicken. Die ersten Ausgrabungen wurden auf Privatinitiative und aus dem Privatvermögen von Heinrich Schliemann finanziert. Es gibt kein deutsches Schulbuch, in dem dieses Engagement eines braven, intelligenten und geschäftstüchtigen Deutschen nicht ausführlich dargestellt wird. Die Finanzierung der Grabungen durch die deutsche Wirtschaft macht Sinn.
2. Das Wertvollste aber am Sponsoring-Engagement (Daimler-Benz ist offiziell als Sponsor, nicht als Mäzen aufgetreten) ist für den Konzern der einmalige Sympathieträger, in unserem Fall der Troja-Mythos, ein Stoff, aus dem die Träume sind. Er beschäftigte schon immer Dorfschullehrer und Dichter. Zu erwähnen sind die zahlreichen Adaptionen von Shakespeare bis zu Christa Wolf. Auch zahlreiche Inszenierungen an europäischen Theatern beschäftigen sich immer wieder mit diesem Mythos. Er beinhaltet ein Kommunikationspotential, das einmalig ist, sofern man es zu nutzen weiß. Wußte es Daimler-Benz zu nutzen?
   Wohl wurden die neu aufgenommenen Ausgrabungen wegen ihrer herausragenden kulturgeschichtlichen Bedeutung in den Medien ausführlich gewürdigt, und zwar im In- und Ausland. Kaum eine Zeitung mit Namen hat sich dieses Thema entgehen lassen. Es versteht sich von selbst, daß man durch jährliche Journalistenreisen der Presse die Möglichkeit geboten hat, unmittelbar zu recherchieren, nämlich vor Ort, um so über das

Projekt konkretes Anschauungsmaterial zu vermitteln. Die Qualität der so entstandenen Artikel bestätigt die These, wonach sich „gute Geschichten" weitererzählen. Das gilt gerade für auflagenstarke, überregionale Zeitungen, wie Frankfurter Allgemeine, Süddeutsche Zeitung, Frankfurter Rundschau, der Spiegel, die Zeit sowie Publikumszeitschriften. Sie alle brauchen Stoff. Auch die elektronischen Medien standen nicht zurück, was das Interesse an dieser Geschichte betraf. Für bescheidene 200 000 DM im Jahr bekam Daimler-Benz eine unglaubliche Medienresonanz, ein Traumergebnis für jeden PR- und Marketingverantwortlichen. Das Engagement wurde zudem mit einem Preis der UNESCO (Media Save Art 1991) ausgezeichnet.

3. So kommentierte denn auch der Generalbevollmächtigte für Öffentlichkeitsarbeit, Matthias Kleinert, die Auszeichnung als eine Bestätigung des gesellschaftspolitischen Engagements des Hauses. Hier wurde Sympathiekapital gesammelt in einem Ausmaß, wie es nur selten – mit so wenig Mitteln – gelingt. Dabei hat man Gutes getan, und es wurde darüber ausführlich geredet. An diesem Punkt nun setzt unsere kritische Würdigung an.

Das Projekt Troja ist nämlich, genauer betrachtet, mehr als nur ein Förderungsprojekt. Das Thema beinhaltet alle Elemente einer Inszenierung für das Haus Daimler-Benz oder eine ihrer Töchter. Die Frage ist erlaubt, ob man in der Vorstandsetage den Zündstoff dieses Themas und die da brachliegenden, „gesellschaftspolitischen" Möglichkeiten erkannt hat? Die Zweifel sind erlaubt.

Mit der Verleihung des UNESCO-Preises ist nämlich der Kommunikationsfluß im Viereck Troja, Daimler-Benz, Medien und interessierte Öffentlichkeit rasch besiegt. Über den Stoff, aus dem die „Träume" sind, wird kaum mehr gesprochen. Dabei wird das Thema ordentlich weitergeführt, beispielsweise durch Photoausstellungen, die in Fachkreisen gebührend Beachtung finden, und durch Einladungen an Hochschullehrer, den mittlerweile wiederentdeckten Schatz des „Priamos" in Moskau zu besichtigen. Aus einer technischen Zeitung erfährt man überdies, daß mit Unterstützung der IBM auf einem Computer des Universitäts-Rechenzentrums in Tübingen die antike Stätte als dreidimensionale Ansicht rekonstruiert wird. So wird es auf Computerschirmen einst wieder möglich sein, die Tore von Troja zu durchschreiten, wenn auch nur mit Sichthelm, Joystick oder Computermaus. Kurzum, das Projekt als Förderungsprojekt Troja findet eine ordentliche Auswertung, wie es von einem ordentlichen Konzern, der sich in Forschung, Technik und Umwelt einen Namen gemacht hat, erwartet wird.

Wenn man aber bedenkt, welche Töchter hinter dem Technologiekonzern stehen – Mercedes-Benz, AEG, Daimler-Benz Industry, Deutsche Aerospace und Daimler-Benz Interservices –, dann ist dies zweifellos zuwenig. Das Thema Troja ist ein Mythos, der für positiven Imagetransfer geeigneter nicht sein kann und darum auch alle Voraussetzungen mit sich bringt, nicht nur Publikumssympathien auszulösen, sondern auch geschäftsfördernde Kontakte und Freundschaften zu entwickeln. *Auf Freundschaft mit den Kunden ist aber dieses Projekt nicht angelegt, wenigstens macht es von außen nicht diesen Eindruck. Übrigens, bereits die ersten Grabungen brachten überraschende Ergebnisse:* Man geht davon aus, daß es südlich der Burg Trojas schon vor Homer eine Unterstadt gegeben hat. Das bedeutet, daß die Stadt damals ungefähr viermal größer war als bisher angenommen.

Es ist zu erwarten, daß die Wissenschaft noch mehr Überraschungen dieser Art zutage fördern wird. Es ist auch schon ein Fachstreit unter Wissenschaftlern ausgebrochen, wie die Ergebnisse zu interpretieren sind. Die Geschichte will also weitererzählt werden. Und was macht Daimler-Benz aus dieser Geschichte?

Eine gewisse Zurückhaltung, die der Sponsor an den Tag legt, ist verständlich und entspricht den Erwartungen der Öffentlichkeit. Es gibt jedoch keinen ersichtlichen Grund, das Inszenierungspotential, das dieser Geschichte eigen ist, zum Nutzen des Förderers und des Geförderten nicht auszuschöpfen in einer Zeit, in der sich konkurrierende Technologiekonzerne angestrengt nach Ideen umsehen, wie sie ihre „kalte" Kompetenz mit Events aller Art emotionalisieren könnten.

Fazit

Das Haus Daimler-Benz muß sich entscheiden: Förderungsprojekt oder Sponsoring. Als Förderungsprojekt ist die Geschichte zu schade. Ist es dagegen ein Sponsoringprojekt, dann muß Daimler-Benz nochmals tätig werden. Der Entdecker von Troja ist dabei Vorbild.

Vor über 100 Jahren hat Heinrich Schliemann unter Anteilnahme der Weltöffentlichkeit das Feuer für das Geheimnis Troja entfacht; seine Inszenierungen sind noch in allen Schulbüchern lebendig. Man darf gespannt sein, was dem Hause Daimler-Benz zum eigenen Nutzen (oder zum Nutzen einer seiner Töchter) in bezug auf die Inszenierung Troja noch einfällt. Das Projekt erhält, weil nicht zu Ende gedacht, in dieser Phase kein „Triple A".

3.7 Die siebte Geschichte: Wunder durch Widerstand

Man braucht schon Mut, einen Slogan zu kreieren wie „Der Mensch wächst am Widerstand", und dann noch zu glauben, daß damit die Welt zu bewegen sei. Werner Kieser hat das geschafft. Er hat in der Schweiz das Krafttraining auf eine neue Dimension angehoben. Er hat es herausgeführt aus den dunklen Kellern, wo vorwiegend Männer schweißüberströmt mit Gewichten arbeiteten; er machte daraus eine medizinisch anerkannte Therapie. Die Erhaltung der Gesundheit und des Wohlbefindens steht für den Schweizer Werner Kieser und seine über 22 000 Kunden im Vordergrund. Werner Kieser: „Wir verzichten auf Palmen, Plüsch und Pools. Der Trainierende wird dadurch vom Kern des Krafttrainings abgelenkt."

Die Kieser-Trainingsbetriebe folgen seit über zehn Jahren einer völlig anderen Philosophie als die bekannten Fitneßcenter und Kraftstudios, die Unterhaltung, Kraftfutter und „body-shaping" im Programm haben. Die Kieser-Betriebe sind funktional ausgerichtet, dem Bauhaus mehr verpflichtet als barocker Architektur und Muskulatur. Nicht Arnold Schwarzenegger ist das Vorbild, sondern Peter Jedermann, der sich gesund erhalten möchte. Dieses Erfolgsrezept soll nun auch nach Deutschland kommen. Für 1995 sollen zwei Filialen in Hamburg eröffnet werden. Weitere zehn Trainingsbetriebe sind in fünf deutschen Großstädten geplant, sie folgen dem erfolgreichen Muster des Frankfurter Pilotbetriebes, wo heute schon Manager und Hausfrauen, Sportler und Studenten nach den Prinzipien des Schweizer Pioniers des Krafttrainings ihre körperliche Leistungsfähigkeit steigern. „Der Erfolg stellt sich unweigerlich ein", bestätigt Harald Bendig, Kieser-Betriebsleiter in Frankfurt, „wenn man konsequent und regelmäßig trainiert. Wer einmal wöchentlich 40 Minuten trainiert und durchhält, ist ein gesünderer Mensch, denn wer Widerstand spürt, der spürt auch, daß er lebt." Man darf den Satz ergänzen durch das Wort besser, denn besser lebt, wer mit weniger Schmerz lebt. Über 80% der Rücken- und Nackenschmerzen sind auf eine zu schwache Muskulatur zurückzuführen. In Deutschland leidet heute bereits jeder dritte Erwachsene unter Rückenbeschwerden. Sogar jeder zweite 30- bis 50jährige ist davon betroffen. Werner Kieser: „Der Rücken ist nun einmal die Schwachstelle der menschlichen Spezies. Indem wir uns aufrichten, begeben wir uns vom stabilen zum labilen Gleichgewicht. Nur die konsequente Stärkung der Rückenmuskulatur kann Wirbelsäulenbeschwerden verhindern und beheben. Die herkömmlichen Behandlungsmethoden basieren auf Schonung und Entlastung (ein Hieb gegen die klassische Medizin), so schonen wir uns schließlich zu Tode."

Diese Philosophie verpflichtet. Entsprechend sind die Trainingsräume ausstaffiert und die Prozesse, die da stattfinden, inszeniert. Wer sie betritt, trifft auf qualifizierte Instruktoren, Stahl und Glas. Kieser fördert nur, was dem Trainingserfolg dient, und eliminiert konsequent, was diesen behindert. Die Trainings- und Umkleideräume sind hell und funktional eingerichtet. Werner Kieser, Sportler, Trainer und Philosoph, bietet ein Training an, das einschließlich Duschen und Umziehen nur 50 Minuten dauert. Keine Solarien, Saunas oder Saftbars verwöhnen seine Kunden in den Trainingspausen. Heute gibt es in den Kieser-Betrieben nicht einmal isotonische Getränke. Wasser reicht voll aus. So entdecken seine verschwitzten Kunden das Leitungswasser wieder, das sie direkt aus dem Hahn zu trinken haben. Auch Becher sind überflüssig, und geduscht wird mit einer Einheitstemperatur, ohne Warm-kalt-Regelung, denn um den Schweiß abzuwaschen, reicht körperwarmes Wasser.

Mit der einfachen Geschichte, einfachen Inszenierung (sein Ensemble besteht unter anderem aus Medizinstudenten) kommt Kieser auch zu einem guten finanziellen Abschluß. Die Kompetenz erlaubt es, für ein Jahrestraining den gleichen Beitrag zu fordern wie vergleichbare Institute mit weit mehr Komfort und Unterhaltungswert – aber weniger Anspruch auf Kompetenz. Wer ein Kieser-Training kauft, kauft Schweiß und Tränen, und das hat seinen Preis (Quelle: Klaus J. Stöhlker, Beratung für Öffentlichkeitsarbeit, Zollikon/Zürich).

Fazit

Werner Kieser ist mit seinem Krafttraining – das nach seinen eigenen Worten weder lustvoll sein noch Spaß bereiten soll – einen eigenwilligen Weg gegangen. Die Alleinstellung in dieser Form ist mutig und verdient Anerkennung. Werner Kieser ist es zudem gelungen, seine Kompetenz auch konsequent zu inszenieren. Er hat den Mut gehabt, alles wegzulassen, was vom Wesentlichen ablenkt, um sich ganz auf den Kern zu konzentrieren. Die Inszenierung seiner Philosophie ist in den Betrieben und ihrer Ausrüstung vollumfänglich gelungen. Seine Kunden lieben und hassen ihn dafür.

Dieses gradlinige Konzept trägt viel zur Wirtschaftlichkeit bei. Zudem entwickelt sich sein Unternehmen via Franchising. So wächst auch jeder Trainingsbetrieb am Widerstand seiner Kunden, ein weiteres Jahresabonnement zu lösen. Dementsprechend optimistisch sind seine Zukunftspläne: „In den nächsten Jahren schaffen wir in Deutschland über hundert neue Trainingsbetriebe und damit 1500 neue Arbeitsplätze und mehr Gesundheit dazu." Kieser hat Grund zu Optimismus, denn eine Stärkung der Muskulatur steigert automatisch das Selbstvertrauen und die Psyche. Die Kieser-Trainingsbetriebe erhalten für Geschichte, Inszenierung und Abschluß ein „Triple A".

3.8 Die achte Geschichte: Vom schwierigen Umgang mit einer „guten Geschichte"

Um die nachstehende Geschichte zu verstehen, müssen einige Vorbemerkungen zum Thema Medizin und Orthopädietechnik gemacht werden. Mit den zunehmenden Aktivitäten in der Freizeit nehmen beispielsweise auch schwere Knieverletzungen als Folge von Sportunfällen zu. Auch Patienten mit Instabilität des Kniegelenks benötigen Knie-Orthesen. Sie dienen der externen Stabilisierung während der Reha-Zeit und werden bis zu zwölf Monaten getragen. Da die Orthese im Beruf und beim Sport Teil des täglichen Lebens ist, muß beim Design die emotionelle Einstellung des Patienten berücksichtigt werden.

Die Anzahl verschiedener auf dem Markt angebotener Knie-Orthesen ist groß – etwa 70 Konstruktionen werden angeboten. Jedoch 80% des Weltmarktes werden von nur drei Unternehmen beherrscht, die fünf Typen erfolgreich vertreiben. Keines der im Markt bekannten Produkte genügt nur annähernd den ästhetischen Ansprüchen. Orthesen betrachtete man eben als orthopädietechnisches Hilfsmittel und nicht als Gegenstand des täglichen Gebrauchs. Dem Produktdesign wurde keine Bedeutung beigemessen, und auch der Markt verlangte scheinbar nicht danach. In diese Marktlücke stieß das innovative Schwarzwälder Unternehmen Biedermann. Ausgangspunkt für die Entwicklung der neuen Knie-Orthese war die Überlegung, daß man in einem etablierten Markt durch eine Designer-Orthese Alleinstellung schaffen könnte; dies um so mehr, als die Defizite der gängigen Knie-Orthesen eindeutig in Gestaltung und Komfort zu suchen waren. Der Anspruch, daß ein orthopädietechnisches Produkt dem Patienten zu gefallen hat, war der Branche fremd.

Die Idee wurde in der Folge verwirklicht und in der Öffentlichkeit mit den Worten vorgestellt: Die Ultratech-Knie-Orthese ist die erste Orthese, die in der Standardversion eine designmäßig durchgestaltete Form besitzt, individuell gefertigt aus Karbonfasermaterial. Die Form drückt die Harmonie zwischen Mechanik und Körper aus, verleiht dem Produkt die Eleganz, das Aussehen eines High-Tech-Sportgerätes. Der hohe Anspruch an Funktion und Akzeptanz als Verbindung zwischen High-Tech und Menschlichkeit steht im Vordergrund, und das in einem Bereich, der in unserer Gesellschaft immer noch zu den sozialen Randgebieten gehört. Der Benutzer soll sich mit dem Produkt identifizieren können, sich also „mit besser fühlen als ohne".

Die Geschichte ist in der Öffentlichkeit gut angekommen. Die Ultratech-Orthese gewann Anerkennungspreise in Serie. Der Tenor in der Fachpresse:

„Diese Knie-Orthese räumt dem Benutzer durch neuartige Konstruktion, Gestaltung, Material, Herstellung und Tragkomfort neue Bewegungsspielräume ein.“

1993 hat gar eine international besetzte Jury bei einer Bewertung von mehr als 1500 Industrieprodukten die Firma Biedermann-Motech für hohes funktionelles Design neben Apple Computer und BMW ausgezeichnet. 1995 wird sogar das weltbekannte New Yorker Museum of Modern Art das Motech-Schmuckstück im Rahmen einer Ausstellung zu Techniken und Material modernen Designs präsentieren. Zu erwähnen ist noch, daß die Bauteile dieser Renommier-Orthese reparaturfreundlich sind und somit problemlos ausgetauscht werden können. Auch funktionell bietet die Ultratech entscheidende Vorteile gegenüber klassischen Orthesen: Die Bewegungsbegrenzung bei der Beugung und Streckung des verletzten Knies wird nicht mehr durch hart aufeinanderklappende Metallanschläge bewerkstelligt, dafür sorgen im Gelenk integrierte Stoßdämpfer für einen weichen Anschlag – eine Forderung, die Mediziner schon seit Jahren stellen. Vor allem aber ist die Reduzierung der Wandstärke von acht bis zwölf Millimetern bei konventionellen Orthesen auf drei Millimeter bei der Ultratech von Bedeutung. Patienten können die neue Orthese auch problemlos unter der Kleidung tragen.

Das Produkt hat also eine zündende Idee, eine „gute Geschichte“ und kann auch eine ansehnliche Inszenierung in der Presse und Öffentlichkeit verbuchen. Die verschiedenen Preise und internationalen Würdigungen haben Positives dazu beigetragen. Obwohl die Branche großes Interesse an der Innovation bekundet hatte, will doch keine rechte Freude aufkommen. Der erwartete Verkauf und die Marktdurchdringung blieben aus. Die Marktanalyse zeigt: Die Orthese bricht mit dem Stigma des handwerklichen Produktes in einer Branche, die sich großteils aus dem Handwerk bildet. Sie wird durch diese Innovation verunsichert, wenn nicht gar erschreckt. Neues Design signalisiert zudem eine neue Entwicklung in Richtung High-Tech. Dieses Signal ist gar bedrohlich. Ganz abgesehen davon, daß allein durch die ästhetische Erscheinung die Angebote der Konkurrenz disqualifiziert werden; das kleine Unternehmen aus dem Schwarzwald steht einer unerwarteten, unheiligen Abwehrfront gegenüber. Es entspricht dem dritten Shakespeareschen Gesetz, wonach man „mit dem Hut“ unter das Publikum geht, um herauszufinden, ob Idee, Geschichte und Inszenierung auch angekommen sind und in welcher Form. Dabei ist zu fragen, ob dieses „Stück“ das Publikum überfordert hat. Eine notwendigerweise behutsame Markteinführung war aber nicht vorgesehen für ein Produkt, das von seinem Abnehmer (Orthopädietechniker) vorbehaltlose Identifikation verlangt.

1. Nützlich:	hohe Gebrauchstauglichkeit und einwandfreies Funktionieren
2. Sicher:	hohe Narrensicherheit (unter Berücksichtigung von flüchtigem und unachtsamem Gebrauch) keine Verletzungsgefahren beim Bedienen
3. Servicefreundlich:	einfach in Montage und Wartung der Teile – angemessene Lebensdauer aller Teile
4. Anpassungsfähig:	leichte Bedienung und Ablesbarkeit (praktische Arbeitshöhen, Greifweite, Komfort etc.); vermeidet unnötige Belastung und Ermüdung
5. Preiswert:	Leistung und Gegenleistung ausgewogen
6. Originell:	überzeugt hinsichtlich Formen, Volumen, Masse, Farben, Materialqualität etc.
7. Glaubwürdig:	vertrauenswürdige Herkunft aus einem angesehenen, der Branche verpflichteten Unternehmen

Die sieben Charaktereigenschaften des Produktes „Ultratech“

Das Produkt Ultratech hat offensichtlich einen ausgezeichneten „Charakter“. Wir kennen Erfolgsprodukte mit weit weniger Qualitäten. Doch guter Charakter garantiert keinen adäquaten Geschäftserfolg. In unserem Fall *bewältigt Ultratech das Spannungsfeld zwischen technischem Fortschritt, sozialem Wandel und ökonomischen Gegebenheiten nicht.* Die begleitenden kommunikativen und kulturellen Maßnahmen wirkten provozierend statt integrierend.

Fazit

Biedermann-Motech erhält für die zündende Idee und die damit verbundene Geschichte sowie deren Inszenierung eine gute Bewertung. Für ein „Triple A“ mangelt es jedoch am dritten A, dem Abschluß. Eine Geschichte darf nie – so brillant sie auch angelegt ist – dazu führen, über die Absichten des Unternehmens Unsicherheit aufkommen zu lassen und, was noch schlimmer ist, die Identität der Partner und Kunden und ihre Dienstleistungskultur in Frage zu stellen.

3.9 Die neunte Geschichte: Rentokil – Die Geschichte vom Goldesel

Wenn ein Unternehmen (überdies im Heimatland von William Shakespeare) von sich behaupten kann – unabhängig aller Wirtschaftsschwankungen und allem Gejammer zum Trotz –, in den letzten zehn Jahren im Durchschnitt eine Gewinnsteigerung von satten 22% erwirtschaftet zu haben (für Aktien sind es gar 24%), und wenn überdies dieses Geld mit „Dreck" verdient wird, dann sollte das eigentlich unser Interesse wecken. Nichts deutet überdies darauf hin, daß dieser Gewinntrend in den nächsten Jahren nur annähernd gebrochen wird. Im Gegenteil, er läuft gegen 160 Millionen Pfund p.a. Im Geschäftsbericht 1994 wird dieses Gewinnziel für die Zukunft frisch und fröhlich fortgeschrieben. Solche Statements mögen überheblich klingen in einer Zeit, wo viele Unternehmen nicht gerade vor Selbstvertrauen strotzen, ihre Geschäftsberichte eher vorsichtig abgefaßt sind und im Tonfall eher an einen Nekrolog erinnern. Was also macht Rentokil erfolgreicher als die anderen – und dazu noch mit einem Thema, das gut englisch mit „environmental services" umschrieben ist und als „Dreckgeschäft" im eigentlichen Sinn definiert werden könnte? Auch die offizielle Erfolgsstrategie des Unternehmens klingt nicht besonders revolutionär und enthält auch kein Rezept, wie man auf krisensichere Art stolze Zuwachsraten erwirtschaftet. Dazu der Geschäftsbericht 1994, zitiert im Originalton:

„Rentokil is an international service group operating in over 40 countries which now employs some 30 000 people. It is a household name in many markets. Our aim is to provide our customers with the highest standards of service consistent with good value for money wherever we operate. Rentokil's core activities *include pest control, hygiene and healthcare services, tropical plants services and now security services.* We have an excellent spread of business, both by service and geographically, with operations in all the major OECD countries. We aim to continue to develop our activities both organically and, where appropriate, by acquisition.

We are proud of our technical leadership in our main activities where research and development and training enable us to offer the best quality of service. This emphasis on quality of service is maintained in the new fields we have entered. We will also continue with our prudent financial policy of managing our business to generate a strong operating cash flow.

These strategies are aimed towards the ultimate objective of achieving for our shareholders a high rate of growth in earnings and dividends per share each year."

Was das Zitat nicht aussagt, aber hier anzumerken ist: Rentokil ist in der Branche das teuerste, aber auch das beste und sicherste Dienstleistungsunternehmen seiner Art. Ein weiterer Beweis, daß Erfolgsrezepte nicht mit Tiefstpreisen auf kalten Platten „gekocht" werden. Woran muß es also liegen, daß Rentokil nicht zu bremsen ist? Was ist das Erfolgsgeheimnis? Eine erste Antwort: *Es ist simpel und auch ein wenig stupid,* wobei wir den englischen Begriff „stupid" etwas frei übersetzen im Sinne von „stupend", nämlich erstaunlich einleuchtend. Die Sache läuft auf einem „one-way track". Gefragt ist „one-way thinking". Diese Feststellung läßt sich auf der Grundlage der Shakespeareschen Gesetze einleuchtend kommentieren:

1. Rentokil hat eine simple, aber äußerst einprägsame Geschichte. Für das Kerngeschäft „Healthcare" heißt sie:
   „Rentokil Healthcare is a leading specialist provider of *washroom services* which include the sanitiser service, soap dispensers, automatic air freshening units and warm air hand dryers. Towel and tampon dispensers and the Sanitact Unit service for the hygienic collection and safe disposal of sanitary dressings are supplied for ladies' toilets."
   Auf gut Deutsch: Rentokil ist der führende Spezialist, wenn es um Hygiene und Service in Toiletten geht. Rentokil sorgt sich mit hoher Kompetenz um ein Thema, das jede Firma diskret, rasch und effizient vom Tisch haben will. Mehr noch; Rentokil macht das Tabuthema zum Prestigethema. Wer etwas auf sich hält, kann es sich eben leisten, das Thema effizient unter Deklarierung eines hohen Hygienestandards im Betrieb zum Thema zu machen. Hygiene wird zum Produkt. Der Produktname dazu heißt Rentokil. Er steht für einen durchorganisierten Betrieb vom Arbeitstisch bis zur Toilette. Damit wird der Arbeitsplatz aufgewertet, werden Signale gesetzt. Das Erfolgreiche an der Geschichte ist, daß sie so profan ist; man kann sich ihr nicht entziehen. Die zündende Idee besteht lediglich darin, eben eine Geschichte daraus zu machen.
2. Auch die Inszenierung ist simpel: Eine profane Geschichte braucht keine komplizierte Inszenierung. Das Naheliegende wird also erfolgreicher sein. Man braucht weder große Werbekampagnen noch irgendwelche Events. Es werden auch keine Wasserspiele vorgeführt. Was man braucht, sind von der Geschichte überzeugte Verkäufer, die von Firmentür zu Firmentür gehen und das Gespräch suchen zum Thema Hygiene und Service auf Toiletten. Ein Thema, das jedermann beschäftigt, weil jedermann mindestens einmal am Tag damit zu tun hat. Kommt es zum Gespräch, wird im Rahmen einer einfachen Präsentation das Thema inszeniert und eine Inspektion angeboten. Wer sich dem Gespräch entziehen will, gerät schnell in Verdacht, den hygienischen Fragen nicht die nötige Aufmerksamkeit zu schenken. Wer so handelt, qua-

lifiziert sich selbst. Wer nicht so handelt, ist bereits ein potentieller Kunde.

3. Simpel in Sachen Wirtschaftlichkeit: Es gibt keine Wirtschaftlichkeit ohne engagierte Leute; engagierte Leute sind aber in diesem Geschäft auf Dauer nur zu motivieren, wenn sie auch gut verdienen. Also muß die Serviceleistung entsprechend teuer sein. Sie haben richtig gelesen: Der Service muß teuer sein, nicht die mitgelieferten Produkte. Rentokil operiert also auf einem Problemlösungsmarkt und nicht auf einem Produktmarkt wie verschiedene seiner Konkurrenten. Produkte sind nur Mittel zum Zweck. Sie werden darum auch nicht verkauft, sondern sind Teil des Servicevertrages. Damit ist das Geschäft krisensicher, sofern Geschichte (Kompetenz) und Inszenierung (Dramatisierung der Geschichte) stimmen. Zur Abschlußstärke kommt hinzu:
   - Man arbeitet mit Leuten, die sich mit der Geschichte auch identifizieren können. Rentokil macht einfache Leute (mit einfacher Schulausbildung) zu Stars. Sie erhalten Rollen als Starverkäufer und werden als solche bezahlt. So können sie ihr Grundgehalt leicht verdoppeln, fast immer verdreifachen. Auch die Serviceleute, die zusammen mit den Starverkäufern ein Ensemble bilden, haben Möglichkeiten, über ein Kommissionssystem dazuzuverdienen.
   - „Stars" müssen nicht geführt, sondern kontrolliert und motiviert werden. Kontrolliert werden laufend die Reaktionen des „Publikums". Der „Applaus" wird gemessen und intern im Ensemble kommuniziert. Wer überdurchschnittlichen Erfolg hat, wird mit zusätzlichem Applaus bedacht in Form von Incentive-Programmen u.a.m.: Motivation durch Wettbewerb nach innen wie nach außen.
   - Wirtschaftlichkeit setzt auch eine einfache Organisation voraus. Es gibt drei Ebenen: Auf der ersten Ebene finden wir Direktion und Divisionsmanager plus Ressort Finanzen. Es folgt die Ebene der Branchen, Manager, Regisseure mit den ihnen zugeteilten Profit Center. Auf der dritten Ebene operiert das Ensemble, bestehend aus Administration, Verkauf und Service. Wirtschaftlichkeit bedeutet offensichtlich, daß 80% der Leute an der Front sind, wo Geld verdient wird. Personalabteilungen und Marketingabteilungen fallen als Kostenstellen unter die direkte Zuständigkeit von Direktion und Regie. Diese sind auch mit Bonus am Profit beteiligt und somit nicht interessiert an ausgeprägten Verwaltungsstrukturen und unnötiger Delegation von Kompetenzen.

Fazit

Rentokil zeigt: Hygiene in der Toilette ist keine zündende Idee. Auch der jährlich angestrebte Gewinnwachstum von 20% ist kein Ziel von visionärem Inhalt. Was zählt, ist die Geschichte. Sie macht Sinn und ist von emotionalem Gehalt.

Auch die Inszenierung verdient in ihrer Einfachheit Anerkennung. Die Hygiene wird zum Thema gemacht durch Präsentation und Inspektion; aber auch die Serviceleistung wird zelebriert: Rentokil fährt mit dem Servicewagen vor, die Equipe hat Statusbewußtsein, alle Leistungen in den Toiletten sind durch entsprechende Labels etikettiert und so kommuniziert. Die Produkte haben ein Styling, das unverkennbar die Handschrift von Rentokil trägt.

Last, but not least, ist der Abschluß konsequent „auf den Hut" konzentriert. Es wird permanent die Zustimmung des „Publikums" gemessen und entsprechend das Serviceangebot den Umständen bzw. den veränderten Bedingungen angepaßt. Dies hat wiederum direkte Auswirkungen auf personelle und organisatiorische Entscheide – nach dem Shakespeareschen Regelkreis, wonach Geschichte, Inszenierung und Geschäftstätigkeit ein Ganzes darstellen. Rentokil verdient ein „Triple A".

3.10 Die zehnte Geschichte: You can't beat the feeling

Man kann nicht über Inszenierung von Unternehmen und Produkt nachdenken, ohne Coca-Cola zu erwähnen, handelt es sich doch um eine der ältesten Produktgeschichten (1986 feierte Coca-Cola den 100. Geburtstag). Dabei beschäftigen wir uns weniger mit der Erfolgsgeschichte (sie wurde schon vielerorts beschrieben, und auch Coca-Cola selbst hat zu deren Verbreitung einiges beigetragen), *sondern mit dem Phänomen, wie eben eine solche Geschichte 100 Jahre jung bleiben kann.* Gehen wir dieser Frage nach, dann fallen uns interessante Fakten auf:

Coca-Cola operiert in einem Massenmarkt. Das erste, was uns in diesem Zusammenhang einfällt, ist die Feststellung: Es ist ein Massenprodukt. Wenn auch die Zielgruppe junge Menschen zwischen zwölf und 25 Jahren sind, so spricht das Produkt doch letztlich die Gesamtbevölkerung an, ohne Rücksicht auf Alter, Rasse, Hautfarbe und Glaubensbekenntnis.

Der Name Coca-Cola steht also nicht mehr nur allein für Erfrischungsgetränk, er ist – mit etwas Kohlensäure durchmischt – ein Credo auf das positive Leben, ein Bekenntnis zu Optimismus und aktiver Freizeitgestaltung. Damit ist Coca-Cola nicht bloß ein Getränk geblieben, sondern zu einem Symbol für Freiheit und Weltoffenheit geworden, und das ist nicht zufällig. Coca-Cola hatte nie die Vision, die Welt erobern zu wollen. Dagegen hat Coca-Cola eine Mission. Eben dieser kleine semantische Unterschied zwischen Vision und Mission machte Coca-Cola so erfolgreich und in der Folge auch marktbeherrschend.

Missionen schaffen Inszenierungen aller Art, wie wir sie von Coca-Cola kennen: mit Kult und Sammelleidenschaft für die dabei in Umlauf gebrachten Werbe- und Verkaufsförderungsmittel. Zum Teil handelt es sich um einfache tägliche Gebrauchsgegenstände, die aber von Fans in aller Welt wie wertvolle Antiquitäten gehortet und nach Objekt, Originalität und Alter an der Börse gehandelt werden. Coca-Cola ist auch präsent im Bereich Event und Sponsoring. Man kann sagen: Wo Sport ist, ist Coca-Cola; ebenso bei Musik, Theater und Film, soweit sie junge und junggebliebene Menschen ansprechen. Coca-Cola beweist einmal mehr das Shakespearesche Prinzip, d. h., wer eine Mission bzw. eine „gute Geschichte" hat, hat viel Gutes zu erzählen. Das ist die Eigendynamik, die in den Shakespeareschen Gesetzen steckt.

Coca-Cola hat aber noch eine andere Geheimwaffe, die dem einfachen Produkt hohen Respekt einbringt. Alle Produkte von Coca-Cola werden auf der ganzen Welt unter den gleichen strengen Bedingungen hergestellt und sind von derselben hohen Qualität. Weil Qualität bei Coca-Cola ganz großgeschrieben wird, sind die Kontrollen sehr genau. Das heißt:

- selbstauferlegte Hygieneverpflichtungen, die strenger sind als die lokalen Gesetze;
- regelmäßige mikrobiologische und chemische Untersuchungen aller Rohstoffe und Fertigprodukte, aber auch laufende Kontrollen der gereinigten Flaschen und Behälter;
- Unterstützung der Abfüllbetriebe auf der ganzen Welt, Qualitätssicherung durch besonders geschulte Mitarbeiter;
- ständige Marktbeobachtung und Kontrolle;
- Überprüfung durch unabhängige wissenschaftliche Institute.

Die Grundlagen der Kompetenz von Coca-Cola liegen im Abschlußgeschäft und im unerschütterlichen Vertrauen. Kombiniert mit der erwähnten Inszenierung von Lust und Lebensfreude wird der Slogan wahr: „You can't beat the feeling." (Coca-Cola 1994)

Einige Durchfallopfer, aufgebauscht durch die Konkurrenz in der internationalen Presse, und der Slogan würden sich brutal ins Gegenteil verkehren.

Coca-Cola hat keinen Grund, auf dem hohen Roß zu sitzen. Wie Marktumfragen zeigen, hat auch der Soft-Drink-Riese seine Achillesferse. So haben Untersuchungen in einer Supermarkt-Kette in England ergeben, daß Markentreue nicht mehr ist, was sie einmal war, und daß man vielerorts versucht, mit Eigenmarken Coca-Cola anzugreifen. Bei entsprechenden Preisangeboten kann der Umsatzeinbruch bis zu 30% betragen, eine alarmierende Zahl. Coca-Cola muß also weiterhin Dampf machen, die Marke verteidigen, und dies läuft, wie das Beispiel zeigt, nur über die „values". Da wird also kräftig Kohle nachgeschaufelt. Der Zug darf nicht zum Stehen kommen. Würde Coca-Cola die Inszenierung drosseln, so würde es in wenigen Jahren zu einem Kollaps kommen, verursacht durch Preisunterbietungen der lokalen (und auch internationalen) Konkurrenz, aber auch durch den natürlichen Lebenszyklus. Im Bereich Soft Drinks geht Coca-Cola jährlich ein Millionenheer jugendlicher Verbraucher verloren; ganz einfach deshalb, weil sie etwas älter werden und dann entsprechend ihre Konsumgewohnheiten ändern. Gelingt es aber, wiederum die Jugendlichen anzusprechen und zu gewinnen, die ins Cola-Verbraucheralter hineinwachsen, so ist das zahlenmäßig mehr als genug, den Verlust zu ersetzen. Dies ist auch eine Erklärung, warum Coca-Cola über 100 Jahre jung geblieben ist. Die Jugend diktierte den Wandel. Eine weitere Herausforderung für Coca-Cola steht

Coca-Cola – Our Mission

We exist to create value for our share owners on a long-term basis by building a business that enhances The Coca-Cola Company's trademarks. This also is our ultimate commitment.

As the world's largest beverage company, we refresh that world. We do this by developing superior soft drinks, both carbonated and non-carbonated, and profitable non-alcoholic beverage systems that create value for our Company, our bottling partners and our customers.

Mission von Coca-Cola

bereits im Osten an. Hier warten Märkte mit zwei bis drei Milliarden Menschen darauf, daß ihnen von Coca-Cola eine „gute Geschichte" erzählt wird.

Fazit

Coca-Cola hat eine Mission und weiß diese Mission umzusetzen; sie heißt mit einem Satz „We refresh the world". Die Idee ist zündend, die Geschichte gut, und auch die Inszenierungen sind, wenn auch nicht durchwegs geschmackvoll, so doch immer publikumswirksam. Coca-Cola hat aber auch eine ungewöhnliche Abschlußstärke. Leistung und Gegenleistung sind durch eine pionierhafte Qualitätskontrolle abgesichert. Coca-Cola verdient, wie erwartet, ein „Triple A".

PS: Es gibt sicher Leser, die das Fazit in Sachen Coca-Cola nicht besonders originell, vielleicht sogar banal finden. Trotzdem: Die durch Coca-Cola inszenierte Mission und die daraus resultierenden Antriebsimpulse werden von vielen Unternehmern auch heute noch nicht verstanden. Auch Luciano Benetton geht mit den Erfolgsgesetzen leichtfertig um. Wie anders ist es zu erklären, daß dieser schillernde Unternehmer mit seiner Aids-Werbung munter und in allen Farben (Benetton – die Farben des Erfolges) gegen die Shakespeareschen Gesetze verstoßen und dies zunächst als erfolgreiche Kampagne verkauft hat? Werber unterschiedlichster Couleurs applaudierten dazu. Dieser Vorwurf verlangt eine Begründung (Benetton 1994).

Im Gegensatz zu Coca-Cola greift Benetton in der umstrittenen Aids-Campagne ein Anti-Thema auf, das aufrüttelt, positive und negative Reaktionen erzeugt, kurzum niemanden unberührt läßt, also zweifellos ein Shakespearescher Ansatz. Hier das Problem einer dramatischen Infektionsgefahr – dort die Prävention: das Präservativ. Tod und Leben auf der Weltenbühne, zweifellos eine „gute Geschichte", die sich zudem auf der Tastatur der klassischen Medien publikumswirksam inszenieren läßt. Benetton benützt dieses Aids-Thema aber nicht in Form einer „Mission" als Teil des unternehmerischen Auftrages, um mit seinen Partnern (Händlern, Kunden, modebewußten Käuferschichten) über ein heikles Thema ins Gespräch zu kommen, das ernsthaft abzuhandeln ist. Benetton benützt das Aids-Thema schlicht und einfach, um seinen Namen bekannter zu machen, was auch Herrn Luciano Benetton publikumswirksame Medienauftritte verschaffte. Entsprechend läßig stellte Herr Benetton in einem Interview fest: „Wir sind überzeugt, daß unsere Werbekampagne keinen Einfluß auf die Umsätze unserer Unternehmung hat. Sicher hilft sie aber, den Namen bekanntzumachen. Wenn das Produkt konkurrenzfähig ist, wird der Konsument bei einem vergleichbaren Angebot das bekanntere Produkt wählen."

Luciano Benetton inszenierte seine Geschichte also unabhängig von seinen Partnern, Händlern und Kunden, die im Slogan „United Colours of Benetton" eine gemeinsame Sprache und Beziehung pflegen. Luciano Benetton sprach seine eigene Sprache – rücksichtslos. Er erreichte, was er wollte: Die ganze Welt spricht von Benetton und von ihm. Es interessiert ihn überdies nicht, ob die Kampagne seinem Unternehmen Umsatz bringt oder nicht. Der Markt ist so frei, mit einer Umsatzeinbuße zu reagieren.

In der Schweiz hat es nach einer Umfrage bei Franchisenehmern Einbußen von 15% bis 20% gegeben (Branchendurchschnitt 5% bis 10%). In Deutschland wird sogar von Einbrüchen bis zu 60% gesprochen. Entsprechende Reaktionen sind auch aus Italien und Spanien bekannt. Grundtenor: Diese Werbung ist eine Schweinerei. Dieses verbreitete Urteil schießt wahrscheinlich über das Ziel hinaus. Auch die besagten Umsatzeinbrüche sind nicht nur Folgen der Kampagne. Trotzdem: Benetton hat nicht nur die Moral verletzt, sondern auch die Regeln des dynamischen Kreises, die den Shakespeareschen Gesetzen zugrunde liegen. Idee, Geschichte und Inszenierung sind dazu da, Werte zu schaffen, und zwar wie Coca-Cola im Klartext umschreibt: „Für das Unternehmen, für die Händler und für die Kunden." Die Geschäftstätigkeit kann dabei nicht als „Nebensächlichkeit" von der Inszenierung abgekoppelt werden. Man kann es, aber man wird dafür büßen, und Benetton büßt dafür. Es paßt ins Bild, daß man bei Benetton das dritte A, den Abschluß, vernachlässigt hat zugunsten eines spektakulären Auftrittes.

So überraschen die Zusatzklagen nicht, wonach Lieferbedingungen, Qualität, Sortiment, Design im Widerspruch stehen zur provozierenden Werbekampagne. Benetton tut alles für Auftritt. Benetton versagt bei Anziehung und Abschluß. Somit verdient das Unternehmen im Gegensatz zu Coca-Cola kein „Triple A".

3.11 Die elfte Geschichte: Die Reden von Brutus und Markus Antonius anläßlich der Vorkommnisse in Rom

Als Lehrstück eignen sich die Shakespeareschen Texte über die Ermordung Cäsars (aus Julius Cäsar, dritter Akt, erste und zweite Szene) vorzüglich. Das Beispiel illustriert in dramatischer Art und Weise, was passieren kann, wenn man einen Mord auf dem Kapitol plant, durch angesehene Senatoren ausführt, jedoch danach im Abschluß auf dem Forum scheitert. Natürlich hat die brillante Replik von Markus Antonius das ihre dazu beigetragen. Er hat es verstanden, sich publikumsorientiert zu verhalten (um nicht zu sagen kundenorientiert), und so in Geschichte, Inszenierung, aber auch mit seinem Angebot (Veröffentlichung des Testamentes) überzeugt. Die „ehrbaren" Senatoren dagegen hatten nichts anzubieten als eine undefinierbare Vision (Befreiung, Freiheit, Wiederherstellung!), eine dramatische, aber letztlich geschmacklose Inszenierung (Erdolchung eines Wehrlosen) und wenig Überzeugendes hinsichtlich der Frage, wie es angesichts der großen Angst und Unsicherheit im Volke nun weitergehen soll.

Hintergrundinformationen und Textstellen in gekürzter Fassung (o. V. 1978)

Erste Szene, Capitol, Sitzung des Senats: Cäsar setzt sich auf den Präsidentensessel, läutet die Glocke und eröffnet die Sitzung. Da umringen ihn die Verschwörer. Sie knien, wie verabredet, vor ihm nieder und bitten um Begnadigung für Verbannte. Doch Cäsar weist sie ab.

Da stehen die Verschwörer auf, nehmen ihre Messer aus den Togen. Als erstes sticht Casca Cäsar von hinten in den Nacken, er fällt ihm in den Arm. Doch dann wird er von verschiedenen anderen Verschworenen und zuletzt auch von Markus Brutus mit Dolchen durchbohrt.

Cäsar: Brutus, auch du? – So falle Cäsar. (Er stirbt. Die Senatoren und das Volk fliehen bestürzt.)

Cinna: Befreiung! Freiheit! Die Tyrannei ist tot! Lauft fort! Verkündigt! Ruft es durch die Gassen!

Cassius: Hin zur Rednerbühne! Rufet aus: Befreiung! Freiheit! Wiederherstellung!

Brutus: Seid nicht erschrocken! Steht still! Die Ehrsucht hat gebüßt.

Ein ungeheurer Tumult bricht über Rom los. Jedem, der von der Tat erfährt, fährt – auch der Schrecken in die Glieder. Jeder spürt, daß etwas geschehen ist, das nicht nur die Geschichte Roms, sondern auch sein Leben verändern wird. So füllt sich denn das Forum schon kurz nach der Tat mit Menschen. *Wer macht in dieser dramatischen Situation der Ungewißheit ein konkretes Angebot?*

Hocherhobenen Hauptes tragen indessen Brutus und seine Freunde den Leichnam Cäsars durch die Menge zum Forum, um ihn dem Volk zu zeigen, damit es offiziell Abschied nehmen kann vom Tyrannen und seiner Tyrannei. Ein offizieller Staatsakt soll es werden – nicht ein gefeierter Racheakt. Ein perfekt inszenierter Machtwechsel, kein tückischer Tyrannenmord. Die Tat im Kapitol soll zur gefeierten Revolution auf dem Forum werden. So besteigt denn Brutus als erster die Rednertribüne, um vor dem Volk Rechenschaft abzulegen.

Brutus: Seid ruhig bis zum Schluß. Römer! Mitbürger! Freunde! Hört mich meine Sache führen, und seid still, damit ihr hören möget. Glaubt mir um meiner Ehr, damit ihr glauben möget. Ist jemand in dieser Versammlung, irgendein herzlicher Freund Cäsars, dem sage ich: Des Brutus Liebe zu Cäsar war nicht geringer als seine. Wenn dieser Freund dann fragt, warum Brutus gegen Cäsar aufstand, ist dies meine Antwort: Nicht weil ich Cäsar weniger liebte, sondern weil ich Rom mehr liebte. Wolltet ihr lieber, Cäsar lebte und ihr stürbet alle als Sklaven, als daß Cäsar tot ist, damit ihr alle lebt wie freie Männer? Weil Cäsar mich liebte, wein ich um ihn; weil er glücklich war, freue ich mich; weil er tapfer war, ehr' ich ihn; aber weil er herrschsüchtig war, erschlug ich ihn. Also Tränen für seine Liebe, Freude für sein Glück, Ehre für seine Tapferkeit und Tod für seine Herrschsucht. Wer ist hier so niedrig gesinnt, daß er ein Knecht sein möchte? Ist es jemand, er rede, denn ihn habe ich beleidigt. Wer ist hier so roh, daß er nicht wünsche, ein Römer zu sein? Ist es jemand, er rede, denn ihn habe ich beleidigt. Wer ist hier so schlecht, daß er sein Vaterland nicht lieben will? Ich halte inne, um Antwort zu hören.

Bürger: (verschiedene Stimmen auf einmal) Niemand, Brutus, niemand.

Brutus: Dann habe ich niemand beleidigt. Ich tat Cäsar nichts, als was ihr dem Brutus tun würdet. Hiermit trete ich ab: Wie ich meinen besten Freund für das Wohl Roms erschlug, so habe ich denselben Dolch für mich selbst, wenn es dem Vaterlande gefällt, meines Todes zu bedürfen.

Unter großem Applaus verläßt Brutus die Rednertribune, und etwas später tritt Markus Antonius auf, und er tritt so auf, wie man es erwartet von jemand, der auch in den Medien aufzutreten weiß; ruhig und besonnen. Wir haben vor uns einen Mann, der weiß, wie man in so schwierigen Situationen

– selbst wenn man als Politiker nicht vertrauenswürdig ist – doch großes Vertrauen einflößen kann. Als ehemaliger Freund des Diktators mußte er sich also jetzt ganz besonders gekonnt in Szene setzen:

Antonius: Mitbürger! Freunde! Römer! Hört mich an!
Begraben will ich Cäsar, nicht ihn preisen.
Was Menschen Übles tun, das überlebt sie.
Das Gute wird mit ihnen oft begraben.
So sei es auch mit Cäsar!
Der edle Brutus hat euch gesagt, daß er voll Herrschsucht war.
Und war er das, so war's ein schwer Vergehen.
Und schwer hat Cäsar auch dafür gebüßt.
Hier, mit des Brutus Willen und der anderen.
(Denn Brutus ist ein ehrenwerter Mann.
Das sind sie alle, alle ehrenwert!)
Komm' ich, bei Cäsars Leichenzug zu reden.
Er war mein Freund, war mir gerecht und treu:
Doch Brutus sagt, daß er voll Herrschsucht war, und Brutus ist ein ehrenwerter Mann.
Er brachte viel Gefangene heim nach Rom, wofür das Lösegeld den Schatz gefüllt.
Sah das der Herrschsucht wohl am Cäsar gleich?
Wenn Arme zu ihm schrien, so weinte Cäsar:
Die Herrschsucht sollt' aus härterm Stoff bestehn.
Doch Brutus sagt, daß er voll Herrschsucht war, und Brutus ist ein ehrenwerter Mann.

So steigt Antonius herunter vom Podest und sucht Kundennähe gegen die Mächtigen im Senat mobilisiert er die Macht des Marktes. Er bekennt sich zur Männerfreundschaft, zur Liebe, auch wenn Cäsar hassenswert gewesen war. Man mußte ihn eben doch gerne haben, wie man eben tüchtige, unbequeme Menschen gerne haben muß. Farblos sind daneben die Verschwörer.

Antonius: Die diese Tat getan, sind ehrenwert.
Was für Beschwerden sie persönlich führen, warum sie's taten, ach, das weiß ich nicht.
Doch sind sie weis' und ehrenwert und werden euch sicherlich mit Gründen Rede stehn.
Nicht euer Herz zu stehlen komm' ich, Freunde:
Ich bin kein Redner, wie es Brutus ist.
Nur, wie ihr alle wißt, ein schlichter Mann, dem Freund ergeben, und das wußten die gar wohl, die mir gestattet, hier zu reden.

> Ich habe weder Witz noch Wort, noch Gaben, noch Kunst des Vortrags, noch die Macht der Rede, der Menschen Blut zu reizen; nein, ich spreche nur geradezu, und sag' euch, was ihr wißt.

Emotionen werden dann besonders honoriert, wenn sie mit einem konkreten materiellen Vorteil verbunden sind. Er stellt dem Volk auch eine Neuigkeit in Aussicht, die wie eine Bombe einschlägt. Cäsar hatte ein Testament gemacht. Darin steht, daß jeder Römer bei seinem Ableben 75 Drachmen bekommen soll. Jeder! *So spricht Antonius nicht gegen die Wiederherstellung der Republik, sondern für ein konkretes, faßbares Angebot.* Das scheint manchen Lesern demagogisch, wirksam ist es in jedem Fall.

Fazit

In den Kommentaren zu den damaligen Geschehnissen steht: Sie rannten schreiend zu den Häusern der Verschwörer und zündeten sie an. Sie schlugen dabei auch Leute tot, die nur aussahen wie Verschwörer, z.B. einen Bildhauer, der gerade einen Marmor mit seinem neuesten Werk zum Zensor schleppte. Er versuchte vergebens, zu beweisen, daß er Künstler sei und sich darum nie ernsthaft um Markt und Politik gekümmert habe. Das alles nützte nichts. Er wurde mit seinem eigenen Marmor erschlagen. Brutus und Cassius entkamen, wie man weiß, in knapper Not aus der Stadt. Die Konkurrenz hatte sich abgesetzt; in der Folge wurden Macht und Markt in Rom neu aufgeteilt.

Markus Antonius erhält – ohne Bewertung seiner moralischen Qualitäten – für Auftritt, Anziehung und Abschluß ein „Triple A".

3.12 Schlußfolgerungen und eine erste Bilanz

So mancher Leser fragt sich mit Recht, inwiefern er aus den Shakespeareschen Gesetzen und dem daraus resultierenden inszenierten Denken Nutzen ziehen könnte – und dies rasch und einsehbar. Dabei dienen die vorangegangenen Beispiele und insbesondere die Textauszüge über die inszenierte Ermordung Cäsars und die aufgezeigten Folgen nur dazu, die Lust zu fördern, eben über diese Fragen nachzudenken. Sie sind nicht leicht zu beantworten. Man läuft auch Gefahr, den Zeigefinger zu erheben, insbesondere bei Stellen, die mit den herkömmlichen (Moral-)Vorstellungen von richtig und falsch nicht in Übereinstimmung zu bringen sind.

Es gehört etwas Unbekümmertheit dazu, anhand einer Zwischenbilanz drei Schlußfolgerungen zu präsentieren und sie als nützlich anzubieten:

1. **Schaffen Sie Glaubenssätze ab, und erzählen Sie den Leuten eine gute, glaubhafte Geschichte. Sie werden überrascht sein, wie viele neue Zuhörer Sie gewinnen.**
   Wer inszeniert denkt, schafft „Visionen", „Leitbilder" und „Grundsatzpapiere" aller Art ab und ersetzt sie durch „gute Geschichten", die lebendig sind und passen, d.h., den Verhältnissen entsprechend immer wieder fortgeschrieben werden können. Visionen dagegen sind in der Regel gestylte Botschaften, von oben verordnet, austauschbar und Allgemeinplätzen nahe. Sie erscheinen denn auch auf Hochglanzpapier im Vierfarbendruck. Demgegenüber sind Geschichten kundennah, dem Volk aufs Maul geschaut. Sie erzählen von einer Mission, von einem Sendungsbewußtsein. Man will davon hören und mehr erfahren. Brutus hatte eine Vision. Markus Antonius hatte eine „gute Geschichte".

2. **Ermutigen Sie die Kunden zum Abschluß!**
   Die ausgewählten Geschichten und die Vorkommnisse auf dem Forum zeigen einmal mehr, daß „Verkaufen" im Grunde gar nichts mit Produkt oder Dienstleistungen zu tun hat, sondern einzig und allein mit der Beziehung zwischen Kunde und Verkäufer (im letzteren Fall zwischen Redner und Publikum). Markus Antonius hätte alles verkaufen können. Er hat verstanden, aus der Fülle der Vorstellungen und Gefühle seines Publikums jene anzusprechen, für die er nach der Ermordung Cäsars ansprechbar war. Dabei hat er dem Publikum Fragen gestellt, die den Schluß zuließen, jetzt sei Handeln geboten und zwar sofort. Dazu kommt es, wenn das Publikum in den Fragen seine Ideen, Vorstellungen und Gefühle wiedererkennt. Den Druck, der so entsteht, übt das Publikum auf

sich selbst aus. Es ist ein Druck von innen, wie bei einem Dampfkochtopf. Man muß nur das Ventil öffnen, damit der Dampf entweichen kann.
Erfolgreiches Marketing ist demnach ganz auf diesen Prozeß ausgerichtetes Denken und Fühlen. Marketing ist eine Geisteshaltung und keine Abteilung. Konzentrieren Sie sich auf diese Geisteshaltung, schaffen Sie Marketing-CI-Abteilungen und andere „Verschwörungsgruppierungen“ ab.

Marktinszenierung zielt darauf ab, den Kunden zu ermutigen, sich das zu erfüllen, was er eigentlich will, selbst wenn er es im Moment nicht braucht.

3. **Betrachten Sie das Verkaufen als ernsthaftes Spiel (oder spielerischen Ernst), in dem alle Ihre Kunden und Konkurrenten einen Punkt gewinnen können.**
Benutzen Sie darum eine einfache, direkte Sprache, schaffen Sie das Kauderwelsch ab, bemühen Sie sich nicht um Wissenschaftlichkeit. Alles, was Sie der Wissenschaft entnehmen, sind Argumente aus dem Kopf und prallen in der Regel am geistigen Schutzwall der Kunden ab. Denken Sie mit dem Herzen und den damit verbundenen Gefühlen. Auch das kann man aus der Rede von Markus Antonius lernen.

TEIL II
VOM INSZENIERTEN HANDELN

4.
Sieben Fallen im Regelkreis des Shakespeareschen Marketing

Sich verändernde Marktplätze – ungebundene Konsumenten – was nun?

Es ist menschlich verständlich und naheliegend, über den unfaßbaren Markt, die noch unfaßbarere Marktentwicklung und über die falschen Kunden zu lamentieren. Folgende Plagen von biblischer Dimension sind in der Regel zu hören:

- Marktsättigung: Überschuß, Überdruß
- Angebotsgleichheit: gleiche Produkte, bekannte Argumente und gleiche Versprechen (z.B. „Wir sind billiger.")
- Bindungsfreiheit: Treulosigkeit, Low Involvement und Zerfall von bestehenden und (liebgewonnenen) Strukturen.
- Kostendruck: Preise herunter – Rabatte hinauf
- Wandel der Werte: neue Sitten und Unsitten (Das Konsumverhalten ist so launisch wie das Wetter.)

Bei diesen „Plagen" handelt es sich durchwegs nicht um vorübergehende Erscheinungen. Was hier passiert, geht an die Existenz. Mit 10 Kernfragen eröffnen wir daher das Kapitel.

1. Wie erklären Sie Ihre (Kern-)Kompetenz in nur einem Satz?
2. Wie dramatisch bzw. publikumswirksam inszenieren Sie Ihre (Kern-) Kompetenz?
3. Wie beschaffen Sie sich die dafür notwendigen Informationen und Verbesserungsvorschläge? Bei Mitarbeitern, Kunden, Zulieferern, anderen Partnern?
4. Wie suchen Sie die erfolgversprechenden Marktplätze?
5. Wie wählen Sie die erfolgversprechenden Marktplätze aus?
6. Sind Sie in der Lage, nicht nur den Bedarf zu befriedigen, sondern auch die Befriedigungsqualität bei Ihren Kunden zu erhöhen?
7. Haben Sie Klarheit über Ihre profitablen Kundenbeziehungen, und was tun Sie dafür, daß Sie profitabel bleiben?
8. Haben Sie eine Vorstellung, wie Sie in Zukunft die weniger profitablen, aber erfolgversprechenden Beziehungen angehen wollen?
9. Haben Sie den Mut, sich von uninteressanten Beziehungen konsequent zu trennen?
10. Haben Sie ein Marketingkonzept, und wenn ja, gibt es konkret Antwort auf die Fragen bezüglich Alleinstellung, Anziehung und Abschluß? Wo wollen Sie ansetzen? Was können Sie davon sofort realisieren?

Die nachfolgenden sieben Kapitel geben Hinweise, wie man diese Fragen angehen kann. Sie begleiten den Leser im Regelkreis des Shakespeareschen Marketing und tragen dazu bei, seine Beurteilungssicherheit zu verbessern. Sie machen ihn auf Fallen aufmerksam, die es zu beachten gilt. Es sind deren sieben. Gebündelt betrachtet, ergibt sich daraus ein Arbeitsinstrument in sieben Punkten.

4.1 Erste Falle: Sich auf Nischen setzen, statt auf den Markt vorzustoßen

Es gibt eine vielfältige Auslegung und Interpretation des Begriffes Nische und entsprechend auch ausladende wissenschaftliche Werke darüber (Cavalloni 1991). Dabei macht die Wissenschaft aus der Nische mehr als nur eine Nische und schafft es auch, dazu eine umfangreiche Typologie zu erstellen, die die Sache reichlich kompliziert. Die wissenschaftlichen Unterscheidungen helfen dabei wenig, konkret die Frage zu beantworten, was es in der Praxis mit der Nische auf sich hat und wie sie zu handhaben ist. Dabei wird der Begriff Nische in der Regel zu eng gefaßt. Er ist auch geläufig unter dem Wort Marktnische, was der Vorstellung von Kleinheit entspricht; aber warum soll es nicht auch große, weltumspannende Nischen geben?

Als Kommunikationsfachleute tun wir gut daran, die Sache zu vereinfachen, auf das Kommunizierbare und Faßbare zu reduzieren. Hilfreich ist fürs erste die Definition von Kasimir M. Magyar: „Demnach ist eine Nische ein Marktbereich, in dem manifeste oder latent vorhandene Kundenbedürfnisse vom bestehenden Angebot nicht oder nicht ausreichend befriedigt werden" (Magyar 1987). Das Ziel ist, solche Marktlücken zu entdecken, indem man etwas besser machen kann als alle andern.

Aber auch die Definition von Magyar geht nicht aufs Ganze. Es genügt nicht, in Nischen hineinzustoßen, um etwas besser zu machen. Die Nische gibt immer die Richtung auf einen neuen Markt an; sie ist somit Ausgangspunkt und nicht Endstation. Nur so wächst – mittels Erfahrung und Erfolg – schrittweise in eben dieser Nische ein Volumenmarkt heran. Volumen, Umsatz sind nicht das Ziel, jedoch die Folge der Nischenorientierung. Denn ganz ohne Wachstum geht es eben nicht.

Sehr bildhaft und treffend ist der französische Begriff von Nische, der mit dem Wort „créneau" (Schießscharte) übersetzt wird. Es handelt sich demnach um ein Mauerfenster, wo man durchschießen kann, um Bedürfnisse und Befriedigungsqualität des Kunden pfeilgenau zu treffen.

Viele Unternehmer glauben, die Nische genauestens analysieren zu müssen, um die „richtige", d.h. geschützte, Nische zu finden. Dies sind viel zu statische Vorstellungen, von dem Wunschdenken geprägt, sich in einem geschützten Raum hinter Barrieren von vermeintlichen Bedrohungen und konkurrierenden Neuheiten verbarrikadieren zu können. Solche Bilder von „Trutzburgen" sind faszinierend und beruhigend zugleich und einen beschränkten

Zeitraum auch tauglich, bis sie vom Markt überholt sind. Dem Ziel nützlicher ist der erwähnte dynamische Begriff, Nische als Schießscharte zu verstehen; dazu zwei Beispiele:

1. **Marktnische Joghurt**
   Es genügt nicht mehr, daß Joghurt aus einwandfreien Rohprodukten hergestellt ist und gut schmeckt. Die Nische liegt in Zusatzeffekten, die dazu angetan sind, die Qualität der Bedürfnisbefriedigung zu erhöhen. Dabei kann man Lebensmittel mit bestimmten gewünschten Eigenschaften versehen, die beispielsweise Stoffwechselvorgänge beim Menschen unterstützen. Werner Bauer, Koryphäe auf dem Gebiet der Lebensmitteltechnologie beim Nestlé-Konzern: „Wir haben hier eine Starterkultur eingesetzt, die diverse Immunvorgänge stimuliert. Diese Wirkung wird zusätzlich ergänzt durch eine Hemmung von Bakterien, die für Durchfallerkrankungen und Magengeschwüre verantwortlich sind. Auf diese Weise steigern wir die natürlichen Abwehrkräfte des Körpers."
   Das Joghurt ist also nicht mehr nur ein Joghurt, sondern ein Lebensmittel, dem gesundheitsfördernde bzw. präventivmedizinische Eigenschaften nachgesagt werden können. Es stellt sich die Frage, ob der Markt die Nische auch erkennt. Nach Auskunft der Nestlé wurden bereits drei Monate nach Markteinführung von diesem Joghurt 16000 Tonnen pro Jahr verkauft. Die Nische ist somit bereits Markt.

2. **Marktnische Verlagsprodukt**
   Hauptgeschäft von Eurotax ist das Herausgeben von Bewertungs- und Kalkulationsunterlagen für alles, was fährt, schwimmt oder fliegt – von Autos über Fahrräder, Baumaschinen und Krane bis hin zu Motor- und Segeljachten (Bilanz Februar 1995). Die Nische heißt: mehr Transparenz und Beurteilungssicherheit, wenn es um Preise und Kosten geht. Die rund drei Dutzend Eurotax-Publikationen erscheinen – nach Bedarf und in unterschiedlichen Zeitabständen – mit einer durchschnittlichen Druckauflage von monatlich 300 000(!) Exemplaren und haben mittlerweile in Finanz- und Steuerämtern, technischen Überwachungsdiensten, Leasinggesellschaften, Bank- und Unternehmensberatungen, aber auch bei vielen Privatpersonen in über 19 europäischen Ländern Anerkennung gefunden.

Beide Beispiele illustrieren, was wir unter einer Nische zu verstehen haben. Sie durchstoßen ein wichtiges Grundbedürfnis, in einem Fall die Nachfrage nach gesundheitsfördernden Milchprodukten, im anderen Fall die Nachfrage nach mehr Beurteilungssicherheit. Ein neues Produkt wird nischenfähig; dabei spricht es latente oder vorhandene Markterwartungen an.

Die Beispiele zeigen aber auch, was es heißt, Marktnischen nicht nur zu besetzen, sondern sie auch zu durchstoßen, Bedarf zu schaffen. Nestlé steht mit seinem Joghurt am Anfang einer neuen Generation von Milchprodukten. Zur Diskussion steht die homologe Gentechnik zur Entwicklung neuer Bakterienstämme, die im Bereich Pflanzenzucht bis hin zur Joghurtproduktion umwälzende neue Angebote auf neuen Marktplätzen schafft. Der Leser ahnt es: Hier bahnt sich ein neuer Volumenmarkt an, der Begriff Nische wird über kurz oder lang gesprengt. (Die homologe Gentechnik ist nicht zu verwechseln mit der umstrittenen heterologen Gentechnik zur Übertragung bestimmter Eigenschaften von einer Art auf die andere. Hier hält sich Nestlé heraus.)

Das gleiche gilt für die Publikationen der Eurotax. Was sich anfänglich als Nischenprodukt angeboten hat, hat sich als Volumenmarkt entwickelt mit einem differenzierten Servicepaket. So sind die laufend aktualisierten Daten über elektronische Medien abrufbar. Eurotax bietet dazu Softwarelösungen an, die einen schnellen unkomplizierten Zugriff ermöglichen. Daneben publiziert das Unternehmen auch wissenschaftliche Handbücher und eine Fülle von Fachberichten.

Es ist ein schwieriges Unterfangen, die vielfach verdeckten und versteckten Nischen aufzuspüren. Eine große Hilfe sind Ihnen dabei die Kunden, vorausgesetzt, Sie sind über Ihre Kunden im Bild.

Wer nach einer Nische sucht, prüfe daher die nachfolgenden Fragen:

1. Kennen Sie die genaue Zahl der Kunden, die Sie in den vergangenen Monaten gewinnen konnten. Kennen Sie auch die Zahl der Kunden, die Sie im selben Zeitpunkt verloren haben, und auch den Grund dafür?
2. Haben Sie schon daran gedacht, sich mit der Kundenstammforschung zu beschäftigen, also mit den Fragen, warum Ihnen Kunden treu bleiben und warum andere zu Mitbewerbern hinüberwechseln oder wechseln möchten?
3. Wissen Sie, was die Akquisition neuer Kunden pro Kopf kostet? Was würden Sie alles tun, um möglichst wenige Kunden zu verlieren: Wenn Sie aber trotzdem Kunden verlieren? Verlieren Sie die richtigen – das heißt, diejenigen, die Ihnen nicht mehr folgen wollen oder können?
4. Suchen Sie bei Ihren Kunden und Lieferanten systematisch nach Widersprüchen (beispielsweise Widersprüche aus der Natur der Sache, aus der Interessenlage, aus dem Hunger nach Neuem)? Leiten Sie daraus Chancen ab, Bedürfnisse qualifizierter zu befriedigen oder gar neue Bedürfnisse zu schaffen?

5. Wo gibt es eine Nische, durch die Sie dank Ihrer Kompetenz mit Erfolg durchstoßen könnten, weil Sie ein wichtiges Bedürfnis treffen und befriedigen?
6. Gibt es da auch ein Publikum, das auf Befriedigungsqualität anspricht, und verfügen Sie im Rahmen Ihrer Marketingkommunikation über eine „gute Geschichte" und eine publikumswirksame Inszenierung?
7. Sind Sie bereit, Phantasie, Innovationskraft, Zeit, Geduld und Geld einzusetzen in der Absicht, den neuen Marktplatz zu besetzen und aus dem Nischenangebot ein Volumenangebot zu machen?

Wenn Sie diese Fragen nicht auf Anhieb und präzis beantworten können, dann sollten Sie sich nicht weiter grämen. Sie sind in bester Gesellschaft. Zwei Drittel aller Unternehmen können es nicht. (Quelle: GfS-Forschungsinstitut Zürich Studien 1995). Dabei wären solche Informationen Gold (Geld) wert.

Denn die erweiterte Definition der Nische verlangt, daß wir nicht nur über die Erwartungen unserer Kunden Bescheid wissen, sondern auch über deren großen Sehnsucht nach Befriedigungsqualität. Wer diese Sehnsucht stillen kann, hat auch (Volumen-)Markt.

Fazit

Wie schaffen Sie eine unverwechselbare Marketingrealisation auf einem neuen Marktplatz? Das ist die Frage. Die Antwort: Indem wir mit fokussierter Kompetenz eine Nische durchstoßen und mittels Inszenierung auf dem neugeschaffenen Markt eine hohe Befriedigungsqualität schaffen.

Zur Erläuterung dient das Beispiel der Espresso-Vollautomaten der Schweizer Firmen Jura und Solis; es zeigt deutlich, daß der alte Begriff von Nischen ausgedient hat bzw. einer dynamischen Vorstellung Platz macht. In einem Pressedienst steht: „Espressomaschinen werden zu Exportschlagern der Elektrogeräte-Industrie. Nirgends auf der Welt sind Espressomaschinen in Haushalt und Büros so verbreitet wie in der Schweiz. Die Hersteller machen sich jetzt daran, diese Nische weltweit zu besetzen." Offensichtlich geht es weniger darum, eine Nische zu besetzen als vielmehr durch eine Nische durchzustoßen. Es ist nämlich ein Ding der Unmöglichkeit, sich auf eine Nische und erst recht auf eine weltweite zu setzen.

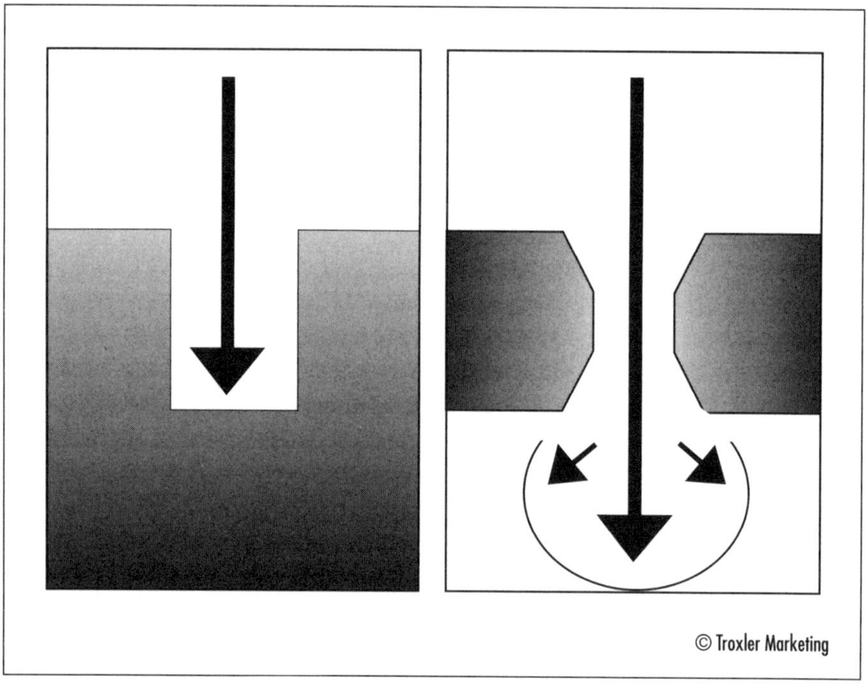

Bearbeitung von Nischen

Nische statisch betrachtet:
Die linke Abbildung zeigt eine Mauernische, die es zu erobern bzw. zu besetzen gilt. Sie ist von der Konkurrenz geschützt, allenfalls durch hohe Eintrittsbarrieren abgeschirmt. Die Entwicklung zum Volumenmarkt ist behindert, die Inszenierungsmöglichkeiten sind beschränkt.

Nische dynamisch betrachtet:
Die rechte Abbildung stellt die Nische als offene Lücke (Marktlücke, Schießscharte) dar, die es zu durchstoßen gilt, um auf einen neuen Marktplatz zu gelangen. Durch Kundenbindungsmaßnahmen kann die Lücke für nachfolgende Konkurrenten „verstopft" werden. Der Volumenmarkt ist nicht eingeschränkt, die Inszenierungsmöglichkeiten sind unbeschränkt.

4.2 Zweite Falle: Zuwenig präzis und innovativ in der Schlüsselbotschaft

Die Schlüsselbotschaft ist dazu da, dem Unternehmen den Zugang zu den „notwendigen Ressourcen“ (Lieferanten, Mitarbeiter, Kunden und Öffentlichkeit) zu erschließen (Kurt Huber, 1990). Unsere Botschaft ist so gesehen ein Produktionsfaktor und bedarf daher besonderer professioneller Anstrengung, d.h., sie muß

- präzis sein, Orientierungshilfe anbieten, auffordern: *„Bitte schön, dahin geht's“*;
- innovativ sein, d.h. unverwechselbar und originell wie ein Fingerabdruck und mit einer einmaligen Aussage: *„Das bin ich“*.

Das ist alles leichter gesagt als getan. Dies versuchen wir mit den folgenden Fragen und einigen Erläuterungen zu erklären:

1. **Sind Ihre Schlüsselbotschaften für Ihre Empfänger eine Orientierungshilfe?**
   Sind sie leicht selektierbar, d.h., sind sie einfach und klar in der Ausdrucksweise und so speziell geeignet, Interesse für Unternehmen und Angebot zu wecken?
   Präzision verlangt eine einfache Sprache. „Keep it simple and stupid“, sagen die Amerikaner. Man kann sich über die Interpretation von „stupid“ (es sollte wohl eher stupend heißen) streiten – „simple“ läßt dagegen keine Mehrdeutigkeiten zu. Zu beachten ist: je mehr Sprachgebiete als Wirkungsbereich für Botschaft und Namen, desto höher die Anforderungen.

2. **Ist Ihre Botschaft merk-würdig?**
   Innovativ ist erst einmal alles, was sich als merk-würdig und unverwechselbar abhebt. Was nicht merk-würdig und nicht unverwechselbar ist, geht in der Informationsflut der Schablonen unter. Die Botschaft soll auch frisch und unverbraucht wirken. Damit erhöht sich die Chance, daß sie – wegen Originalität und Eigenheit – auch gefällt. Hinweis: Produkt, Name und Information sollen eine Einheit bilden – Einheit in der Materie.

3. **Verfügt Ihre Botschaft über ein gutes „Erbgut“?**
   Je mehr eine Botschaft und die da vermittelten Begriffe und Namen an semantische, assoziative, phonetische und visuelle Qualitäten anknüpfen können, desto kürzer ist der Weg vom Absender zum Empfänger. Man sollte der Kommunikationsbereitschaft entgegengehen, nicht ihr nachrennen.

Bildhafte, symbolstarke Umschreibungen von Produkten und Namen tragen wesentlich dazu bei, Neuheiten und deren Nutzen rascher zu kommunizieren. Weniger bildstarke Umschreibungen müssen dagegen mit viel zusätzlichem Werbeaufwand und Erklärungen „angereichert" werden. Das ist nicht nur kostspielig, sondern nicht selten ermüdend und kontraproduktiv.

4. Sind Ihre Botschaften auch juristisch einwandfrei?

Ein besonderes Augenmerk gehört der formalen Qualität. Es ist von Vorteil, Abstand zu halten von bekannten Konkurrenzbotschaften und deren Markenzeichen. Damit hält man sich aus dem Informationsbrei heraus und geht auch kein juristisches Risiko ein (unlauterer Wettbewerb). Wir denken z.B. an „vergleichende Werbung" und ihre unterschiedliche Beurteilung in Recht und Praxis. Dabei sollten neue Namen, Begriffe und Slogans überall registrierbar sein, den gesetzlichen Anforderungen bzw. der Rechtspraxis der betreffenden Länder entsprechend. Besondere Vorsicht ist geboten, wenn Sie Ihren Konkurrenten den „Krieg erklären". Es sind weniger die Prozesse, die Sie fürchten müssen (denn die werden in der Regel mit einem Vergleich abgeschlossen), als die gerichtlich verfügten vorsorglichen Maßnahmen, die, superprovisorisch angeordnet, definitiven Schaden bringen.

Das Mitteilungsbedürfnis hinter das Informationsbedürfnis stellen.

5. Sind Ihre Botschaften politisch stimmig?

Ein legendäres Beispiel dafür ist die Kampagne 1955, mit der die Agentur Doyle Dane Bernbach den Volkswagen nach New York brachte. Die Aufgabe bestand also darin, ein „Nazi"-Auto in einer jüdischen Stadt zu verkaufen.

Der Volkswagen war nach beinahe allen Maßstäben jener Tage ein häßliches Auto, und seine Unansehnlichkeit war zu einem unüberwindlichen Hindernis geworden, da jedermann wußte, daß es ein deutsches Auto und „Schöpfung des Führers" war. Dieses Bewußtsein machte den Verkauf des Wagens auf dem wichtigsten Eintrittsmarkt – New York – mit einem großen jüdischen Bevölkerungsanteil praktisch unmöglich. Zudem hatten die Amerikaner damals nicht viele Kleinwagen (Roy 1993).

Die Botschaft wurde also zu einem politischen Problem und damit zu einem Marketingproblem. Jeder Versuch, die Botschaft präzis auf die technischen Vorzüge des Autos zu fokussieren, mußte aus den besagten Gründen scheitern, denn diese erinnerten immer gleichzeitig auch an die Leistungsfähigkeit der deutschen Wehrmacht.

Die Lösung des Problems: Die Botschaft zielte nicht aufs Auto, sondern aufs Denken (think small), und die damit verbundene Geschichte nicht auf Fahrleistung, sondern auf Charme und Respektlosigkeit („beetle" = Käfer). Politische Stimmigkeit gewinnt in unseren Tagen enorm an Bedeutung. Das mußten die Shell-Manager erfahren, die glaubten, die Entsorgung einer Ölplattform sei nicht mehr Teil der Marktinszenierung.

Zu jeder präzisen Botschaft gehört auch der passende (glaubwürdige) Absender. Und dieser hat einen Namen. Einen (neuen) Namen im Markt zu etablieren bzw. zu vitalisieren ist ein Kraftakt. Der Name ist jedoch neben den unzählig anderen Elementen eines Marketingprogramms oft das einzig Konstante, das über den Zeithorizont hinaus von Nutzen ist. Daß Namensgebung keine leichte Sache ist, davon können die Eltern ein Lied singen. Schließlich sollte er nicht nur zum Kind passen, sondern auch lebenslang mit Freude getragen werden.

David A. Aaker hat die Qualität des Namens – gestrafft und zusammengefaßt – wie folgt definiert: „Ein Name sollte einprägsam sein, im Idealfall auf das Produkt oder die Dienstleistung hindeuten, ein Symbol oder einen Slogan unterstützen, erwünschte Assoziationen hervorrufen und unerwünschte neutralisieren, Charakter haben, konfliktfrei und rechtlich schützbar sein" (Aaker 1992). Wie bringt man nun alle diese Qualitäten unter einen Hut?

Besonders erschwerend zeigt sich das beispielsweise im Pharmabereich. Hier präsentieren die meisten Unternehmen eine ganze Produktpalette zusammengesetzt aus Neuheiten, aber auch aus Produkten in gesättigten Märkten. Die Lösung geht in Richtung Diversifizierung in Unternehmungsteile, die sich unterschiedlich fokussieren, auf das was sie tun. Das hat auch Auswirkungen auf die Namensgebung (Wiersema 1995).

Die wichtigsten Fragen dazu haben wir nachstehend zusammengestellt.

- Soll der Name in erster Linie die richtige und rasche Identifikation des Produktes oder der Unternehmer bzw. Unternehmensteile gewährleisten?
- Oder soll er klar auf eine bestimmte Beschaffenheit oder Funktion, einen einzigartigen, vielleicht gar innovativen Unterschied oder Vorteil gegenüber Konkurrenzprodukten hinweisen?
- Soll er in erster Linie den Verstand, die Sinne, die Emotionen oder die Intuition ansprechen?
- Soll er für ein Einzelprodukt oder für ein ganzes Sortiment (homogen? heterogen?) oder für ein Unternehmen eingesetzt werden?

- Tritt er dominant auf oder nur als Absendermarke oder als Zusatz in Verbindung mit einem bereits eingeführten Namen?
- Wird er vorwiegend in visueller Form verwendet oder oft auch in akustischer?
- Entspricht der Name den sprachlichen Kenntnissen und dem Bildungsniveau der Zielgruppe?
- Sollte der Name ein scharfes, präzises Profil aufweisen oder ein (noch) unbestimmtes, das quasi offen und kompatibel ist für künftige Produktänderungen, landesspezifische Positionierungen, wechselnde Zeitströmungen und neue Geschichten?
- Welcher Art sind die wichtigsten Konkurrenznamen, welche Themen besetzen sie? Ergo: Welchen freien und für die Zielgruppe relevanten Marktplatz kann und soll der neue Name besetzen?

Über all den Anforderungen an einen Namen steht sozusagen eine Königsqualität, die gar nicht zu hoch gewichtet werden kann: *die Unterscheidungskraft des unverwechselbaren (Marken-)Namens als glaubhafte Überschrift zur inszenierten Geschichte.* Unterscheidbar, unverwechselbar machen, herausheben, abgrenzen oder, zeitgemäßer gesagt: profilieren – das ist die wichtigste, die Urfunktion jedes Namens. Er soll die Persönlichkeit, die Einzig- und Andersartigkeit des Produktes oder Unternehmens offensichtlich machen. Und das heißt auch: Der Name darf keinesfalls vom Herdentrieb geprägt sein, er darf kein Branchenklischee darstellen. Wenn so viele Informatiknamen mit Kürzeln wie com, sys, digit, data, tronic usw. auftreten, dann sticht ein Apple bildhaft und symbolstark heraus. Wo Chocoletti, Chocolini, Chocopic, Chocamour, Chocmidor und andere Choco-Chocs phantasielos verführen wollen, da lassen Lila Pause und After Eight aufhorchen.

Wo Braugold, Sternbräu, Meisterbräu, auch Felsenbräu, Schloßbräu und allerlei anderes Gebräu Gefahr laufen, verwechselt zu werden, da profilieren sich wohl eher Clausthaler, Warsteiner, Jever, Bit. Das italienisch-spritzige Maggi ist von Haus aus besser als das bisherige schwerfällige Knorr, Sony ist besser als Hitachi. Esso und Aral sind besser als DEA und Total. Allianz ist besser als Providenzia, La Suisse besser als das für Versicherungen zu weiche kosmetische Elvia. Barilla und Miracoli sind besser als Birkel und Ernst (Wo bleibt der Genuß?). Das noble Lexus ist besser als das konstruiert wirkende Xedos. Persil und Ariel klingen besser als Dash (ein phonetischer Dämpfer, zumindest im deutschen Sprachraum). Das exotische Tchibo klingt frischer als das flaue, mehr nach Duschvorhang als nach Kaffee klingende Eduscho. Agfa klingt erfolgversprechender als Fuji. Rothschild und Moet-Chandon sind nobler als Mauler und Kriter (Höfler 1994).

Wer	Sender	Partei, die eine Botschaft an eine andere Partei übermittelt
sagt was	Botschaft	Gesamtheit der Symbole, die der Sender übermittelt
in welchem Kanal	Medien	Weg der Botschaft vom Sender zum Empfänger
zu wem	Empfänger	Partei, welche die von einer anderen Partei übermittelte Botschaft erhält
in welcher Form	Kodierung	Vorgang des Umsetzens der Botschaft in symbolischer Form
mit welcher Bedeutung	Dekodierung	Vorgang, mit dem der Empfänger den übermittelten Symbolen eine Bedeutung zuschreibt
mit welchem Effekt	Reaktion	Verhalten des Empfängers nach der Übermittlung der Botschaft
mit welcher Reaktion	Feedback	Bestandteile der Reaktion, die der Empfänger dem Sender zurücksendet

Die Lasswellsche Formel/Kommunikationselemente nach Kottler

Fazit

Sind Ihre (Schlüssel-)Botschaften und die ihnen zugeordneten Namen kodierbar? Und macht es Spaß, sie zu dekodieren?

Kodierung bedeutet dabei das präzise Umsetzen der Botschaft in symbolische Formen (Codes). Man spricht auch von Verschmelzung der Worte und Bilder zu einer Metaphorik. Das Wort Metaphorik wird allzuoft lediglich mit Bildern assoziiert, aber es umfaßt mehr: „Metaphorik ist die Verwandlung einer Idee in ein Miniaturstück, in ein unauslöschliches Symbol, in eine Szene, die zum Teil der Populärkultur wird, in ein ikonographisches Sinnbild; und diese Metaphorik kann man am besten in Worten oder Bildern oder im Idealfall mit beidem ausdrücken" (Lois 1993).

Die Lasswellsche Formel hat Philip Kotler (Kotler 1994) um zwei entscheidende Elemente erweitert: die Kodierung und die Dekodierung. Ob Metaphorik oder Code, die Qualität dafür ist in drei Worten zu umschreiben: kurz, klar und kompromißlos.

Dekodierung bedeutet den Vorgang, die Inhalte aus dem Zeichen abzulesen. Ein Mittel dazu ist die „gute Geschichte“, „gut“ steht für wahr, wichtig, wuchtig.

4.3 Dritte Falle: Belehren statt bewegen

Eine Schlüsselbotschaft „Kaufe mich!“, die präzis und innovativ ist und so beim Kunden ankommt, muß noch lange nicht einen Dialog oder gar einen Kaufentscheid auslösen. *Dazu braucht es die Emotionalisierung.* Sie hat zum Zweck, die Kunden zu bewegen, jetzt zu handeln im Sinne eines Kaufentscheides oder einer in diese Richtung zielenden Verhaltensänderung.

Wie tun wir das? Indem wir unsere Botschaft mit Fragen bzw. mit Aufforderungen begleiten, „Bitte kaufe mich!“, also emotionelle Brücken bauen, denen der Kunde problemlos zustimmen kann und die ihn zum Schluß kommen lassen, auf dieses Angebot einzugehen, da er in eben dieser Frage oder Aufforderung seine Ideen, Vorstellungen und Gefühle wiedererkennt. *Den Druck, der dadurch entsteht, übt der Empfänger auf sich selbst aus. Es ist ein Druck von innen – und er ist so stark, daß er Zustimmung auslöst und Handlungsbedarf weckt (Troxler 1992).* Besonders erfolgreich sind Unternehmen, die ihre Botschaft mittels einer „guten Geschichte“ („story“) zu transportieren wissen.

Ein Unternehmen ist wie eine Persönlichkeit. Sie ist interessant, wenn sie etwas Interessantes zu erzählen hat. Eine „gute“ Geschichte fußt beispielsweise auf der *Tradition* (Woher kommen wir? Welche Leistungen haben wir erbracht?), auf der *Kompetenz* (Was können wir, und wo sind wir leistungsfähiger als die anderen?) sowie auf der *Vision* (Wohin wollen wir?) und der *Mission* (Was wollen wir da erreichen?).

Auf die Hormonreaktion kommt es an!

Dabei sollten wir nicht vergessen, daß die Antwort auf die Frage, ob unsere Geschichte auch ankommt, ob Dekodierung und Emotionalisierung auch gelingen, von der Chemie abhängig ist. Das ist wörtlich zu verstehen.

Ob unser Vorsatz, die Botschaft zu emotionalisieren, Erfolg bringt, ist von den biologischen Gegebenheiten abhängig, und diese wiederum bestimmen, wie wir unsere Inhalte an den Denkblockaden unserer Kunden (Schutzgitter) vorbeiführen können oder eben nicht. Wenn nämlich die Synapsen in unserem Hirn, die Brücken zu unseren Speichern, die Übertragung stoppen, werden die Hirnzellen unserer Kunden nie von unserer Persönlichkeit und Geschichte erfahren. Dazu Frederic Vester unmißverständlich: „Wenn man also in den bekannten Fehler verfällt, mit dem Detail eines neuen Stoffes zu beginnen, mit Vokablen, Geschichtsdaten, Namen, chemischen Formeln und Fachausdrücken, die man – wenn überhaupt – nur notdürftig irgendwo im

Gehirn assoziieren kann, und meistens an der falschen Stelle, wird sich in unseren grauen Zellen wenig tun. Da das Erfolgserlebnis des Wiedererkennens und Einordnens ausbleibt, setzen zusätzliche Frustrationen und Streß ein und darum wieder Denkblokaden und vermehrte Assoziationsschwierigkeiten." (Vester 1993)

Fazit

Ob eine Geschichte gut oder weniger gut ist, hängt letztlich davon ab, ob sie von den Synapsen übertragen wird und dadurch Emotionen auslöst. Erfahrungsgemäß gibt es vier Qualitäten, die unsere Geschichten „transportfähig" machen und Emotionen bewirken:

1. **Metapher**
   „Gute Geschichten" brauchen eine verbale oder visuelle Metaphorik, eine wirkungsvolles Bild. Dieses Bild lebt von einem zündenden Gedanken oder einer zündenden Idee, die aufleuchtet oder eben nicht. Schon unser Vorfahre Plato definierte die Idee (idos) als geistiges Bild. Dieses Bild ist vielfach fade, blaß; kann aber auch angriffig (griffig), überwältigend sein.

2. **Mission**
   „Gute Geschichten" erzählen nicht nur über unsere sinnliche Welt, sondern vermitteln auch Sinn. Zuhörer sollten sich dem Inhalt der Geschichte kaum entziehen können. „Gute Geschichten" erzählen von einer Mission und schaffen dadurch Mythen.

3. **Nutzen**
   „Gute Geschichten" sind auch gute Ratgeber; sie sind nützlich über den Tag hinaus.

4. **Identifikation**
   „Gute Geschichten" schaffen Identifikation mit Inhalt und Figuren. Ihre Qualität wird gemessen an dem Ruf nach Fortsetzung. „Gute Geschichten" werden weitererzählt und erzeugen so weitere „gute Geschichten". Sie bewegen!

4.4 Vierte Falle: Produkt geht vor

Wir haben uns einige grundsätzliche Überlegungen zu machen, wie wir nicht nur anziehend, sondern auch gleichzeitig kommunikativ wirken, den Dialog auslösen. Zu diesem Thema gibt es eine Menge Literatur und Abhandlungen. Wir beschränken uns auf einige Schlüsselfragen, die uns bei der täglichen Arbeit von Nutzen sind, daraus ziehen wir einige Schlußfolgerungen. Die Themen Reizüberflutung, Aufnahmekapazität des Menschen haben wir im vorderen Teil des Buches behandelt. Wir gehen darum bereits von der Tatsache aus, daß uns in der Regel die Kunden nicht zuhören bzw. nur einen Bruchteil unseres Informationsangebotes aufnehmen wollen, wenn überhaupt.

1. **Wie wollen wir uns gekonnt in Szene setzen, wenn unsere möglichen Kunden uns gar nicht richtig zuhören, uns gar – weil sie keine Zeit haben oder Zudringlichkeit vermuten – ablehnen?**
   Gewinnen kann nur, wer seinem Kunden rasch vermittelt, daß er allen Grund hat zuzuhören, weil er hoffen darf, sich in der Folge mitzufreuen, sich gar selbst aktiv einzubringen. Wer diese Hoffnung nicht schüren, diese Erlebnisqualität nicht in Aussicht stellen kann (beispielsweise weil er selbst nicht begeistert ist oder die Begeisterung nicht vermitteln kann), hat einen schweren Stand.
   Das ist leicht nachvollziehbar. Stellen Sie sich einmal die Frage, wie lange Sie brauchen, um einen Menschen sympathisch zu finden oder ihn abzulehnen.
   In der Regel sind es nur Bruchteile von Sekunden. Das positive oder negative Gefühl ist einfach da, ohne jedes Dazutun. Genauso verhalten sich unsere Kunden gegenüber uns und unseren Botschafen. Sie be- oder urteilen die ersten Sekunden unserer ersten Begegnung, zur guten Darstellung bleibt also wenig Zeit.
   Schlußfolgerung: Für den ersten Eindruck gibt es keine zweite Chance: Nutzen Sie diesen ersten Auftritt als erste und wichtigste Szene ihrer Inszenierung. Die sicherste und schönste Rolle ist dabei ihre eigene Echtheit. Echt sind Sie und Ihr Unternehmen, wenn Sie überzeugt sind von dem, was Sie zu sagen haben.

2. **Haben Sie auch schon festgestellt, daß „Marktinszenierung“ im Grunde genommen wenig oder gar nichts mit Ihrem Produkt oder Ihrer Dienstleistung zu tun hat, aber sehr viel mit Beziehung und Begeisterung?**
   Es gibt Verkäufer, die „alles“ inszenieren und auch alles verkaufen können, während weniger erfolgreiche partout den tieferen Preis der Konkurrenz zur Ausrede nehmen oder von noch nicht vorhandenen Neuheiten träumen. *Die Erfolgreichen haben ein einfaches Rezept: Sie bringen Vor-*

stellungen und Gefühle der Kunden auf die Bühne, und zwar in einer starken und attraktiven Weise, so daß der Kunde Mut findet, jede Hemmschwelle überwindet und begeistert applaudiert. Daran erinnern sich die Kunden auch noch später, während sie den Preis längst vergessen haben. Schlußfolgerung: Inszenieren heißt, durch meinen Auftritt – unter Zuhilfenahme von Einfühlungsvermögen, Phantasie und Anteilnahme – dem Kunden zu etwas zu verhelfen, das sein Wohlbefinden, seine Vorstellung, sein Leben aufwertet.

3. **Ist Ihnen auch schon aufgefallen, daß die meisten Inszenierungen (Dramatisierung der Schlüsselbotschaft und Geschichte) nicht überzeugen?**
Man darf sogar behaupten, sie scheitern – trotz gekonnter Aufmachung – an der Fülle der Informationen, die den Kunden „erschlagen", jedoch nicht überzeugen, weil er einfach abschaltet und sich zu langweilen beginnt.
Der Kunde verlangt nicht nur nach gekonnt aufgemachter Information, sondern will immer auch den Menschen dahinter spüren. Auch der obligate Scherz (auf der Transparentfolie) oder der „Überraschungsgag" an der Kundenveranstaltung (mit oppulentem Buffet) ist nichts gegen das spontane, nicht programmierte, von Herzen kommende Lachen – zwischen Menschen.
Schlußfolgerung: Selbst die technisch raffiniertesten Inszenierungen ersetzen den entscheidenden Erfolgsfaktor nicht: den Austausch von Vorstellungen und Gefühlen als Impulse, der den Kunden sich als Menschen erleben läßt.

Wirksam inszenieren heißt Zugriff auf einen Teil der Wirklichkeit (Wahrheit) haben.

Der Weg zur gekonnten Inszenierung ist schmal, anspruchsvoll und voller Unsicherheiten. Die Beurteilungssicherheit, welche Mittel mit Blick auf das Ganze einzusetzen sind, kann aber mühelos verbessert werden, wenn man sich an vier Kriterien hält, auf die uns der Markt konsequent anspricht. Es sind – in merkfähiger Form – vier „K“ – nämlich Kunde, Kasse, Kreativität und Kultur. Was darunter zu verstehen ist, erläutern wir nachstehend:

Der Weg zur gekonnten Inszenierung: vier „K“

1. **Das erste „K“: Kunde**
   Wodurch erscheinen unsere Kommunikationsmittel sympathischer, menschlicher?
   Die Amerikaner haben darauf eine simple Antwort: „The better you tell, the more you sell.“ Das ist einfacher gesagt als getan. Jede Inszenierung enthält als Konzentrat nur eine, aber entscheidende (und präzise) Schlüsselbotschaft. Sie zu finden und dann präzis umzusetzen ist eine der wichtigsten Aufgaben. Ohne diese Arbeit fehlt den Kommunikationsmitteln das Profil, wir können auch sagen der rote Faden, an dem sich der Kunde – im Sinne der Orientierungshilfe – halten kann. Sympathie geht eben immer über den Kopf zum Herzen – wenn auch in Sekundenschnelle.

2. **Das zweite „K“: Kasse**
   Erhält der Kunde mehr als er erwartet, so ist er gerne bereit, den Gegenwert zu zahlen.
   Der Zwang zu verkaufen verleitet uns immer wieder zu kurzfristigen Aktionen, die stellenweise sogar ein gutes Preis-Leistungs-Verhältnis aufweisen. Auf der anderen Seite wird das Image, die Markensubstanz, ausgehöhlt und die Beziehungspflege, weil kostenintensiv, vernachlässigt. Marktstudien beweisen (Wirz-Optiplan-Werbeinvestitionsanalyse), daß gerade Marktführer tendenziell in ihren Kommunikationsinvestitionen ein ausgewogenes Verhältnis zwischen Promotion und imagepflegender Basiswerbung aufweisen müssen. Daran führt kein Weg vorbei.
   Dabei hat Sympathiewerbung seinen Preis und kann nicht gegen direkte Verkaufsförderung ausgespielt werden. Das gilt insbesondere bei Einführungsphasen, wo es erst einmal heißt, nicht das Produkt, sondern die Präsenz des Produktes zu signalisieren. Rationalisierungsmöglichkeiten sind nicht in der Standardisierung zu suchen, sondern in der Differenzierung, also in der Frage, an welchem Ort mit welchen Mitteln und mit welcher Argumentation die Wirkung zu vergrößern ist. Dabei ist die Wirkung kurz- und langfristig zu messen.

3. Das dritte „K“: „Kick“/Kreativität

Gelingt die Emotionalisierung der Kommunikation? Hat Ihre Geschichte den richtigen „Kick“?

Die kreative, zündende Idee ist die Grundlage zu einem dynamischen Kommunikationskonzept, das – wie im inszenierten Denken dargelegt – als dynamischer Regelkreis etwas zu bewegen vermag. Die Dramatisierung der Geschichte verlangt nun nach geeigneten Mitteln, die je nach Fachrichtung als klassische oder unklassische Werbung angeboten werden.

Frage: Sind die Mittel geeignet, den gewünschte „Kick“ zu bewirken und die Identifikation des Publikums (Kunden) mit unserer Botschaft zu provozieren?

Antwort: Oft genügt die Kreativität den Anforderungen nicht.

Das erklärt am Beispiel der Werbung Hans Ulrich Schweizer, Werbeberatung Wirz, Zürich: „Es ist zwar richtig, daß sich die heutige Werbung ans Herz richten muß und uns emotionell einbeziehen soll. Die Nuance zwischen emotioneller Werbung, die in Zeiten des Informationsüberflusses kalt läßt, und emotioneller Werbung, die zu bewegen vermag, besteht darin, daß letzteres die Marken, Produkte und Dienstleistungen humanisiert. Sie macht die „Emotionalität der Fakten“ zum psychologischen und sozialen Nutzen! Werbung solcher Art orientiert sich am menschlichen Alltag und nicht am werblichen Konstrukt einer Welt, die nur in Marketingplänen und Psychologiestudien existiert. Sie macht Alltägliches und Nachvollziehbares und damit Glaubwürdiges zum Ereignis. Man fühlt sich einbezogen und ist bewegt und damit also gleich verführt.“

Die Frage sei erlaubt, inwiefern sich die Kritik am „werblichen Konstrukt“ auch mit der Werberealität deckt. Ist diese Wurfmaschine der emotionell geladenen Worte und Wortspiele, um nicht zu sagen Klischees, überhaupt zu stoppen?

4. Das vierte „K“: Kultur

Sind Mittel und Maßnahmen mit Unternehmen und deren Kultur identifizierbar?

Wichtigste Aufgabe der Marketingkommunikation ist die An-Bindung seiner Kunden an Unternehmen, Produkte und Dienstleistungen. Der Kunde wird sich aber nur an etwas anbinden lassen, mit dem er sich identifizieren kann. Es bleibt uns nichts anderes übrig, als immer wieder darauf hinzuweisen, wie einzigartig, exzellent wir sind. Da wir uns darüber selbst nicht immer im klaren sind, verleugnen (oder verkleiden) wir nicht selten unsere wahre Identität und machen es so auch unseren Kunden schwer. Erfolgreiche Unternehmen verstehen es, ihre Identität offenzulegen und zu kultivieren. Aus dem Namen machen sie eine Marke mit kulturellem Inhalt, ihre Dienstleistungen entwickeln sich zur Dienstleistungskultur mit glaubhafter CI. Was darunter zu verstehen ist, dafür haben die Engländer eine recht populäre Erklärung: „To have a great idea is not the problem. You have to love it, to care for it. Great ideas are like children: They need to be helped and cared for to really get strong and healthy.“

Fazit

Gekonnte Inszenierung heißt: „Love it and care for it.“

Kriterien		Ziele
K1	Kunde	Sympathie gewinnen
K2	Kasse	Leistung und Gegenleistung garantieren
K3	„Kick“	Kommunikation emotionalisieren
K4	Kultur	Identifikation schaffen

Inszenierungsraster

Ein einheitlicher Auftritt zeichnet sich dadurch aus, daß alle Ziele erreicht sind.
Eine detailliertere Form dieses Rasters wird in der Praxis als Analyseinstrument eingesetzt.

4.5 Fünfte Falle: Kundenfeindliche Strukturen

Der Münchner Betriebswirtschaftsprofessor Horst Wildemann macht es klar: „Ein neues Managementkonzept fordert in erster Linie Verhaltensänderungen bei den Menschen.“ Damit hat er die Schwachstelle freigelegt, die den Zauberformeln „Lean Management“ und „Reengineering“ eigen sind. Eine schlanke, prozeßorientierte Organisation wird linear gedacht und entsprechend aufs Papier gebracht. Sie wird vielerorts (noch) nicht als kybernetische, lernende Organisation verstanden. Selbstkritisch dazu Philip R. Thomas, führender amerikanischer Unternehmensberater: „Quality alone is not enough, what we need is cycles of learning.“ Eben das ist die Voraussetzung, um auf der Shakespeareschen Bühne erfolgreich bestehen zu können.

Organigramme durch Inhalte ersetzen, an denen sich Mitarbeiter und Kunden orientieren können

Wie aber macht das Unternehmen das Lernen möglich?

Indem es erst einmal die Kästchen im Organigramm durch Inhalte ersetzt, an denen sich Unternehmensleitung und Mitarbeiter orientieren können. Für Inhalt steht die „gute Geschichte“ des Unternehmens, deren Inszenierung und die damit verbundenen geschäftsfördernden Aktivitäten zur Sicherstellung des Abschlusses. Auftritt und Marktdurchdringung verraten überdies eine „Mission“! Für einen ersten mutigen Schritt in diese Richtung braucht man kein durchgreifendes Reorganisationsmodell. Schon ein betriebsinterner Entscheid, beispielsweise Montage und Verkauf an einen Tisch zu setzen, bringt verblüffende Resultate. Oder der Mut des Managements, die Mitarbeiter vermehrt mit dem Kunden kommunizieren zu lassen, hat bereits revolutionäre Folgen – notabene zum Nutzen des Unternehmens.

Aber wie sieht die Realität aus? Statt des Ensembles stehen der Theaterdirektor und sein Regisseur auf der Bühne und holen sich den Applaus. Auch die Souffleuse stellt sich auf die Rampe, obwohl sie an dieser Stelle niemand erwartet. Eine absurde Situation, die aber in unseren Unternehmen an der Tagesordnung ist.

Heute ist gemäß der Lehrmeinung Prozeßorientierung Trumpf. Prozeßorientierte Organisation ist – aus der Natur der Sache – eine spielerische Organisation. Dementsprechend benötigen wir Spielregeln, nach denen Menschen miteinander umgehen bzw. an Aufgaben herangehen. *Statt Kompetenzbeschreibung gibt es Rollenbeschreibung, gefragt ist ein gutes Ensemble mit Mitarbeitern, die ihre Rolle beherrschen, nicht Selbstdarsteller.*

Die geltenden Spielregeln basieren auf einem einfachen Modell, wonach wir uns zuerst

- über die Elemente unserer traditionellen Geschichte, also den Sachverhalt, dann
- über den Menschen als Rollenträger,
- über den Prozeß,
- über das daraus resultierende Ergebnis Gedanken machen
- und dabei immer unsere Kunden, das Publikum, vor Augen haben sollten.

Am meisten Probleme schafft uns der bestehende Sachverhalt, die bestehende Geschichte. Sie ist schwer zu ändern; großes Beharrungsvermögen steht ehrlich gemeintem Veränderungswillen entgegen. Über ein rein rationales Vorgehen sind die Dinge nicht zu packen. Ohne Emotionalisierung der Themen kommen Veränderungsbereitschaft und damit kreative Prozesse nicht in Gang. *Der Ansatz, den Sachverhalt als Teil einer „guten Geschichte“ zu begreifen, bringt Bewegung in erstarrte Strukturen.* Dabei stellt sich die Frage:

Ist das, was wir tun, geeignet, einen Beitrag zur Geschichte und Fortschreibung der Geschichte im Unternehmen zu leisten? Sind wir überdies in der Lage, den Sachverhalt so zu dramatisieren, daß er von unseren Kunden mit Interesse und Freude aufgenommen wird?

Ein weiteres Element des Spieles ist der Mensch als Rollenträger. Menschen, die sich bewußt sind, daß sie eine wichtige Rolle spielen, und dies in einer bedeutenden Inszenierung, sind leichter zu motivieren. Der Mensch als Rollenträger kann auch mit seinen Unzulänglichkeiten besser umgehen. Er darf seine Stärke ausspielen, ohne permanent seine Schwäche verstecken oder entschuldigen zu müssen. *Die Rolle ist auch sein Stärkenprofil.* Damit werden im Ensemble der Unternehmen viele Reibungsflächen und Empfindlichkeiten auf einfachste Art neutralisiert. Ein Rollenträger weiß auch um seine Schwäche (die auch Teil seiner Rolle ist) und ist darum bereit, die Rolle des anderen unvoreingenommener, d.h. als Ergänzung zum eigenen Rollenspiel, zu akzeptieren.

Es entspricht dem Begriff Ensemble, eine Aufgabe zusammen, also im französischen Sinn „ensemble“, durchzuführen, d.h. prozeßorientiert auf den Abschluß zuzusteuern. Es entspricht auch der Terminologie Prozeß, daß dieser in einem Zeit- und Aufwandrahmen abläuft. Die vielbesprochene Prozeßorientierung ist so gesehen eine natürliche Folge.

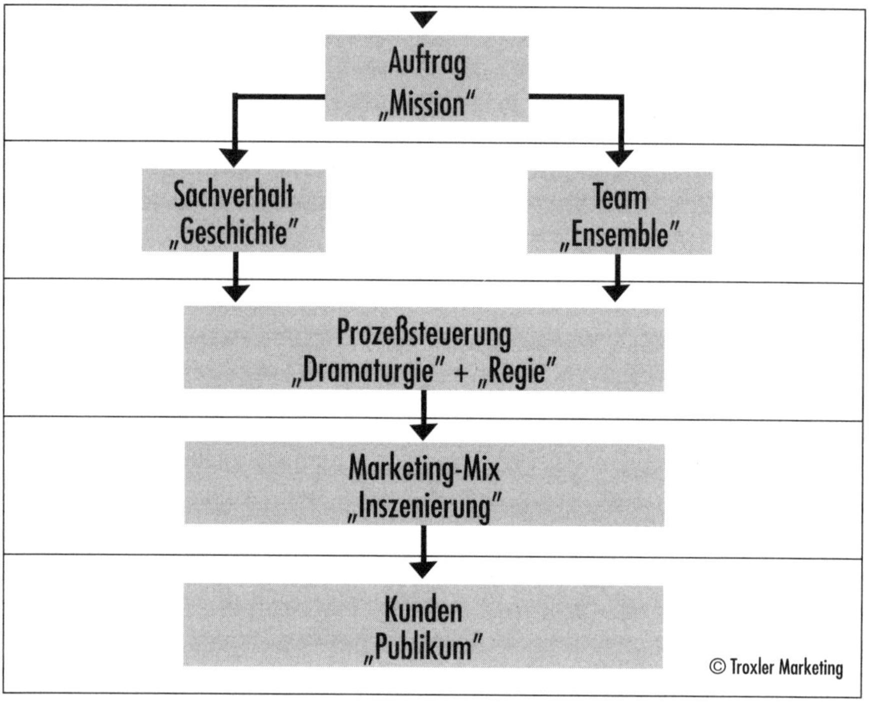

Die Elemente im Kommunikationsprozeß

So führt denn ein Sachverhalt, begleitet von Menschen mit Rollenverständnis, durch einen präzis beschriebenen Prozeß zu einem Resultat vor einem kritischen Publikum.

Es ist nicht Aufgabe dieses Buches, einschlägige Rollenkonzepte bzw. Organisationsmodelle darzustellen und zu zeigen, wie sie im Detail funktionieren. Das würde den Rahmen sprengen. Wir verweisen aber an dieser Stelle auf einen brillanten Analytiker: Henry Mintzberg (Mintzberg 1989).

Fazit

Die nachstehenden Fragen fassen zusammen, auf was es in einem dynamischen Kommunikationsprozeß ankommt und wo man in der Regel Widerstände zu überwinden hat.

1. Haben Sie für das, was Sie tun, einen Auftrag, der Sinn macht? Welches ist Ihre „Mission"? Warum haben Sie das Gefühl, daß Ihre Arbeit wichtig ist?

2. Ist das, was Ihr Ensemble (Kommunikationsteam) tut, stimmig? Stimmt es menschlich, für Sie, für das Team und für Ihre Kunden? Können Sie ja sagen zum Sachverhalt, und ist der Sachverhalt eine „gute“ Geschichte?
3. Handelt es sich um einen kompetent begleiteten Prozeß? Haben Sie dafür geeignete Regisseure? Wer führt Regie? Haben Sie ein gutes Gefühl, wenn man Sie auf das angestrebte Ergebnis, die Inszenierung anspricht?
4. Ist Ihre Organisation einfach und unbürokratisch angelegt? Läßt sie Selbststeuerung auf allen Ebenen zu?
5. Ist Ihre Inszenierung aktuell, d.h. zeitgerecht? Geben Sie Antwort auf Fragen, die der Markt stellt? Mehr noch, handelt es sich um Fragen, auf die der Markt positiv antworten muß? Gibt es dafür publikumswirksame Szenen?
6. Haben Sie alles vorgekehrt, damit nicht nur das Bedürfnis Ihres Publikums befriedigt wird, sondern die Befriedigungsqualität gesteigert wird? Geben Sie mehr, als der Markt erwartet? Können Sie mit einem speziellen Applaus rechnen?
7. Vermitteln Sie Ansehen? Bieten Sie Menschen (Mitarbeiter und Kunden) Gelegenheit, sich (öffentlich) in Szene setzen zu können?

Wenn Sie diese Fragen positiv beantworten können, dann hat Ihr Kommunikationskonzept Shakespearesche Qualität, d.h., man wird nach Ihren Darstellern verlangen, mehr noch, nach Ihren Darbietungen süchtig werden, also Fortsetzung bzw. Fortschreibung erwarten.

Additiv bedeutet hinzufügend, hinzufügbar, durch Addition in Zug kommend, auf Addition beruhend. Additive Werte – ein im Marketing gängiger Begriff – beinhalten demnach eine zusätzliche Dimension zum bestehenden Angebot oder zur vorhandenen Leistung.

4.6 Sechste Falle: Weniger geben, als der Markt erwartet

Immer mehr gleichwertige Angebote sind auf dem Markt, und dies bedeutet, daß die auf die Sache konzentrierte Angebotskompetenz (der faßbare materielle Vorteil) immer bleicher und blasser wird. Was bleibt da anderes übrig als das Wegdriften von der reinen Angebotskompetenz und damit ein Einschwenken auf die vielseitigen und vielschichtigen Erwartungen unserer Kunden, die längst nicht mehr nur das Produkt, sondern zusätzliche Werte, also ein Produkt über dem Produkt, mitkaufen.

Additive Werte schaffen, heißt, „die Suppe würzen"

„Inszeniere deine Kompetenz" beinhaltet demnach die Aufforderung, eben diese additiven Werte mitzuinszenieren. *Damit wird nicht nur unsere Kernkompetenz symphatischer verpackt, sondern mittels (unerwarteter) Zugaben werden die für die Inszenierung notwendigen Überraschungen geschaffen – die Suppe wird gewürzt!*

Dabei bieten sich die unterschiedlichsten Szenen an:

- Szenen aus dem Themenbereich Lifestyle und Lebenshilfen im weitesten Sinne (die beste Problemlösung),
- Szenen aus dem Bereich Zusatznutzen – von materieller und immaterieller Art (Geld, Zeit, Qualität),
- Szenen aus der „emotionalen und übersinnlichen Welt", die mit der Angebotskompetenz nichts zu tun haben (Image, Appeal, „Magie").

Die Inszenierung der additiven Werte macht Marketingkommunikation in der Regel faßbar, lustvoll und spannend. Als Beispiel dient uns die Einführung von Versicherungsabschlüssen per Telefon durch eine namhafte schweizerische Versicherungsgesellschaft:

- *faßbar,* weil der sachbezogene materielle Vorteil des Angebotes mit Leistungen aufgeladen wird, die Sinn machen und die der Kunde hinter dem Produkt nicht oder nicht in diesem Umfang erwartet hat (so bietet Züritel eine Telefonversicherung an mit einem 7 x 24-Stunden-Service mit Berater und Beraterleistungen für individuelle „Tarifierung" und Höchstbonus bis 70%).
- *lustvoll,* weil diese additiven Werte in emotionaler Art und Weise präsentiert werden, beispielsweise durch eine unverwechselbare, unübliche Geschichte, die einprägsam und unterhaltend ist (der Versicherte wird Mit-

glied eines Kundenclubs. Mitglieder erhalten bei Abschlüssen Punkte, die sie bei der Swissair gegen Meilen eintauschen können; daneben profitiert das Clubmitglied auch von Partnerfirmen, die großzügige Konditionen und Rabatte anbieten im Konsumbereich Autos, Reisen, Wohnen, Sport und Computer);
- *spannend:* weil der Versicherer mit seinem Direktversicherungskonzept Spannung auf dem Markt erzeugt und die Konkurrenz „aufs Messer" herausgefordert ist (in Großbritannien wurde die Directline in neun Jahren die Nr. 1 im Bereich Autoversicherungen; die Polarität zu den klassischen Anbietern ist erwünscht und geschäftlich – bei zunehmender Liberalisierung und Deregulierung in dieser Branche – erwünscht).

Die additiven Werte sollten immer dem Kunden nützen und gefallen; die Bewertung durch den Anbieter ist von zweitrangiger Bedeutung. Es gilt das Sprichwort: „Der Wurm muß dem Fisch, nicht dem Angler schmecken."

Wann sollten Sie über additive Werte nachdenken?

- Wenn Sie unzufrieden sind mit der Qualität der Kontakte zu aussichtsreichen Kundengruppen.
- Wenn es an qualifizierten Kontakten zu potentiellen Kunden mangelt.
- Wenn auch die Umwandlungsquote von aktiven Interessenten zu konkreten Kunden zu wünschen übrig läßt.
- Wenn die Kundenfluktuation Besorgnis hervorruft, weil sie über den üblichen Pegel ansteigt.
- Wenn Sie ganz allgemein unzufrieden sind mit dem Kosten-Nutzen-Verhältnis auf ihrem Budgetposten „Kundenbeziehungen".

Mit den standardisierten innerbetrieblichen Appellen und Aufrufen zu mehr Kundennähe, mehr Kundenorientierung, mehr Kundenzufriedenheit ist es ja wohl nicht getan. Beziehungsmanagement verlangt in der Regel nach „additiven" Impulsen. In der Shakespeareschen Diktion heißt dies: *Die Geschichte von Unternehmen, Produkten und Dienstleistungen ist fortzuschreiben.* Dabei stellen sich für ein Kommunikationsteam folgende Hausaufgaben, die mit einem Kochvorgang vergleichbar sind:

- Blick in die „Vorratskammer": Über welche additiven Werte verfügen unsere Produkte und Dienstleistungen bereits?
- „Menüplan und Kochrezepte": Welche Leistungen könnten zu additiven Werten mutiert werden, wo bestehen Möglichkeiten, die Basisqualität und damit die Befriedigungsqualität bei den Kunden zu erhöhen?

- „Kochvorgang und Auftragen der Speisen“: Welche additiven Werte passen zur laufenden Geschichte und sind gar geeignet, diese Geschichte zu dramatisieren, ihr einen Mythos zu geben?

Wer additive Werte schafft, investiert. Oft sind sie das „Zünglein an der Waage“ bei Abschlüssen. *Andererseits sind auch Trends festzustellen, die – in wirtschaftlich angespannten Zeiten – die kontinuierlich aufgebauten additiven Werte durch aggressive Preispolitik wieder zerstören.*

Man kann nicht auf der einen Seite ein Produkt sukzessive aufwerten, um es auf der anderen Seite mittels einer aggressiven Preispolitik sukzessive wieder abzuwerten. Die Unsicherheit in diesem Bereich ist zur Zeit groß. Nicht selten findet man Phantasielosigkeit: wenn beispielsweise ein Autohändler der oberen Preisklasse seinen Kunden einen Flachmann schenkt, und das in einer Zeit, wo Alkohol am Steuer verpönt ist. Solche „Leistungen“ sind zweifelsohne kontraproduktiv.

Da Kundenbeziehungen ein wichtiges, wenn nicht gar das wichtigste Marketingziel sind, kommt den additiven Werten im weitesten Sinn eine Schlüsselfunktion zu. Es ist schon schwierig, Zufriedenheit und Unzufriedenheit der Kunden in bezug auf Produktqualität und Preis professionell zu analysieren und auszuwerten; noch schwieriger ist es, das Erwartungsklima, die da ablaufenden Interaktionen und die für den Abschluß letztlich entscheidenden Gründe zu erfassen. Sie werden darum in der Regel recht allgemein mit den Begriffen Sympathie, Kompetenz und Vertrauen umschrieben, die, entsprechend inszeniert, ebenfalls zu den additiven Werten gerechnet werden (von Bergen 1994).

Dieses diffuse Thema über additive Werte schließt hier mit einem entsprechenden Bild ab:

Über dem Markt liegt eine Wolke – mit einem meßbaren Sättigungsgrad –, wir nennen sie die „Bedürfniswolke“. Sie ist diffus in Umfang und Grenzziehung, wandelbar und in der Regel einer heterogenen Zielgruppe zuzuordnen. Erfolgreichen Unternehmen genügt es nicht, sich in diese „Bedürfniswolke“ hineinzustellen. Wirklich erfolgreich ist man auf Dauer nur, wenn es gelingt, die *Befriedigungsqualität* zu steigern. Nur so kann man eine Marktposition halten. In besonderen Fällen gelingt es, nicht nur den Bedarf auf hoher Qualitätsstufe zu befriedigen, sondern auch *neuen Bedarf zu schaffen, also Einfluß auf die Form der Wolke zu nehmen.*

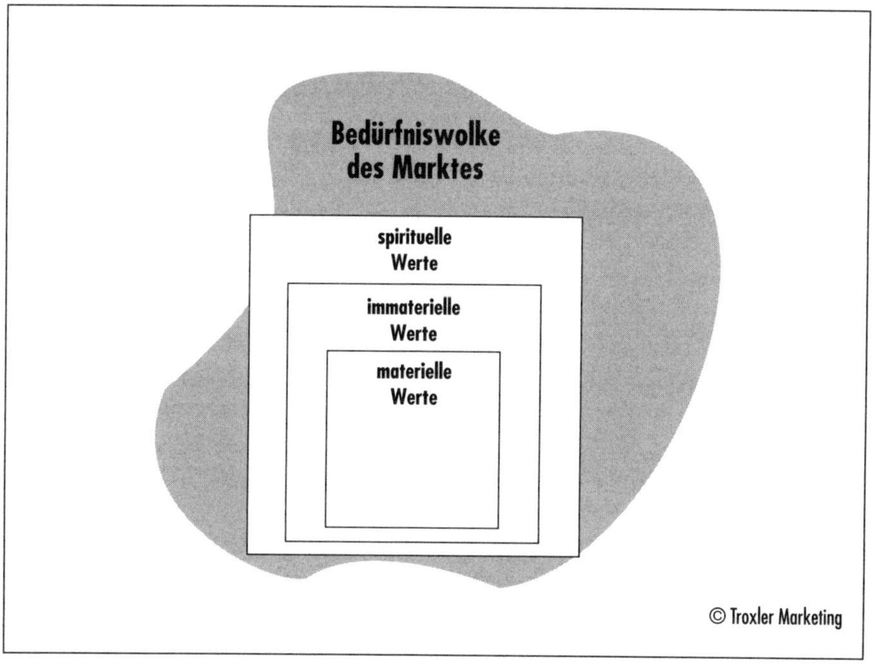

Bedürfniswolke

Additive Leistungen werden auf drei Arten angeboten:

- **als materielle Werte:**
  Hier geht es um mehr Leistung in Produkt- und Bedienungssicherheit, Einfachheit, Service, Adaptionsfähigkeit, Beratung, sparsame und umweltschonende Materialien, Farben etc. sowie zusätzliche finanzielle Anreize (Bonus etc.).

- **als immaterielle Werte:**
  Hier geht es um Aufwertung des Kunden und um seine politische, soziale, geographische Zugehörigkeit; um Bezugnahme auf Klassenbewußtsein, Lifestyle, Herkunft, etc., Steigerung der Identität.

- **als spirituelle Werte:**
  Hier geht es um Mythos im weitesten Sinne, Verschworenheit, Sehnsucht, die dem Produkt und seiner „Geschichte" zugeschrieben werden. Es ist eine Reise ins Unbewußte.

Fazit

Ohne additive Leistungen bzw. Werte geht in einem gesättigten Markt nicht mehr viel.

Additive Werte werten die Basisqualität (Objekt, Menge, Funktion, Zeit, Preis) auf. Additive Werte machen das Produkt resistenter und krisensicherer. Erst durch additive Werte wird die Geschichte rund um ein Produkt noch spannender, noch glaubhafter und die damit verbundene Inszenierung als Kommunikationsmittel besonders wirksam, d.h. nicht nur wahr und wichtig, sondern auch wuchtig.

4.7 Siebte Falle: Das Timing verpassen

Was zeitgerecht ist, beschäftigt die Manager täglich, und ein Großteil der Sitzungen wird dafür aufgewendet, auf diese Frage eine oft unbefriedigende Antwort zu finden.

Solange die Entscheidungen mit Blick auf den Jahresabschluß und die vorhandenen Ressourcen fallen und es darum geht, Bestehendes zu optimieren, mögen klassische Instrumente der Planung genügen. *Schwieriger wird es, wenn es darum geht, die Entwicklung des Marktes zu planen, weil einen Vorsprung nur der hat, der vor dem Bedarf operieren kann.* Dazu braucht man qualifizierte Zukunftssensibilität. Diese kann nicht allein mit „Zeitmanagement" erreicht werden. Dazu braucht es Intuition für das richtige Timing und ein Auge für natürlich ablaufende Prozesse.

Inszenieren ist ohne jeden Nutzen, wenn es zum falschen Zeitpunkt stattfindet.

In diesem Zusammenhang stellen sich folgende Fragen:

- Warum haben beispielsweise Produkte (die wir planen) und Bedürfnisse (von denen wir leben) ein unterschiedliches Timing?
- In welcher Phase der Bedürfnissättigung befindet sich unser Markt?
- Durch welche Innovationen können wir die Befriedigungsqualität bei unseren Kunden steigern und uns so im Markt halten?
- In welchem Rhythmus werden uns dafür Innovationen abverlangt?
- Was wissen wir über den Produktzyklus und über seine Sterblichkeit?
- Warum können wir den Übergang von einer Phase mit hohem Return on Investment in eine Phase mit geringem Return on Investment so schlecht begreifen?
- Können wir angesichts der immer kürzeren Zyklen bereits von „grassierender Produktsterblichkeit" sprechen? Und welches sind die Gründe?

Eine hilfreiche Publikationen zu diesem Thema ist das Buch von Theodore Modis, „Die Berechenbarkeit der Zukunft" (Modis 1994). Hier findet sich zum Beispiel eine etwas provozierende Analogie zwischen dem Wachstum einer Kaninchenpopulation auf der Wiese und der Zahl der Autos, das uns auf stark vereinfachende Art und Weise eine Gesetzmäßigkeit zeigt, für die es auch einschlägige statistische Erfahrungen gibt.

In beiden Fällen, bei Kaninchen wie bei Autos, wird das Wachstum begrenzt durch eine beschränkte Ressource, die immer gefährdeter wird, je mehr die Population darüber im Wettstreit liegt. Bei den Kaninchen ist es das Gras, bei den Autos ist es das Absinken der Befriedigungsqualität, weil

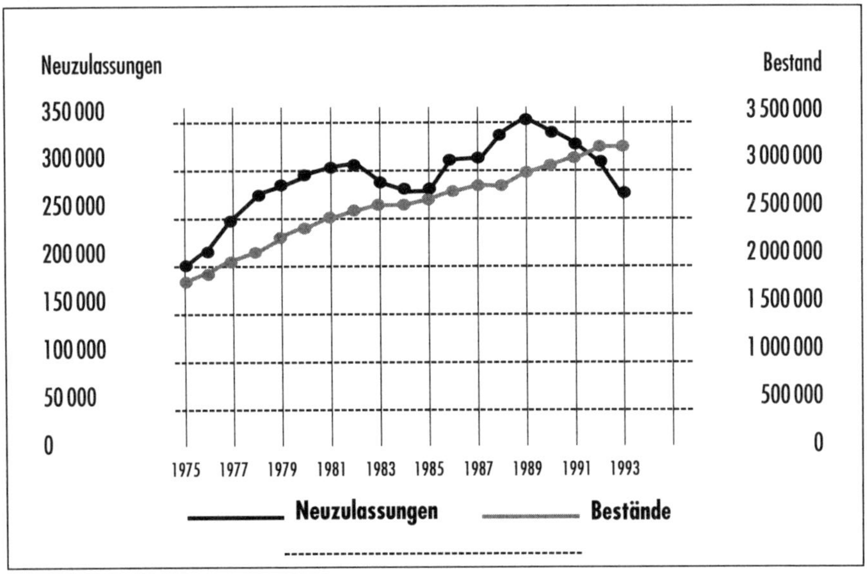

Neuzulassungen und Bestände von Personenwagen 1975 - 1993

- die Infrastruktur überlastet ist
- der Status Auto abnimmt
- die Modelle sich immer mehr gleichen
- „Freiheit" nicht mehr allein ans Auto gekoppelt wird
- etc.

Der Auszug aus dem Jahresbericht 1993 des Bundesamtes für Statistik zeigt in Zahlen und Graphik, was von der Entwicklung der „Autopopulation" in der Schweiz zu halten ist. Der aufgezeigte Raum kann mit den Verhältnissen im Bundesland Baden-Württemberg oder Bayern verglichen werden.

Der wesentliche Unterschied zwischen Autos und Kaninchen liegt in der Art der Selbstregulierung und in der Zeitskala. Kaninchen können ihre ökologischen Räume in Monaten oder wenigen Jahren erobern. Sie kennen dabei drastische Formen der Selbstregulierung. Der Sättigungspunkt und die damit verbundenen Folgen sind rascher erkennbar, während Autos erst nach Jahrzehnten (wie die vorstehende Abbildung zeigt) an die Grenzen der Mobilität geraten.

Aus diesem Vergleich können wir einige Schlußfolgerungen ziehen, die uns aus den Fakten bekannt, aber im täglichen Geschäft zuwenig bewußt sind:

- In einer starken Wachstumsphase, wenn der Markt also noch weit entfernt ist von einer erwarteten Sättigung, heißt *zeitgerechtes Handeln den Dingen ihren Lauf lassen.* Man ändert grundsätzlich nicht, was gut funktioniert bzw. sich bewährt hat. Das gilt auch für die Marketingkommunikation.
  Man bietet das „Stück“ an, bis es ausgereizt ist, zusätzliche geschäftsfördernde Aktivitäten halten sich in Grenzen. Man darf mit sich, dem Return on Investment, der Welt und seinen Kunden zufrieden sein.
- Mit zunehmender Sättigung wird Alleinstellung immer wichtiger. Dazu Theodor Modis: „Die Lebenszyklen der Produkte, die auf der verzweifelten Suche nach Unterscheidung von Konkurrenten sind, werden immer kürzer, wenn ihnen die vorhandenen Technologien keine Rechtfertigung mehr geben. Auch die Lebzeiten der Firmen selbst werden immer kürzer, und die Zahl der Fusionen und Aufkäufe mehrt sich“ (Modis 1994). Dabei müssen wir uns eingestehen, daß es uns in den meisten Fällen nur noch marginal gelingt, unser Produkt zu verbessern. Sehr oft ist daher das Produkt weder „neu“ noch „besser“, wenn auch diese Begriffe entsprechend inszeniert werden, was denn auch vom Publikum mit mäßigem Applaus honoriert wird.

Zeitgemäßes Handeln in dieser Situation heißt demnach, die Befriedigungsqualität konsequent steigern, und dies durch Innovation und Inszenierung. Das letztere wird dabei immer wichtiger. In den Finanzberichten spricht man gerne von Eintrittsbarrieren (statt von Alleinstellung) und will damit verdeutlichen, daß es der Konkurrenz schwerfällt, auf diesen Marktplatz einzudringen. Das ist irreführend und erweckt den Eindruck, man könnte Marktplätze „abschotten“ bzw. absichern. In Wirklichkeit handelt es sich nicht um Barrieren, sondern um Unternehmenswerte, die, gerade weil sie von immaterieller Natur sind, schwer angreifbar sind. Diesem hektischen (auch mörderischen) Konkurrenzkampf – zwischen sterbenden Zyklen und fallenden Preisen – kann nur entgehen, wem es gelingt, eine Schießscharte als Nische zu finden und zu durchstoßen in der Absicht, seine Kompetenz auf einem neuen Marktplatz unter anderen Randbedingungen erfolgreich zu inszenieren. Ob wir uns im bestehenden Markt erfolgreich alleinstellen oder eine Nische durchstoßen und unsere Kompetenz anderswo inszenieren gehen: beides ist keine Garantie, daß wir im Geschäft bleiben. Wir müssen uns mit der Tatsache abfinden, daß unsere Produkte laufend und in immer rascherer Abfolge „unter der Hand wegsterben“. Dabei stellen wir eine dramatische Sterblichkeit in den Produktzyklen fest. Bei der Computerhardware erreicht sie bereits einen Spitzenwert von drei Monaten. Die Japaner haben den Zyklus für Autos in den 80er Jahren auf vier Jahre heruntergedrückt; die Europäer ziehen nun in den 90er Jahren nach, eine beängstigende „Leistung“, wenn man bedenkt, daß in den 70er Jahren der Zyklus noch rund acht Jahre betrug. Die Folge: *Echte und unechte Produktinnovationen häufen sich, folgen in immer kürzerem Rhythmus, die Sterblickeit nimmt zu.*

Zeitgerecht Handeln heißt demnach, am richtigen Ort zur richtigen Zeit zu inszenieren;

Voraussetzung ist ein Gespür für natürlich im Markt ablaufende Prozesse (wann passiert was wo), und existentiell bedeutsam ist dabei, das Angebot laufend zu mutieren. Landläufige, prozeßökonomische Anpassungen sind nur ein Teil davon. Damit kommt man rasch zu einem Ende, und dann kommt der Moment, wo wir Unternehmung und Inszenierung neu erfinden müssen, dafür eine Nische suchen, um in einen neuen Markt vorzustoßen, weil auf dem alten Platz ein Überleben nicht mehr gegeben ist.

Diesen Ablauf wollen wir am Beispiel von zwei Schweizer Firmen, Solis und Jura, erläutern:

Die Firma Jura war in der Schweiz Marktführer für Bügeleisen, sie war mit dem Bügeleisen geradezu groß geworden; Solis dagegen war bekannt für den Haarfön. Beide hatten im Laufe der Zeit ihre Sortiments erweitert und sich dadurch – mittels entsprechender Inszenierung – einen guten Namen auf dem Markt für Haushaltsgeräte gemacht. Alle möglichen Mutationen an den Produkten sind aber mittlererweile ausgereizt. Man hatte mit Erfolg den Bedarf befriedigt, und dies mit einer ausgereiften Technik. Wie erwartet, ist der Markt gesättigt und großteils kontrolliert – über eine aggressive Preispolitik, angeführt von Elektromultis wie etwa Philips.

Es wird den Leser nun sicher interessieren, warum die beiden Schweizer Zwerge (beide sind Familienunternehmen mit je etwa 80 Millionen Franken Umsatz und 300 bzw. 200 Mitarbeitern) den Mut fanden, eine Nische zu durchstoßen und warum sie es zeitgerecht finden, dafür sogar Auslandsniederlassungen zu gründen.

Die Ursache ist nicht etwa ein neues Bügeleisen, auch keine neue Schokolade, kein Streichkäse oder eine modische Uhr, was man ja gemeinhin von Schweizern und Schweizer Unternehmen erwarten würde, sondern ein Espresso-Vollautomat. Dafür haben sich diese zwei Unternehmen eine neue Geschichte und eine entsprechende Inszenierung ausgedacht. Dabei gilt zu bedenken, daß in Europa zur Zeit im Jahr mehr als zwölf Millionen Filterkaffeemaschinen verkauft werden. Dieser Markt ist besetzt. Daneben werden insbesondere für Restaurants ca. zwei Millionen Espressomaschinen zusätzlich verkauft, aber kaum 170000 Espresso-Vollautomaten. Denn außer in der Schweiz sind diese Geräte noch kaum bekannt. Hier allerdings erfreuen sie sich wachsender Beliebtheit. Sie werden im Haushalt eingesetzt, im Büro, in der Werkstatt, an Tankstellen, also überall dort, wo zwar viel Kaffee getrunken wird, aber eine professionelle Gastronomiemaschine zu aufwendig und zu teuer wäre.

Was macht nun die Schweizer Hersteller so optimistisch? *Es ist die Überzeugung, daß sie damit die Befriedigungsqualität, also das Qualitätsbewußtsein der Kaffeetrinker, das zur Zeit eher „dürftig" ist, steigern können.* So wird beispielsweise in Skandinavien, aber auch in Deutschland und Österreich sehr viel Kaffee getrunken. Das Grundbedürfnis ist ausgewiesen, aber der Kaffee schmeckt dort für den anspruchsvollen Kaffeetrinker zuwenig „kultiviert". Mit Schweizer Präzisionstechnik, die sich mittels einer „working machine" inszenieren läßt, wollen nun die Schweizer Unternehmen die Kaffeekultur haben. Und sie werden Erfolg haben: Während die Multis immer mehr Markengeräte übernehmen und unter ihrem Dach weiterbetreiben und unter gewaltigen Rationalisierungsanstrengungen Bedarf bis an die Sättigungsgrenze befriedigen, machen die Schweizer das Kaffeetrinken zur Kultur, und Kultur kann man nicht rationalisieren. Vielen Kaffeeliebhabern, das zeigen die Erfahrungen der Schweiz, ist der Kaffee so wichtig, daß der Preis für den Kauf der Maschine nicht die Hauptsache ist. Auch hier zeigt sich einmal mehr: Wer an einen guten Kaffee denkt, denkt an den Genuß und nicht an den Preis. Dies ist Voraussetzung für eine gute Kaffee-Geschichte, die wiederum wirksam inszeniert werden kann.

Die zwei Zwerge Jura und Solis sind auf dem besten Weg „große Schatten zu werfen". *Sie haben eine Nische durchstoßen und dabei zeitgerecht gehandelt.* Sie haben erkannt, daß Produkte altern. Grundbedürfnisse dagegen altern nicht, sie wandeln sich und sind wandelbar. Sie haben dies spät erkannt, aber glücklicherweise dank der schwerfälligen Konkurrenz nicht zu spät.

Zeitgerecht ist zu 90% zielgerecht

Es klingt wenig logisch, ist aber praktisch: Man prüfe zuerst, was *zeitgerecht* ist, und erst dann, inwiefern es auch *zielgerecht* ist.

Meistens tun wir es umgekehrt. Wenn ich meine Kunden nach den Zielen frage, dann äußern sie den Wunsch, ein möglichst großes Bedürfnis bei einer möglichst großen (kaufkraftstarken) Zielgruppe zu finden und diese dann mit dem eigenen Produkt bewirtschaften zu können, in der Hoffnung, daß die Konkurrenz kein an Qualität und Preis ebenbürtiges Produkt anbieten kann. Die Frage nach dem Bedürfnis ist eine gefährliche Frage. Sie verstellt nicht selten den Blick für die Frage nach der Befriedigungsqualität, und auf die kommt es an. Die Befriedigungsqualität ist aber ein qualitativer und kein quantitativer Begriff, d.h., nicht die Größe des Marktplatzes und der Zielgruppe bestimmt vordringlich unsere Ziele, sondern eine aktuelle (gesteigerte oder veränderte) Bedürfnisqualität. „Wir nehmen zur Kenntnis, daß wir in eine Zeit eingetreten sind, in der Größe – der entscheidende Wettbewerbsfaktor der Massenproduktion – keine Kostenvorteile mehr garantiert. Gleichzeitig wird Vielfalt (und Qualität) auf vielfältigsten Märkten immer billiger. Rentabilität besteht zunehmend aus maßgeschneiderten Produkten, die ihre Marktsegmente spezifisch (und sei es nur über den Preis) bedienen" (Davidow 1993).

Anstatt durch hektische Verkaufsmaßnahmen die sinkenden Wachstumsraten aufzufangen, konzentrieren wir uns vielmehr auf die Steigerung der Qualität entsprechend dem Shakespeareschen Marketing. Dadurch werden die brachliegenden Märkte erschlossen.

Damit werden auch große Unternehmen (sofern sie in Märkten und nicht in „Warenlagern" und Departementen auftreten) wieder konkurrenzfähiger gegen kleinere und agilere Anbieter, die ihnen heute schon das (Wirtschafts-) Leben sauer machen.

Fazit

Wollen wir unsere Geschäftsentwicklung nicht vom Gesetz der Wachstumsraten diktieren lassen, dann können wir uns nicht darauf beschränken, der Kurve brav zu folgen und den Bedarf zu befriedigen, sondern wir müssen versuchen, neuen Bedarf zu schaffen. Im Falle unserer Kaninchen- und Autopopulation würde das heißen: andere Futterquellen zu erschließen bzw. mehr Raum für Autos zu schaffen. Beides ist in der Regel nicht realistisch. Gesucht werden demnach neue Qualitäten, um das konstant hohe Bedürfnis nach Mobilität durch neue Lösungen zu befriedigen.

Zeitgerecht und zielgerecht Handeln, Timing, heißt demnach, den zyklischen Lauf der Wachstumsgesetze und der sich anzeigenden Sättigungsgrenzen rechtzeitig zu erkennen und daraus den Entschluß abzuleiten:

- entweder im bestehenden Markt die Alleinstellung anzustreben durch konkurrenzlose Verbesserung der Befriedigungsqualität
- oder eine Nische zu durchstoßen in Richtung eines neuen noch nicht besetzten Marktfeldes.

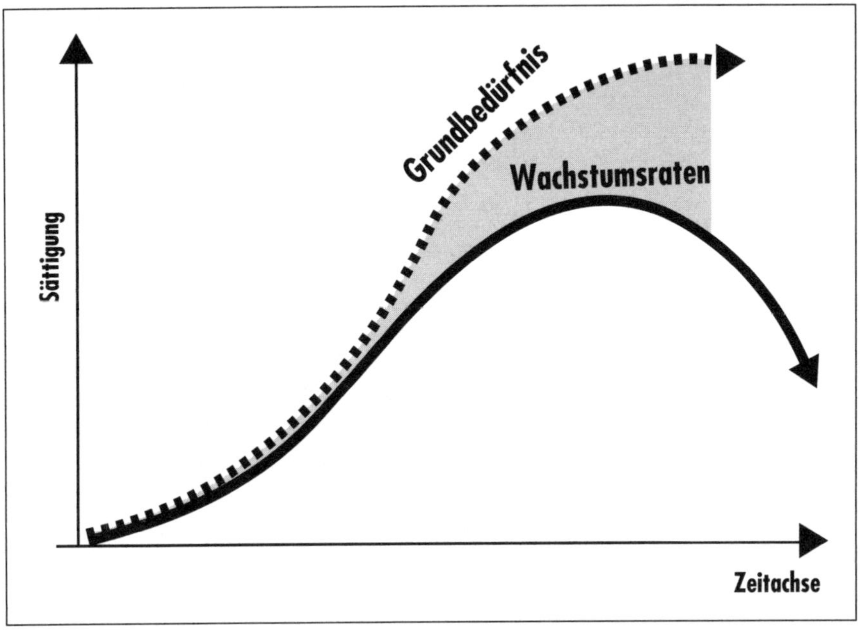

Grundbedürfnis, Wachstumsraten, Altern von Produkten und brachliegenden Markt

4.8 Schlußfolgerungen und eine zweite Bilanz

Marketing als Marktinszenierung verlangt nach einem Inszenierungskonzept. Das ist einfach gesagt, doch wie an anderer Stelle erwähnt, ein nicht selten schwieriges, immer aber langwieriges Unterfangen. Die Inszenierung als Ziel ist – wörtlich genommen – nur schrittweise zu erreichen. Die zentrale Problematik, vor die jedes Unternehmen bei Überprüfung der Gesamtinszenierung gestellt wird, besteht in der Integration immaterieller Faktoren, die geradezu Voraussetzung sind für wirtschaftlichen Erfolg. Etwas einfacher ausgedrückt: Ob eine Werbekampagne sich gut verkauft oder nicht, läßt sich über Marktforschung und andere Instrumente mehr oder weniger exakt analysieren; ob indessen die Inszenierung auf Zustimmung oder Ablehnung bei Publikum und Medien stößt, ist schwierig faßbar. Um das eigene Inszenierungskonzept zu überprüfen, dienen uns die sieben merkfähigen „Fallen". Sie sind als Merkpunkte in nachfolgender Abbildung aufgeführt im Sinne einer Zusammenfassung. Die Spirale ist unter vier Gesichtspunkten nützlich:

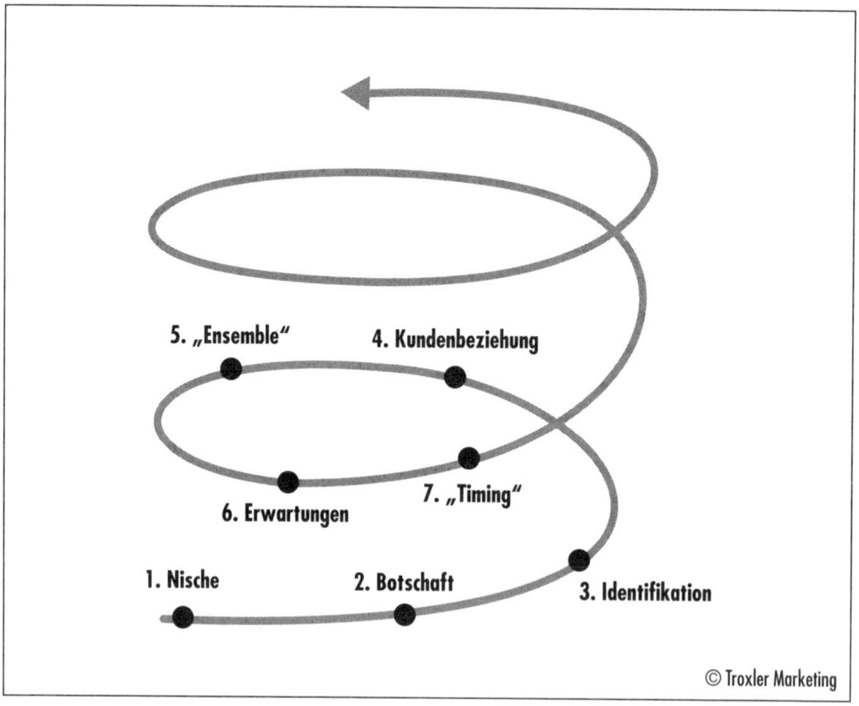

Dynamische Spirale, mögliche Fallen

- *als Arbeitsinstrument:* Bei jedem Schritt kommen immer jene Mittel und Maßnahmen zum Einsatz, die für die gewünschte Inszenierung die höchste Effizienz und als Folge auch hohe Wirtschaftlichkeit versprechen.
- *als Kontrollinstrument,* mit dem man periodisch und mit wenig Aufwand überprüfen kann, ob in der Umsetzung keine wesentlichen Fragen verlorengegangen sind.
- *als Anleitung,* die in dieser anschaulichen Zusammenfassung rasch einsehbar macht, worauf es ankommt, und damit auch Antwort gibt auf die Frage nach dem „Wie“.
- *als Multiplikator der Möglichkeiten, die noch Sinn machen;* wenn wir nur sieben Optionen bei jedem der sieben Fallen erwägen, so gibt das nicht $7 \times 7 = 49$ Varianten, sondern 7^7, was einer Summe von einigen Millionen entspricht, eine Zahl, die „nur Gott und Computer begreifen“ (Clancy et al. 1991).

Stimmt das Bild, welches sich die Öffentlichkeit von einem Unternehmen und seinem Angebot macht nicht mit dem Selbstbildnis des Unternehmens überein, so könnte dies, wie wir das an verschiedenen Beispielen gezeigt haben, als fatal erweisen. Man kann dies nicht einfach beeinflussen oder ändern, ohne auch grundsätzliche Fragen in Shakespearscher Diktion „Why do we do what we do?“ zu stellen.

TEIL II
ANHANG

5.
Zusammenfassung

5.1 Shakespearesches Marketing komprimiert

1. **Wer Shakespearesches Marketing sagt, denkt weniger an Zielgruppen, sondern an Marktplätze, Marktbesucher und Inszenierung.**
   Dabei bieten sich drei Typen von Märkten an (sie haben alle den Anfangsbuchstaben P), die wir – sofern wir den Begriff Marktorientierung wörtlich verstehen – in Augenschein nehmen: der Produktemarkt (Massen- und Billigmarkt), der Problemlösungsmarkt (der Spezialitäten- und Nischenmarkt) und der Partnermarkt (Markt der Allianzen, Vernetzungen, Synergien). Jeder dieser Märkte bietet ausgewiesene Chancen, und zwar nicht nur alternativ, sondern auch kumulativ.
   Mit dem Shakespeareschen Marketing treffen wir auch den Kern der Marktpsychologie, wonach „nicht die objektive Beschaffenheit einer Ware die Realität ist, sondern einzig die Verbrauchervorstellung und das Verbrauchererlebnis, d.h. das auf dem Markt anschaulich Angetroffene".
   Die Kunden, die wir im Kopf haben, sind Leute, die jeden Moment drauf und dran sind, den (Markt)platz zu verlassen. Sie suchen sich einen neuen Marktplatz, sobald sie sich langweilen.

2. **Shakespeare, seine Zeit, sein Marketing**
   Angesprochen ist nicht der umstrittene Dichter und Erfolgsautor William Shakespeare (1564–1616), sondern der unbestrittene Erfolgsmensch. Warum, so fragen wir, waren die Botschaften Shakespeares einprägsamer und erfolgreicher, und was hat er besser gemacht als seine Konkurrenten? Was ist es, das uns auch nach 400 Jahren anspricht und bewegt?
   Shakespeare hat sich eben nicht damit begnügt, Stücke zu schreiben und sie dann zu inszenieren. Er verstand es auch, sie marktgerecht ins Publikum hineinzutragen; seine Zuschauer waren nicht nur Zuschauer, sondern auch Betroffene. Entsprechend das Resultat: Shakespeare hat seine Schauspieltruppe und später seine Theater ohne jede finanzielle Unterstützung zu einem erfolgreichen Unternehmen gemacht, obwohl auch zu seiner Zeit die Konkurrenz schon unnachsichtig und das Publikum launisch war.
   Markt und Marktbedingungen, unter denen Shakespeare und seine Leute um ihre Existenz kämpfen mußten, sind – in vereinfachter Form – auch mit der aktuellen Lage vieler Unternehmen heutzutage vergleichbar.
   Das Schicksal Shakespeares ist demnach das Schicksal von Hunderttausenden von Unternehmern der 90er Jahre. Man kann sich nur wundern, wie wenig wir aus den historischen Parallelen und vergleichbaren Vorgängen lernen wollen – selbst wenn dies offensichtlich Erfolg verspricht.

Dieses Buch setzt darum bei der Frage an, wie man sich für seine Kunden gekonnt in Szene setzt und dabei Kasse macht. Dienlich sind dabei nicht nur Antworten aus der „Kulturkiste" (beispielsweise die Rede von Markus Antonius auf dem Forum aus „Julius Cäsar"), sondern auch viele Beispiele aus der Gegenwart, die das Shakespearesche Erfolgsgeheimnis bestätigen.

3. Das Shakespearesche Erfolgsgeheimnis besteht aus drei einfachen Arbeitsgrundsätzen, die Shakespeare als „Manager" – zu seiner Zeit – konsequent umsetzte.

- Shakespeare hatte eine *zündende Idee* und machte daraus eine gute und *einprägsame* Geschichte, mit der sich seine Leute identifizieren konnten.
- Er trug die *„Geschichte"* an den Markt und inszenierte sie dort publikumswirksam und auf konkurrenzlose Art und Weise.
- Er schickte seine Schauspielkollegen *unmittelbar* nach der Aufführung mit dem Hut unter die Leute, um festzustellen, wie gut sein Stück angekommen war.

Die Erfolgskontrolle, ausgezählt in Münzen, war wiederum von direktem Einfluß auf Geschichte und Inszenierung.

4. Es lassen sich aus den erwähnten Grundsätzen 3 + 1 Gesetze für den Alltag ableiten.

Diese bilden zusammen – in Anlehnung an ein in der Naturwissenschaft geläufiges System – einen (kybernetischen) Regelkreis, ein Inszenierungsmodell mit vier Imperativen:
1. Gesetz: Sei einzigartig! Schaffe Alleinstellung!
2. Gesetz: Inszeniere wirksam! Schaffe Anziehung!
3. Gesetz: Kassiere, kontrolliere und korrigiere! Schaffe Abschlußstärke!
4. (Folge-)Gesetz: Suche die Gegensätze! Schaffe Antriebskräfte!

Am Anfang steht eine zündende Idee, die durch eine „gute Geschichte" kommuniziert wird. Das schafft Alleinstellung! Diese Geschichte beinhaltet ein Nutzenpotential, das in der Folge durch Inszenierung dem Publikum vorgeführt wird. Das schafft Anziehung! Bald wird sichtbar, ob Leistung und Gegenleistung stimmen, indem man kassiert, kontrolliert und – was gerne vergessen wird – korrigiert. Das schafft Abschlußstärke! Wird die dargebotene unternehmerische Leistung von der Konkurrenz bedroht oder vom Publikum gar durch Mißachtung bestraft, so spornt dies an, nach neuen Möglichkeiten bzw. Innovationen Ausschau zu halten. Das schafft Antriebskräfte! Der Kreis schließt sich. Idee und Geschichte erhalten neue Impulse.

Der kybernetische Regelkreis ist auch mit einer dynamischen Spirale zu vergleichen, die sich permanent fortschreibt. Es zeigen sich laufend neue

Perspektiven für neue Ideen, neue Geschichten und damit auch neue „Zukünfte".

5. **Das Shakespearesche Marketing fordert Rückbesinnung auf das, was Marketing eigentlich sein sollte: Inszeniertes Kaufen und Verkaufen.**
Verkaufen konsequent in Szene setzen heißt demnach:
   - anders sein als die anderen,
   - besser sein als die anderen,
   - lernfähiger sein als die anderen,
   - innovativer sein als die anderen.

   Ein riskanter Weg zwischen lustvollem Tun und tragischem Versagen! Das Leiden im Einzelschicksal des Menschen entspricht jedoch diesem Wechselbad des Erfolges und Mißerfolges im Unternehmen. So liegt der Unterschied zwischen einer Shakespeareschen Tragödie und Komödie darin, daß die in den Komödien gemachten Fehler zur Selbsterkenntnis und so zu einem Lernprozeß führen, derweil die Tragödie in die entgegengesetzte Richtung geht, hin zur Selbstverblendung, Selbstüberschätzung mit allen Konsequenzen.

   Kompetenz ist präzis, Kommunikation kompromißlos.

   Der Bezug zu Shakespeare, zur Bühne und zum Publikum steht für Marktdurchdringung, für Argumentationsfreude, Witz und Humor, aber auch für scharfe Konkurrenzsituationen, existentielle Bedrohungen. Er gibt unseren Wirtschaften auch eine kulturelle Aufwertung, ohne die das „daily business" letztlich sinnlos und unverständlich ist.

6. **Schon immer galt der Satz: Es ist besser, einen Markt zu haben als eine Fabrik. Die Schlußfolgerung daraus: Gehen wir auf den Markt. Inszenieren wir unser Produkt!**
Inszeniertes Denken und Handeln heißt, aus einem Plastikgehäuse, das tickt, eine Swatch zu machen, die tickt.
Marketing ist – so gesehen – konsequente Inszenierung der Befriedigungsqualität.

   Inszenierung steht für eine Denkweise, die das ganze Unternehmen erfaßt.

7. **Fokussiere Angebot, Markt und Mittel**
Die sog. unverwechselbare Marketing-Realisation (UMP) schafft man – mit klassischen Mitteln – kaum mehr; die Differenzierung der Angebote gegenüber Konkurrenten ist – technisch gesehen – immer schwieriger. Zudem sind Kunden auf kleine Unterschiede und Einzigartigkeiten immer schwerer ansprechbar. Dem klassischen UMP-Konzept sind daher Grenzen gesetzt (Feld A der Abbildung auf der folgenden Seite).

Inszeniere deine Kompetenz

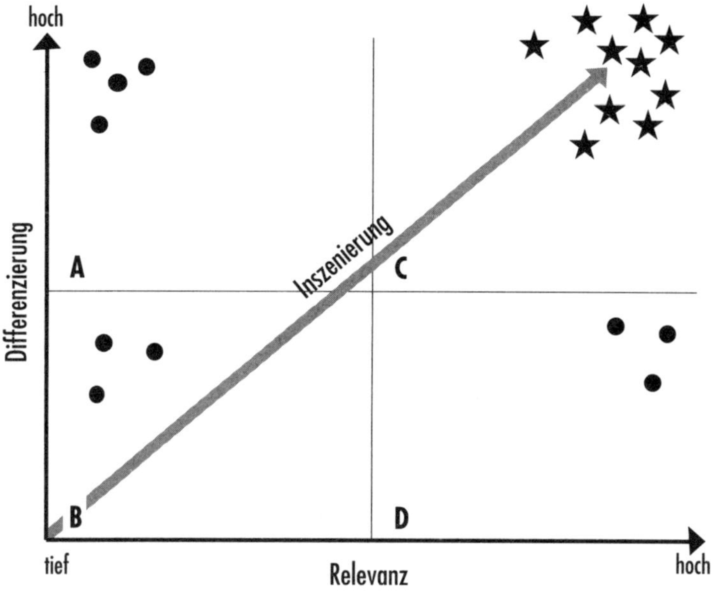

A Hohe Differenzierung und Relevanz, jedoch ungenügende Marktdurchdringung. **Eine weitere Steigerung der Kompetenz bringt keinen Durchbruch.**	**C** Hohe Differenzierung und Relevanz, Ansehen und Vertrautheit sind optimal. **Erfolgversprechendes Feld für Shakespearesches Marketing.**
B Geringe Differenzierung und Relevanz, wenig Ansehen. **Steigerung der klassischen Werbung genügt nicht.**	**D** Differenzierung und Relevanz lassen zu wünschen übrig oder verlieren zunehmend. Wirksame Inszenierungen verdecken den Mangel an Alleinstellungskraft und Kompetenz. **Neue Orientierung ist erforderlich!**

Mit dem Mittel der Inszenierung (und den dadurch kommunizierbaren additiven Werten) können die engen Grenzen gesprengt werden. Inszenierung erzeugt Zugkraft und bewirkt in starken Metaphern sogar Alleinstellung, die mit fachlicher Kompetenz allein nicht zu schaffen ist. Durch gekonnte Inszenierung setzt man jedoch neue Maßstäbe für einen unverwechselbaren Auftritt. Die Alleinstellungs- und die Anziehungskraft werden erhöht (Feld C).

Die Produktgeschichte hat dabei mit dem Produkt immer weniger, mit Kundenbindung aber immer mehr zu tun. Der UMP wird so dynamisch fortgeschrieben; sie wirkt nicht nur wahr (also glaubhaft, überzeugend), sondern auch wichtig und wuchtig.

Der Schlüssel zum erfolgreichen Marktauftritt ist *fokussierte (Kern-) Kompetenz*. Es muß gelingen, sich von der Konkurrenz abzusetzen (sich zu differenzieren), und dies sollte auch in den Augen unserer Kunden wichtig (relevant) sein.

Ein verstärkendes Element ist die *wirksame Inszenierung*. Überzeugend ist, was großes Ansehen hat und Vertrautheit vermittelt. Inszenierung dient also dazu, das Interesse der Kunden am Produkt und der Dienstleistung zu festigen. Dies kann nur geschehen, wenn die Kompetenz nicht nur hochwertig fokussiert, sondern gleichermaßen hochwertig inszeniert wird.

Es verhält sich wie das Spiel mit dem Brennglas: Wer seine Kompetenz fokussiert und inszeniert, entfacht Feuer.

Anmerkung: Die gleiche Logik gilt auch für Aufbau und Verteidigung eines Namens bzw. einer Marke als Inszenierungsinstrument.

8. Schlüsselbegriff Alleinstellung

Differenzierung und Relevanz führen zu Ansehen. Ansehen und Alleinstellung sind wie Schwester und Bruder.

Wer also anders sein will als die anderen und Alleinstellung anstrebt, macht auf seine individuelle Art „Benchmarking“. Er wird den Vergleich mit den Besten suchen, aber nicht um systematisch zu lernen, was man von ihnen imitieren, sondern wo man sich von ihnen abgrenzen kann.

Auch die Finanzberichte beurteilen die Unternehmenswerte zunehmend nach der vorhandenen Alleinstellungskraft. Man spricht irrtümlicherweise von Eintrittsbarrieren und will damit verdeutlichen, daß es der Konkurrenz schwerfällt, auf ein abgestecktes Marktfeld einzudringen. Dieser Begriff ist irreführend und erweckt den Eindruck, man könne Marktplätze „abschotten“ bzw. absichern. In Wirklichkeit handelt es sich nicht um Barrieren, sondern um immaterielle Unternehmenswerte, die, gerade weil sie immaterieller Natur sind, schwer angreifbar sind. Dem hektischen Konkurrenzkampf – im Sog von sterbenden Zyklen und fallenden Preisen – kann nur derjenige entgehen, dem es gelingt, diese Alleinstellung überragend zu positionieren oder, wenn dies nicht mehr möglich ist, eine Nische zu durchstoßen, um seine Kompetenz auf einem neuen Marktplatz unter anderen Rahmenbedingungen erfolgreich zu inszenieren.

9. **Die Praxis verlangt – aller Verwissenschaftlichung und Begriffsverwirrung zum Trotz – Menschenverstand und die Fähigkeit, ein Kommunikationsproblem in einfachen Sätzen verständlich zu machen.**
Das Buch liefert darum im zweiten Teil eine Handlungsanleitung für „inszeniertes Handeln" in sieben Schritten und macht auch auf sieben Fallen auf dem Weg zur Gesamtinszenierung aufmerksam.
Die sieben Fallen sind:

- Sich auf Nischen setzen, statt auf den Markt vorzustoßen
- Zuwenig präzis und innovativ in der Schlüsselbotschaft
- Belehren statt bewegen
- Produkt geht vor
- Kundenfeindliche Strukturen
- Weniger geben, als der Markt erwartet
- Das Timing verpassen.

Der Weg ist nicht nur gefährlich und wörtlich genommen nur in Schritten vollziehbar.
Das inszenierte Handeln bedarf, um auch in qualitativer Hinsicht ernstgenommen zu werden, immer auch eines adäquaten inszenierten Denkens, das seine Quellen in einem unverkrampften, offenen Kulturverständnis sucht. (Überzeugendes Handeln entspricht bekanntlich auch einer überzeugenden Haltung.) Zu beurteilen ist nicht nach Kriterien wie richtig und falsch, sondern nach Sinn und Zweck. So gesehen wird das Handeln mit Blick auf die Gesamtinszenierung auch der Identität des Unternehmens gerecht, das ein „kompliziert verflochtenes Netz von historisch gewachsenen, unternehmenspolitischen, aber auch von sozialen, psychologischen und vom Marktgeschehen beeinflußten Größen ist. Gesamtinszenierungen sind mehr als Auftritt und Fassadenanstrich, als Produktgestaltung und Marketingstrategie" (Weidemann 1994).

10. Shakespearesches Marketing ist nicht die Philosophie des kurzfristig angelegten Produkteverkaufs – schließt aber Kostenbewußtsein und schnelle Resultate nicht aus, sofern dadurch der Inszenierung und der ihr innewohnenden Mission nicht Schaden zugefügt wird.

Der klassische Verkauf verläuft immer noch über die heute noch populäre, wenn auch veraltete AIDA-Formel. Die vier Buchstaben stehen für Awareness (Attention), Interest, Desire (Kaufwunsch) und Action (bzw. Abschluß). Das heißt, man sucht den direkten Weg von der Bekanntheit zum Bedürfnis und geht dann zur Aktion, zum Verkauf, über. Für eine Inszenierung ist diese klassische Formel unbrauchbar. Sie mag für eine Marketingstrategie, die sich auf die Regale der Großverteiler konzentriert mit der alleinigen Absicht, den Umsatz zu steigern, genügen. Wer Maß nimmt an umgesetzten Tonnen und Verpackungseinheiten, hat noch lange keine Strategie der langfristigen Überlebenschancen. Demgegenüber zielt eine Gesamtinszenierung auf Ansehen und Vertrautheit als Voraussetzung für entwicklungsfähige Kundenbeziehungen, die in der Regel nicht erkauft, sondern erarbeitet werden – oft (anfänglich) für kleine Zielgruppen und schrittweise.

Shakespearesches Marketing ist kompromißlose Marktorientierung mittels konsequenter Inszenierung.

5.2 Drei griffige Begriffe für den täglichen Gebrauch

Dynamisches Marketing ist Marktinszenierung

Der klassische Ausdruck für Marketing kommt bekannterweise aus dem englischen Sprachgebrauch und heißt übersetzt: Produkte und Dienstleistungen „auf den Markt" bringen. In einschlägigen Lexika kommt die Begriffserklärung etwas majestätischer daher; Marketing ist Ausdruck für schöpferische Erfassung sowie Gestaltung und Formung des Marktes. Marketing steht auch für den Wandel der unternehmerischen Denkweise von vorwiegend produktionsorientiertem zu marktorientiertem Verhalten, bei welchem alle Maßnahmen, Interessen, Wünsche und Sorgen der Anbieter auf den Verbraucher gerichtet sind.

In moderneren Definitionen spricht man von integriertem oder vernetztem Marketing. Dies sind mittlerweile auch schon Abgrenzungsbegriffe (in Kästchen), die dynamisiert werden sollten.

Marketing, als Marktinszenierung definiert, bringt demnach nicht nur Vereinfachung in den Begriffen, sondern auch Bewegung, denn Marktinszenierung ist Synonym für vielfältigen und phantasievollen Kommunikationsstil mit hohem Unterhaltungswert und einer Dosis Provokation.

Vom integrierten zum inszenierten Denken und Handeln

Ganzheitliches Denken zeichnet sich aus durch Festlegen eindeutiger Ziele sowie systematisches Planen, Organisieren und Koordinieren. Denken und Handeln wird laufend den aktuellen Aufgaben angepaßt; entsprechend ist auch der Führungsstil nach dem Grundsatz von Delegation und Mitverantwortung aufgebaut.

Demgegenüber ist das inszenierte Denken und Handeln einem kybernetischen Regelkreis vergleichbar. Das Grundmodell stellt ein Rückkoppelungssystem dar. Für das Denken und Handeln bestimmend sind die 3 + 1 Shakespeareschen Gesetze, die auch das Ungewöhnliche, Ungeplante und somit Unvorhergesehene zulassen, soweit es der Gesamtinszenierung entspricht und dem Antrieb im Regelkreis dienlich ist. Inszeniertes Denken und Handeln ist demnach prozeßorientiertes Handeln; die Inhalte bestimmen Abläufe und Organisation und nicht umgekehrt.

Marktinszenierung statt Marketing-Mix

Die Maßnahmenkombination aller absatzpolitischen Instrumente heißt auf gut amerikanisch „Marketing-Mix“. Die bloße Summierung der Mittel (die teilweise sogar im Gegensatz zueinander stehen können) ergibt kein Optimum. Daraus hat die moderne Marketinglehre Konsequenzen gezogen. Die neueren Begriffsdefinitionen zielen auf eine ganzheitliche Betrachtung. Marketing ist demnach der Inbegriff marktorientierten Denkens und Handelns, wonach die gesamte Unternehmenspolitik (also nicht der Absatz, sondern alle unternehmerischen Teilbereiche wie Produktion, Materialbeschaffung, Finanzierung) am Markt zu orientieren ist.

Wer aber seinen Marktauftritt als Inszenierung versteht, wird bald feststellen, daß die Grenzen zwischen klassischer Werbung, Direktmarketing, Verkaufsförderung, After-Marketing usw. zunehmend fließend ineinander übergehen. Durch die Vernetzung entstehen Synergieeffekte, die wiederum erlauben, bestehende Maßnahmen zurückzunehmen, andere Bedürfnisse dem jeweiligen Auftritt gemäß zu verstärken. Vorausgesetzt wird, daß in einer Firma eine Idee für eine Inszenierung vorhanden ist, an der sich der Marktauftritt orientieren kann. Unter Marktauftritt verstehen wir aber nicht nur Image und verkaufsfördernde Tätigkeiten, auch die Entsorgung einer Ölplattform ist ein Event – und was für eines! Auch die viel zitierte Corporate Identity sollte Ausdruck einer Inszenierungsidee sein, nicht nur die Idee selbst.

Literaturhinweise

Aaker, David A.: Management des Markenwertes, Frankfurt/Main 1992

Benetton, Luciano: Die Farbe des Erfolgs, Zürich 1994

Bergen, Hans von: New Marketing-Mythos und Zukunft inszenieren, Freiburg 1994

Brestel, Heinz: Was sind Prognosen wert?, Zürich 1955

Brigg, John/Peat, David: Die Entdeckung des Chaos, München 1990

Brown, Ivor: Shakespeare hinter den Kulissen, Stuttgart 1964

Bruhn, Manfred: Sponsoring (2. Auflage), Wiesbaden 1991

Burgess, Anthony: Shakespeare. Eine Biographie, Hildesheim 1982

Cavalloni, Carlo: Mehr Mut zur Marktnische, Zürich 1991

Clancy, Kevin J./Shulman, Robert S.: Marketing Myths that are Killing Business. The Cure for Death with Marketing, New York 1991

Coca-Cola (Hrsg.): Marketing Handbuch Coca-Cola. Guide to Integrated Marketing, Atlanta 1994

Davidow, William H.: Das virtuelle Unternehmen. Der Kunde als Co-Produzent, Frankfurt/Main 1993

FAZ Informationsdienst: EKS, die Strategie, Frankfurt 1993

FAZ Informationsdienst: Unternehmensstrategie, Frankfurt 1993

Ferguson, K. E.: Aufsatz in Bürokratie als Schicksal?, Opladen 1985

Gehrig, Walter: Pharma-Marketing (2. überarb. Auflage), Landsberg/Lech 1992

Höfler, Helmuth I.: Der Name der Marke. Turbo oder Bremsklotz?, in: Marketing und Kommunikation 5/94

Homann, Rolf/Löffler, Jaromir/Zimmermann, Rolf: Erfolgsfaktor Kundenerlebnisse, Zürich 1993

Huber, Kurt: Image, Landsberg/Lech 1990

Ishihawa, Kaoru: What is total quality control?, Inglewood Cliffs 1985

Klier, Walter: Das Shakespeare-Komplott, Göttingen 1994

Kobjoll, Klaus: Motivaction, Zürich 1993

Kotler, Philip: Marketing Consumer Products and Industrial Goods, Seminar, Zentrum für Unternehmensschulung, Luzern 1994

Levinson, Jay Conrad: Guerilla-Marketing für Fortgeschrittene, Frankfurt/Main 1994

Lois, George: Zündende Idee, Frankfurt/Main 1993

Magyar, Kasimir M.: Marketingpioniere und Pioniermanagement, Landsberg/Lech 1987

McNamara, S.: The Tragedy and Lessons of Vietman, New York 1995

Mintzberg, Henry: Our Strange World of Organization, New York 1989

Modis, Theodor: Die Berechenbarkeit der Zukunft, Basel 1994

Morfill, Gregor/Scheingraber, Herbert: Chaos ist überall und es funktioniert, Berlin 1991
o.V.: Julius Cäsar. Szenen auf dem Forum aus Shakespeare's Geschichten, Zürich 1978
Ogger, Günter: Nieten in Nadelstreifen. Deutschland's Manager im Zwielicht, München 1992
Ollins, Wally: Corporate Identity, Frankfurt/Main 1990
Osterloh, Margit: Vortrag: Business Process Re-Engineering, ASCO-Zukunftsstag, Zürich 1994
Paris, Jean: William Shakespeare, Reinbek 1958
Roddick, Anita: Body and Soul, Düsseldorf 1991
Rust, Holger: Trends. Das Geschäft mit der Zukunft, Wien 1995
Schönbaum, S.: William Shakespeare. A Compact Documentary Life, Oxford 1957
Schulze, Gerhard: Die Erlebnisgesellschaft, Frankfurt/Main 1992
Senge, Peter M.: The Art and Practice of the Learning Organization, New York 1990
Sprenger, Reinhard K.: Mythos Motivation, Frankfurt/Main 1992
Stahl, Thomas/Nyhan, Barry/D'Aloja, Piera: the Learning Organisation. Commission of the European Community Task Force, Brüssel
Troxler, Werner Dr.: Verkaufen heißt, Zürich 1992
Vester, Frederic: Denken, Lernen, Vergessen. Was geht in unserem Kopf vor, wie lernt das Gehirn, und wann läßt es uns im Stich?, München 1992
Vester, Frederic: Neuland des Denkens, München 1993
Watson, Gregory H.: Benchmarking – Vom Besten lernen, Landsberg/Lech 1993
Weidemann, Kurt: Geschichte als Verpflichtung, in: Schriftenreihe „Wortarmut, im Wettlauf mit der Nachdenklichkeit", Ostfildern, Karlsruhe 1994
Wiersema, Fred: Marktführerschaft, Frankfurt/Main 1995
Zink, Klaus J.: Qualität als Managementaufgabe (3. Auflage), Landsberg/Lech 1994

Personen- und Sachregister